当代中国城市问题选讲

The Agenda of Contemporary Chinese Urban Issues

当代中国
城市问题选讲

The Agenda of Contemporary Chinese Urban Issues

伍 江　李彦伯　主编
Edited by Wu Jiang and Li Yanbo

同济大学出版社
TONGJI UNIVERSITY PRESS
·上海·

图书在版编目（CIP）数据

当代中国城市问题选讲 / 伍江，李彦伯主编.
上海：同济大学出版社，2024. -- ISBN 978-7-5765-1329-5

I. F299.23
中国国家版本馆 CIP 数据核字第 2024XN2890 号

当代中国城市问题选讲

伍　江　李彦伯　主编

出 品 人　金英伟
责任编辑　姜　黎
责任校对　徐春莲
封面设计　张　微

出版发行　同济大学出版社　www.tongjipress.com.cn
　　　　　（地址：上海市四平路1239号　邮编：200092　电话：021-65985622）
经　　销　全国各地新华书店
印　　刷　上海安枫印务有限公司
开　　本　787mm×1092mm　1/16
印　　张　19.25
字　　数　414 000
版　　次　2024年第1版
印　　次　2024年第1次印刷
书　　号　ISBN 978-7-5765-1329-5
定　　价　128.00元

本书若有印装质量问题，请向本社发行部调换　　版权所有　侵权必究

当代中国城市问题选讲
编委会

主　编　伍　江

副主编　李彦伯

编　委　（以姓氏笔画为序）

王　兰　王　林　王　信　王伟强　刘　刚

孙施文　张　立　沙永杰　周鸣浩　俞斯佳

袁　烽　彭震伟　戴　明

前　言

这本书的内容来自我们为同济大学建筑与城市规划学院硕士生和博士生开设的一门同名课程。2009 年，我从工作了 6 年多的上海市规划局副局长岗位上回到同济大学，深切感到学校里教的内容跟社会实际的距离很远，特别是学校的学术思考跟社会的现实需求之间的落差。我想有没有可能开两门课，首先是面向那些将要走上工作岗位的、正在进行学位论文研究的学生，让他们更多地带着对当下中国城市发展问题的思考进行课题研究。其次，我觉得对于建筑与城市规划专业的学生，应该从刚入门起就埋下一粒种子，让他们认识到城市的价值和意义不仅仅在于它的物质空间构成和运行机制，更在于它的人文性、精神性和文化性，每一个城市就如同每一个人，各不相同、各有其个性，城市的规划与设计探讨城市空间的共性原理，但绝不意味着对城市个性的抹杀。于是我决定开设两门全新的课程：一门叫"当代中国城市问题选讲"，面对硕士生和博士生；一门叫"城市阅读"，面对本科低年级。

对于当代中国城市问题这么庞大的话题，我深知个人无论如何都不可能在所有方面都有深度思考。于是我设想这门课应该邀请多位对某一方面有研究或有独到见解的老师，包括校内老师与校外的专家来共同授课。一门课的容量毕竟有限，在课程开设之前和开设之初，授课团队围绕讲课内容、讲课方式展开了很多轮次的讨论。2011 年春季学期，这门课正式开出，内容主要聚焦在全球化背景下的城镇化、城市经济、社会与文化、城市保护与更新等版块。这门课开设十多年来，一直受到研究生们的欢迎。由于城市发展的动态性，新的重要问题不断出现，我们的课程内容也会及时随之调整。本书呈现的几大版块，既收录了目前这门课程的所有主要内容，也适当收录了少数已不再在课程中讲授但仍有较大现实价值的内容。

关于本书的内容结构，课程开设之初主要有三大版块。第一个版块是中国城市发展的宏观背景。既然课程强调对当下中国城市发展现实问题的关注，那么首要的现实大背景就是城镇化问题。这个问题非常复杂，涉及农业人口的转移和全社会人口结构的改变，因此我们说城镇化主要是指人的城镇化。第二个版块是关于城市的经济问题、社会问题和文化问题，它们又涉及城市研究的很多基本概念问题。第三个版块是历史文化遗产保护问题。在快速城镇化和快速城市改造建设过程中，历史文化遗产面临极大挑战。我在规划局一直主管这项工作，对这个问题有比较深刻的认识，也更多地理解这项工作背后的真正问题所在。

随着时间的推移，中国新型城镇化的命题越来越清晰，但关于城镇化的讨论一直保持在课程中，从未中断。当然时代在变化，讨论的内容和早期又有所不同。早期，很多内容是围绕新型城镇化本身展开讨论，譬如农村人口向城市转移、农业向工业转移等问题，乡村和小城镇的问题也没有太多触及。而后来越来越多地讨论小城镇问题、城乡关系问题、如何解决中国城镇化不充分的问题，以及全球视野下看中国的城镇化。

关于城市经济、社会、文化问题，这个问题太大太广泛，很多问题都应在专设的课程中专门讨论。而我们发现在讨论城市诸多问题时，很多城市研究的基本问题都未讲清楚。关于城市问题的讨论甚至争论常常由于各种观点根本就不是建立在同样的基本概念基础之上。于是这个版块就更多地转向一些基本概念和基本理论问题，目的是当同学们在讨论城市现实城市问题时形成基本的概念共识。

关于历史保护的话题一直是当代中国城市问题中最重要的热点之一。课程开始时我们更多地从城市文化的角度讨论历史文化遗产的价值问题，讨论城市的物质属性和文化属性二元对立统一问题。但后来我们发现对于这个问题同学们很容易产生共识，他们更多感到困惑和纠结的是保护的实现路径问题和新旧关系问题。我们越来越多地认识到，保护的核心其实就是正确更新改造和活化利用问题。城市保护和城市更新根本就是统一事物的两个面。于是这个版块越来越多地转向对城市更新问题的讨论。

近年来，城市社区发展和城市治理问题越来越多地出现在城市问题的讨论中。我们课程的调整随之也带来了本书的第四和第五个版块。随着中国经济社会发展，城市发展模式进一步转型，人民城市理念的进一步明确，城市的基层社区建设、城市的共建共享问题会越来越凸显；同时，随着我国城市发展转型，特别是随着超大特大城市发展转型，从大规模快速建设迅速转向城市品质提升和高效运行，城市治理议题变得越来越重要而又现实。

总之，这门课程的中心内容是关注中国当下城市发展的现实问题，我们的授课内容也会随着新问题的出现而不断调整。我们的授课对象多多少少是潜在的未来城市建设参与者，有一部分现在就已经工作在城市建设发展的第一线。他们作为有机会干预城市变化的群体，以他们的专业角色对城市产生的干预行为，既有可能推动城市向好的方面发展，也有可能推动城市向不好的方面发展。我们课程的核心目的，就是要启发学生深入思考，以形成正确的城市发展观。因此我们课程的形式不仅仅是讲课，更鼓励学生去思考，希望这门课程有更多的启发性、更多的互动性。我们曾经设想将这门课设计成讲座一半、讨论一半，但是因为选课的学生越来越多，无法按理想方案实施。我们将课程内容集辑出版，也正是为了与更多的读者进行分享。

关于本书的出版，我们在课程设计和授课老师邀请时强调，授课内容一定是比较前沿性的问题，是对当下中国城市发展问题的最新思考。所讲的内容不一定完全成熟，而是可以讨论、可以争论，甚至是可以批判的——目的在于启发学生思考。很多老师所讲的内容经过长期思考后已经形成较为成熟的学术思想，并已积累了丰硕的学术发表成果。因此本书收录的内容一方面基于我们的课程设置体系，同时大部分也是直接来自于授课教师已经公开发表的学术成果。

因此这本书和课程之间也就形成了微妙的关系。对于大部分的讲者或者作者来说，本书中收录的不仅代表某一阶段性的内容，而是经过长期研究磨炼出来的成果。读者现在看到的这本书，跟我们任何一年的教学结构都是不同的，它实际上是把过去十几年的内容做了精粹，然后体例上按照一本书的结构进行编纂，所以这本书的所有章节其实并不严格对应我们任何一个单一学期的授课内容。

基于此，对于阅读这本书的读者，我有几方面需要说明：

第一，我们强调这门课的意图是给学生启发，所以课堂里面任何一节课的作用都不应当被过分夸大，但是把一定阶段里面的课程内容经过浓缩，回过头再看一遍时，会更加有利于接近这样一种启发思考的目的。

第二，课堂的容量非常有限，选到课的人也是有限的，那么除了通过课堂让每年的几十个学生获益以外，我们希望扩大受益面，通过本次出版会有更多的人看到我们对城市问题的思考。事实上在每一年的授课中，都有大量的校外非学生听众坐进教室。这说明我们思考讨论的问题，并非纯粹象牙塔之中的一项教学活动，它被很多行业、学术圈内外的人所关注，本书的出版会满足更多的读者需要。

第三，这本书仅代表着对非常短的一段历史时期的回应，也提醒我们在任何一个历史时期，对于城市及城市问题的思考，对于城市规划设计管理问题的思考，都应该紧跟时代需求。

这本书的出版，也有一些遗憾。由于容量所限，有一些课程中曾经讨论的问题，或是相对而言有更强时效性的问题，或是距离本次出版时间跨度比较久远的问题，不得不作割爱。

这本书的面世，需要感谢所有以不同形式支持帮助我们课程开设的老师们，除了本书收录的所有文章作者之外，还要感谢唐子来、张松、李翔宁、李振宇、侯丽、田莉、张晴、侯斌超、刘夏夏、王甫勤等老师，他们都曾多次参与授课，虽然他们的授课内容未能收入本书，但他们对课程的重大贡献不可被遗忘。同时也要感谢建筑与城市规划学院对我们课程的支持，学院很多老师、同事也把这门课当成自己培养的研究生的必修课或推荐课。还要特别感谢的是我们的学生，无论是选课的还是那些没有选课不拿学分的。有个别同学甚至连续数年来听这门课，因为他们发现每年听到的内容是不断更新的，是随着时代的变化而变化的，他们感到跟随课程能够准确捕捉到城市发展的关键脉络。来听课的人里面，除了学生以外，还有很多来自政府部门、开发商及设计机构，他们当然会更加敏锐地感受到时代的脉搏，然而又苦于得不到相应的理论指引，也最终在这个课堂中为他们的一些困惑找到了答案。这里需要特别说明，李彦伯副教授自 2017 年开始与我共同主持这门课程。从 2011 年在我的指导下取得博士学位，到协调教学组织并在几个版块中授课，他对该课程有着深刻理解。他为本书的集辑出版花费了极大的精力。

最后关于当代中国城市，我还希望特别提出几个需要思考的方面：

首先，中国当代的城镇化进程并没有结束，对于已经完成了的部分，有大量的经验，也有大量的教训。今后还没有完成的、即将到来的那些过程，也亟待我们更加主动地去观察，去寻求其中发展的规律，尽量避免走弯路。

其次，无论我们的城镇化道路是什么样的，最终整个社会的文明进步一定体现在运作机制的和谐上。我们学科的核心特点之一，就是它需要具有前瞻性，不论是规划也好、设计也好，都是处在一个事情还没有发生之前的。所以我们希望，这门课能够在中国未来城市发展、规划、设计方面，更好地适应新的发展需要。对于正在发生的当下，这门课与这本书都在试图作出回应。城乡建设也好，规划管理也好，更多体现在有机更新的层面，城市的规划、建设、治理越来越系统化，城市全生命周期的思考方法，正越来越多取代早先的阶段割裂的思考——它已经成为我们当下日益广泛的共识，势必也将成为我们学科所在领域的主要工作内容。

最后，希望现在我们做的事情不要仅仅停留在当下的阶段，它还只是非常初步的工作。之前是对几十年快速城市化的总结，之后是我们对未来发展的理论和方法的探索，这一探索才刚刚开始，今后会有相当长的时间需要我们学术界投身其中，我们也希望在课堂上继续启发我们的同学去思考，推动学术界涌现新的成果。

中国这几十年快速的城市发展建设，探索了大量中国特色的特殊路径，实现了中国城市化多方面的成就，积累了丰富的经验，同时也伴生很多问题。这些成就、经验、问题背后，都隐藏着新的城市发展的理论和规律。西方发达国家在100多年前的快速城市化工业化进程，带动了现代城市规划、建筑学等学科的发展，直至今日我们所运用的，还是以西方为主体的这套学科体系。今天中国的发展状况，它的规模、速度同一两百年前已经大不一样了，但我们虽有当代如此大规模的城镇化实践，却并没有带来相应的理论生产。整个人类文明进步还会继续，中国基于自身这一发展阶段为世界作出理论的贡献，对于人类文明的进步而言责无旁贷。我们应该不断跳出手中的日常工作，及时进行批判性思考和总结，这也是这门课和这本书所希望探索的一小步。

同济大学建筑与城市规划学院教授
超大城市精细化治理研究院院长
中国城市规划学会副理事长
上海市城市规划学会理事长

目　录

前言　伍江

001　一　宏观议题

002　中国特色城市化发展模式的问题与思考　伍江

012　中国城镇化与城乡融合　彭震伟

030　发展与规划视角下我国小城镇研究的主要进展及重要议题
　　　张立　杨明俊　白郁欣　庞磊

044　纽约城市转型发展与多元规划　王兰

057　二　理论研究

058　逡巡在中国当代城市的迷雾之中　孙施文

071　城市空间肌理问题——通过五个欧洲城市案例呈现城市用地基本规律　沙永杰

094　世界城市体系与卓越上海的发展　王信　孟海星　马慧

121　三　城市更新

122　城市有机更新的三个维度　伍江

134　上海城市有机更新进行时　俞斯佳

159　从空间扩张到功能转型：上海城市的更新再造　王伟强

171　城市"微更新"刍议：兼及公共政策、建筑学反思与城市原真性　李彦伯

182　上海石库门里弄的存废　刘刚

197　四　社区发展

198　共建人民城市，全面推进上海"15分钟社区生活圈"行动　戴明

210　四明实验之城市、建筑、社会诸面相：一个城市历史社区再发展案例　李彦伯

226　社区·元空间：可快速部署的批量定制微空间　袁烽　张立名　闫超

241　五　城市治理

242　超大城市城市体检的挑战与上海实践　伍江　王信　陈烨　刘婧枢

257　超大特大城市精细化治理研究　周鸣浩

280　基于精细化治理的街道城市设计：
　　　以上海徐汇衡山路—复兴路历史文化风貌区为例　王林　薛鸣华

Contents

Preface Wu Jiang

001 **1 Macro Issues**
002 Issues and Reflections on the Development Model of Chinese Urbanization Wu Jiang
012 Urbanization and Urban-rural Integration in China Peng Zhenwei
030 Main Progress and Important Issues in the Research of Small Towns in China: A Development and Planning Perspective Zhang Li Yang Mingjun Bai Yuxin Pang Lei
044 Urban Transition of New York City and Its Multiple Plans Wang Lan

057 **2 Theoretical Study**
058 Wandering in the Fog of Contemporary Chinese cities Sun Shiwen
071 The Urban Spatial Fabric Issues—Presenting the Basic Rules of Land Use through Five European Cases Sha Yongjie
094 World City System and Development of Shanghai of Execellence Wang Xin Meng Haixing Ma Hui

121 **3 Urban Regeneration**
122 Three Dimensions of Urban Organic Regeneration Wu Jiang
134 The Organic Regeneration of Shanghai in Progress Yu Sijia
159 From spatial expansion to functional transformation: the urban regeneration and reconstruction of Shanghai Wang Weiqiang
171 Preliminary Reflections on Urban Micro-regeneration: Referring to Public Policy, Architecture Rethinking and Urban Authenticity Li Yanbo
182 Reflection on Shanghai Shi-ku-men Li-long Rehabilitation Liu Gang

197 **4 Community Development**
198 Building the People's City: Comprehensively Promoting Shanghai's "15-minute Community Life Circle" action Dai Ming
210 Siming Experiment: The Urban, Architectural and Social Perspectives in the Case of a Historical Community Redevelopment in Shanghai Li Yanbo
226 Community Meta Box Deployable and Mass Customized Micro-Public Spaces Yuan Feng

241 **5 Urban Governance**
242 The Difficulties of Megacities' City Health Examination and the Practice in Shanghai Wu Jiang Wang Xin Chen Ye Liu Jingshu
257 Research on the Elaborated Governance of the Mega-cities Zhou Minghao
280 Street Urban Design Based on Refined Governance: A case Study of Xuhui Hengfu Historical Area in Shanghai Wang Lin Xue Minghua

中国特色城市化发展模式的问题与思考　伍江

中国城镇化与城乡融合　彭震伟

发展与规划视角下我国小城镇研究的主要进展及重要议题
张立　杨明俊　白郁欣　庞磊

纽约城市转型发展与多元规划　王兰

宏观议题
Macro Issues

中国特色城市化发展模式的问题与思考*

伍江**

改革开放 30 年来的中国城市化进程速度之快、规模之大，史无前例。到 2009 年年底，我国的城市化率已达 46.6%，接近全球 50% 的平均水平。按国际通用标准，一旦城市化率超过 50% 便意味着全面进入城市化时代。城市化已成为我国社会主义现代化建设的最重要的主题词之一。大规模快速城市化必然带来社会、经济的巨大变革，并对环境、资源产生巨大冲击。因此，城市化所带来的问题也自然成为当代中国所面临的最大的挑战之一。

1 中国当代城市化的特点与问题

1.1 中国当代城市化的空前规模与速度

西方发达国家的快速城市化始于 19 世纪的快速工业化。至 20 世纪 50 年代，西方发达国家普遍进入城市化时代。而我国至 1949 年，城镇化水平一直徘徊在 10%

---

* 本文原载于：《中国科学院》院刊，2010，5。
** 伍江，同济大学建筑与城市规划学院长聘教授，wujiang@tongji.edu.cn

左右。1949—1979年的30年，随着我国的初步工业化建设的发展，城镇化水平提高到20%左右。改革开放后，我国的经济社会进入突飞猛进的发展阶段。快速工业化带来了快速城市化。1978—2009年的30余年间，我国的城市化率从17.9%飞跃到46.6%，平均每年增加近1个百分点。从国际比较看，中国城镇化率翻一番的平均时间是22年，而英国是120年，法国是100年，德国是80年，美国是40年，日本是30年。且中国城市化的规模比上述任何国家都要大得多。我们有充分理由相信，这一城市化进程还将持续20~30年。

与这一城市化进程相应，我国的建制镇从20世纪70年代末的不足3000个到现在的19 234个，设市城市从200座左右翻了一番还多，达到今天的655座。如此高速度城市膨胀所带来的大规模城市建设成为我国最大的经济和社会发展引擎。

1.2 工业化与城市化的分离

城市化是工业化的伴生物。然而，由于体制原因，我国当代的城市化又存在着二者相互分离的现象。集中体现为"工业区（或开发区）现象"和"农民工现象"。以乡镇企业为代表的农村工业化和随后的开发区工业化都在很大程度上游离于城市行政体制之外的工业化。工业化直接导致了非农化，却没带来完全的城市化。这种不完全的城市化，一方面表现为大量农业用地转为工业用地，却又游离在城市建设用地管理制度之外，国家对城市建设用地的控制机制对如此大规模的土地非农化不起作用；另一方面，在越来越蔓延开来的工业化土地上，并没有真正意义的城市各类基础设施特别是生活服务类公共基础设施投入。工业区看上去建成度很高，却不能提供相应的城市生活。而户籍制度带来的农民工现象又导致农民非农化却未市民化，并由此大大减弱了巨大的农民工群体在城市宜居生活方面的需求，从而造成极具中国特色的工业化与城市化相互分离现象。这一现象也导致了我国建设用地管理制度的失效，造成耕地的快速流失和工业建设用地的低效使用。

1.3 区域发展差距明显，区域城市特色丧失

我国近30年快速城市化的一个特点是区域发展的不平衡。改革开放以来，我国东部沿海地区率先进入高速发展进程。而中西部地区，特别是西部地区发展程度和发展速度都明显落后于东部地区。东部沿海地区的发展也经历了一个由南向

北逐步加速的过程。在这一过程中,各地区逐渐形成了各具特色的发展模式。然而,一个非常值得注意的现象是,不论经济社会改革发展模式有何不同,城市建设管理模式和城市建设面貌却越来越趋同。各地因地理气候、人文历史等因素的不同而逐渐形成的城市风貌特色基本丧失殆尽。中国大地不论东西南北,不论发展水平,城市面貌几无差别。

1.4 中小城镇的土地浪费与发达城市的用地紧缺

中国当代城市化进程中,土地资源越来越成为制约城市发展的瓶颈。越是经济社会比较发达的地区,土地资源的紧缺性就越明显。地价的暴涨促使这些地区更加重视土地的集约利用。总的来说,中小城市比大城市或区域中心城市的土地资源浪费现象更加明显。各城市竞相建设大广场宽马路,互相攀比之势有增无减。城市建设以宏大、气派为领导政绩,以低价土地甚至免费土地为经济发展代价。工业区(开发区)土地利用效率低下。改善市容与招商引资成为挥霍土地资源最大的两个借口。

与此同时,由于国家土地管理的"一刀切"政策,造成真正土地资源紧缺并对经济发展和城市发展造成严重制约的是地区或城市,特别是大城市却无地可用。同样,在大城市,城市边缘地区和郊区土地利用效率低下,与中心城区寸土如金的现象也形成巨大反差。

1.5 小城镇数量不断增长,城市化水平却十分低下

经过 30 年的改革开放,我国广大农村地区蓬勃兴起的乡镇企业直接推动了我国的全面工业化,也直接导致了数目巨大的小城镇的兴起。短短 30 年间,建制镇数量新增 5 倍多。快速城镇化带来了农民的快速非农化,却并没有带来新兴小城镇的高水平生活质量。小城镇的城市化水平低下,公共服务体系薄弱,基础设施建设落后,区域经济模式趋同,缺乏特色支柱产业。比起大中城市,小城镇的宜居程度越来越低。在传统观念中,安静悠闲的小城镇比嘈杂拥挤的大城市更为宜居的感觉已经不再存在。非农化人口向大中城市集聚的现象愈加明显。

1.6 城镇行政体制对我国城市化的影响

我国现有的城镇行政体制也是影响我国城市化发展的重要因素。我国自新中国成立以来一直实行"县—镇(乡)—村"行政管理体制,这一体制今天已很难适应我国快速城市化特别是小城镇的发展。对于县政府所在地而言,其城市管理特征已大大超过农村管理特征,大多数县政府所在地都有向中型城市发展的趋势。大量县级市的出现即反映了这一趋势。但县政府的县域管理职能(主要是农村地区管理职能)与现代化城市管理职能相去甚远。而在经济发达地区非县政府所在镇则因其镇级行政级别而无法体现城市管理职能,以致局部地区甚至提出设立"镇级市"的要求。但即便设立了"镇级市",在目前的行政体制下也难以真正体现完整的城市职能。而在"乡—村"体制中,面对大量乡办企业或村办企业,由于根本不具备城市建设管理职能,其建设管理的无序和失控就难以避免了。

2 中国当代城市空间发展战略问题思考

2.1 土地集约利用和城市高密度战略

面对经济持续高速增长和大规模快速城市化的挑战,我们必须保持清醒的认识。由于我国人多地少这一特定国情,如何提高土地集约利用效率就成了我国城市发展战略中第一重要的要素。而土地集约利用的首要手段就是提高土地的建设密度。那种贪大求洋,一味追求空间宽舒、宏大气派的城市建设理念不符合我国国情。对于中国而言,比起土地资源危机,其他一切资源危机都远没有如此严峻。城市发展的高密度战略是我们无奈的不二选择。更何况,一些西方发达国家完全依赖于汽车的低密度城市已被证明是对人类前途和地球资源的极不负责。在当代中国城市化进程中,所有改善城市生态环境、提高城市宜居性,为市民提供更宜人的自然环境的努力都必须在足够高的密度下实现。在目前的国际语境下,气候变化、资源匮乏、环境恶化是人类发展所面临的最大挑战。但对于中国来说,土地资源的集约利用问题则具有更大的挑战。从这个意义上说,我国的城市发展的高密度模式必须成为国家战略。

2.2 大、中、小城市并进的城市发展战略

我国是世界上最大的发展中国家。发展不平衡是当代中国的又一特定国情。在过去相当长的历史时期内，我国一直采取积极发展中小城市、限制发展大城市的发展策略。改革开放以来，特别是近20年来，各大城市特别是各区域中心城市在经济发展中的优势作用得到充分体现。于是城市发展的中心又更多地转向大城市。"国际化大都市"成为越来越多中心城市的发展目标。大城市特别是特大城市的人口集聚效应和经济能级优势凸显，为我国经济持续高速增长提供了巨大引擎。但是，作为一个13亿人口的大国，我们不可能像一些中小国家或地区那样将经济社会的全部发展效应都集聚在少数城市。对于中国而言，大—中—小城市同步发展的战略才是真正符合国情的发展战略。在目前形势下，更应花大精力研究中小城市的发展模式，使数目巨大的中小城市和小城镇的经济能级、基础设施水平、公共服务能力和生活水平得到真正改善和提高。

2.3 优化城市空间结构战略

合理高效的城市空间布局会给城市发展带来长远的利益，而不合理的城市空间布局则会给城市带来致命的危害。任何一种既有的空间结构模式都不应直接照搬到任何城市。不同规模、不同地域、不同自然环境、不同产业结构、不同经济发展水平、不同历史文化背景的城市，应具有不同的空间结构战略。但无论哪个城市，都应该有一个明确的城市总体空间结构战略。在市场经济特别是快速发展的市场经济条件下，城市的土地利用和空间格局很容易被眼前的短期经济利益所左右。但是城市的空间大格局一旦形成就再也难以扭转。

总体而言，大城市特别是特大城市应坚决避免无限制的"摊大饼"现象，有必要将中心城区限制在一个合理的尺度。同时，为适应城市人口的扩张和产业的发展，在中心城的外围发展新城和新市镇，可形成以母城为中心的多个不同规模新城和新市镇共同组成的簇形城市群。这样的空间结构既可保证区域整体产业结构的完整和经济能级的提升，又能保证城市的合理尺度，也在各城市化地区之间留出必要的生态空间，从而为城市带来高效的运转效率，并提供更好的宜居环境。对于中小型城市，其空间结构则应更多地与自然地理特征相适应。

2.4 地域文化特色保护战略

我国当代的快速城市化引发的一个明显问题是地方文化特色逐渐丧失，而城市文化特色是城市竞争力的根本所在。各城市在千百年的发展中形成了丰富的地方文化，并形成了各具特色的城市风貌。这些历史文化特色是城市文化竞争力是经济竞争力的重要来源，也是人类文明的重要组成部分。保护好这些历史文化特色，就是保护并提升城市竞争力，就是保护人类文明。人类文明需要不断发展，城市文化需要不断创新，但创新不应以破旧为前提，创新往往更需要历史沉淀的支撑。历史沉淀越厚重，创新的内在动力才更强大。只有尊重既有的历史文化，保护好历史文化遗产，才有可能创造出新的文化特色。我们要推陈出新而不要破旧立新。历史文化遗产保护必须成为城市发展战略和城市规划建设中最重要的组成部分。

2.5 基础设施优先战略

城市建设发展，基础设施须先行。一层含义是，完善的城市基础设施是城市高效运转的前提，也是为市民提供宜居、便利生活条件的保证。在城市建设投入中必须基础设施优先而非面子工程优先。因基础设施需要政府投入，在城市决策中往往会因政府财力限制而将基础设施建设后置或降低基础设施标准。如此，将来永远难以整体实现理想的基础设施体系，或将不断改造基础设施造成资源浪费。因此，在政府建设决策中，基础设施建设必须被置于最为优先的位置。无论眼前经济现实条件如何，都必须有一个具有足够远见的基础设施规划，并一步步逐步实现。

基础设施优先的另一层含义是按照规划为将来逐步实施的基础设施预留足够空间。基础设施的巨大投入需要以经济发展的实力为基础。不能等到经济实力具备后再重新寻找实施规划基础设施的空间。这样将会造成极大的资源浪费，或者形成极大的动迁困难，甚至永远无法实施。城市建设百年大计，这句话主要体现在城市基础设施的规划和建设上。

2.6 公共交通优先战略

西方特别是美国近一个世纪以来推行的私人交通方式，使私人汽车成为理想化现代生活方式的标志。这极大地刺激了汽车工业和石油工业，也为人类的可持续发展及地球环境的维护带来了无穷隐患。今天，发达国家的人们已无法离开这样一种生活方式，却又为驱动这一生活方式所需的燃料而困惑不已，甚至不惜以流血战争为代价。而中国似乎也不甘心于"看热闹"，在各种利益的驱动下，不顾国际竞争的残酷现实，积极推动私人汽车产业，似乎通过寻找新的替代能源可以来解决这一世纪难题。人们忘掉了一个严峻的事实：地球土地资源的危机远大于能量资源的危机。如果全世界都推行这样一种生活方式，如果全人类都过上某些发达国家城市那种完全依赖于私人汽车的极低密度的"花园式"生活，那么对于地球来说，这将会是一场灾难！

毫无疑问，对于中国这样的人口大国来说，私人交通方式不应成为主要的交通方式，更不应成为理想生活方式的象征。我们必须大力提倡更为有效、便利并符合可持续发展理念的公共交通方式。发展公共交通绝不仅仅是为了照顾城市底层的民生工程，发展全民的公共交通是我们的唯一选择。在城市规划决策层面，必须将公共交通置于完全优先的位置并使之成为城市最重要的发展战略。

2.7 区域统筹、城乡统筹、经济与社会发展统筹战略

世界经济的全球化和区域经济的一体化已使今天的城市越来越难以孤立生存。城市越来越从属于世界经济网络至少是区域经济网络。城市群概念已不再是一个学术概念而是一个事实上的客观存在。不论是欧洲、美国还是日本，一些重要城市群在世界经济中的能级都已显现无遗。中国改革开放以来，先是珠三角地区，继而长三角地区，进而京津唐、环渤海经济带，城市群的能量在全国经济发展中扮演的角色已举世瞩目，但城市间的统筹协调、资源共享、优势互补，仍难以实现。我国目前的行政体制又加剧了这种困难。因此，亟须建立一种强有力的区域统筹机制，比如成立跨行政区划的统一的区域规划协调机构。在城市自身层面，至少应将区域统筹放在总体战略的层面来对待。

我国当代城市化所面临的一个特殊现象是城乡二元分离。城市化从其本质来说不仅是城市问题，更是农村问题。离开农村发展，城市化问题便无从谈起。目前，我国农村基本建设和城市建设的二元分离现象突出，城乡管理体制相互隔离，城乡差别明显。在城市发展战略中，农村不应成为城市化过程的资源提供者，更应成为城市化过程的受益者。

我国当代城市发展还必须更加强调经济和社会的同步发展。在城市规划建设

中不仅要强调"硬"的基础设施，更要强调"软"的基础设施建设，即各类文化、教育、体育、医疗、公共服务等设施的统一规划配置，并随着经济发展水平的提高而提高配置标准。

2.8 规划引导发展战略

规划是城市长远利益的体现，规划应引导城市的发展并成为控制城市发展的依据。近年来城市规划受到前所未有的重视，但"规划规划，纸上画画，墙上挂挂"的现象仍十分常见，规划的严肃性和法定性必须加强。另外，长官意志也时常强烈干扰着规划理性，换一任领导改一轮规划的现象相当普遍。在规划决策和规划实施中既要体现规划的严肃性和法定性，不容任何个人意志甚至个人喜好随意决定或改变规划；也要重视规划的科学性和动态性，那种过于简单地认为"规划一经决定就不能改变"是违背规划本质规律的。经济社会的发展，认识水平的提高，以及新的变化都使得规划是一个动态的科学系统。关键是规划的决策改变都应经过充分的民主参与和法定程序，不能草率随意改变，更不能由个别领导的长官意志来决定。

在近30年的城市化历程中，我国的城市建设和建设管理基本是一种适应于快速发展的"粗放化模式"。在城市化进程的下一阶段，更需要建立一种"精细化模式"。应大力提倡并推动城市规划决策过程中的城市研究和城市设计，规划建设中须更多关注城市中人的活动，体现以人为本的城市发展理念。城市空间战略中应全面体现城市的经济生产和人民生活、运转效率和生态环境等协调关系。城市规划应塑造城市合理尺度、街坊生活尺度、街道宜人尺度；应重新认识城市功能分区与功能混合问题，创造城市活力；应重新认识城市开发尺度，改变大尺度开发，缩小城市特色单元的尺度；应重新认识"城市美化"，适度宽容城市的自主行为；应重新评价"单位"与"新村"，再塑城市"活体细胞"；应重新评价"旧城"价值，尊重城市原有结构肌理，结束"旧城改造"；应高度关注并推动城市公共艺术，以丰富城市文化。通过城市的精细化规划设计重建城市理想生活空间，创造具有中国特色的、符合以人为本理念和可持续发展原则的理想居住模式、工作模式、交通模式、交往模式和休闲模式。

中国的大规模快速城市化是我们这个时代面临的严峻挑战，同时也给具有5000年文明史的中华民族带来了为人类文明再创辉煌贡献的机遇。2010年，具有

159年历史的世博会在上海举办，并第一次以"城市"作为主题，提出"城市，让生活更美好"的口号。城市化既是人类文明的标志，也是对人类智慧的考验。城市化的过程既是人类生产能力和生活水平提高的过程，也是"城市病"不断暴露的过程。我们能运用我们的智慧，成功地避免和医治"城市病"，让城市成为提供更加美好生活的地球港湾吗？！

参考文献

[1] 中国城市科学研究会,中国城市规划协会,中国城市规划学会,等.中国城市发展报告(2008—2009)[M].北京:中国建筑工业出版社,2009.

[2] 仇保兴.应对机遇与挑战—中国城镇化战略研究主要问题与对策[M].北京:中国建筑工业出版社,2009.

[3] 《中国城镇化与村镇建设科技发展战略》编委会.中国城镇化与村镇建设科技发展战略[M].北京:科学出版社出版,2010.

[4] 曹宗平.中国城镇化之路—基于聚集经济理论的一个新视角[M].北京:人民出版社,2009.

[5] 国家住房和城乡建设部编写组.国外城市化发展概况[M].北京:中国建筑工业出版社,2003.

[6] 叶贵勋,等.上海城市空间发展战略研究[M].北京:中国建筑工业出版社,2003.

[7] 王凯,陈明.近30年快速城镇化背景下城市规划理念的变迁[J].城市规划学刊,2008(1):9-13.

[8] 伍江.上海城市规划与建设管理若干问题思考[J].时代建筑,2009(6):6-11.

中国城镇化与城乡融合

彭震伟 *

1 对城镇化的认识

1.1 城镇化的概念

城镇化是一个乡村转变为城市的复杂过程,这种过程同时伴随着与之密切关联的社会经济变化。它既有人口和非农业活动从乡村向城市的转型、集中、强化和分异,以及城市景观的地域推进等人们看得见的实体变化过程,也包括这些实体背后的社会、经济、技术变革在城市等级体系中的不断扩散,以及进入乡村地区,甚至包括城市文化、生活方式、价值观念等向乡村地域扩散的较为抽象的精神上的变化过程。城镇化的过程包括了各类要素在城乡地域之间的交流,主要表现在人口、产业、财富、智力、信息等向城市地域的集聚,以及交通、经济、文化等由城市向乡村地域的辐射。

由于城镇化过程的复杂性,不同学科对城镇化的研究也表现为各自的学科特征。例如,社会学关注人的城市生活方式的发展与变化过程,认为城镇化过程意味着人们不断被吸

---

* 彭震伟,同济大学建筑与城市规划学院教授,pengzhw@tongji.edu.cn

收到城市并被纳入城市的生活组织中，还意味着随城市发展而出现的新的城市生活方式在不断强化。人口学对城镇化的理解侧重于城乡人口的变化，认为城市生活方式的扩大是人口由乡村向城市集中的结果。城市人口的集中有两种不同的方式，一是城市数量的增加，二是每个城市人口规模的增加。经济学则认为，城镇化是由于经济专业化的发展和技术的进步使得人们离开农业经济向非农业经济活动转移并产生空间集聚的过程，以此视角看待城镇化的本质，城市生活方式实际上是一种以非农业生产为基础的生活方式，人口向城市集中是为了满足第二产业和第三产业对劳动力的需要。此外，地理学的核心知识体系特征则决定了其对于城镇化的研究视角聚焦于非农业部门的经济区位及劳动力和消费区位向城市的集中，认为第二产业和第三产业向城市的集中实际上就是非农业部门的经济区位向城市的集中，人口向城市的集中也是劳动力和消费区位向城市的集中，其结果包括：在乡村地区甚至未开发区域形成新的城市，已有城市空间向外围的扩展，还包括城市内部已有的经济区位向更集约的空间配置并以更高效率的结构形态发展。

1.2 城镇化的进程特征

全球的城镇化的过程，既有其一般性的规律，也有不同国家和地区经济社会发展政策分别造成的不同影响。城镇化发展与经济发展水平紧密相关，经济发展到一定阶段和工业化发展到一定程度，城镇化水平随之提高。随着城镇化的推进，占主导地位的产业从农业转为工业，再转为服务业，经济发展水平呈现出不断提高的发展过程。美国经济学家钱纳里（H. Chenery）曾提出，人均国内生产总值和城镇化水平呈正相关关系。

美国的城市地理学家诺瑟姆（R. M. Northam）通过对一些发达国家城镇化发展历史轨迹的研究，提出城镇化发展进程呈现出按照 S 形增长曲线的三个基本阶段，认为城乡关系在不同阶段有不同的表现形式。一是城镇化水平较低和发展较慢的初期阶段，城镇人口占总人口比重在 30% 以下。该阶段的农业人口占绝对优势，工农业生产力水平较低，工业提供的就业机会有限，农业剩余劳动力释放缓慢，因此，要经过几十年甚至上百年的时间，城镇人口比重才能提高到 30%。二是人口向城市迅速集聚的中期加速阶段，城镇人口占总人口比重在 30%～70% 之间。该阶段由于工业基础已比较雄厚，经济实力明显增强，农业劳动生产率大大提高，工业吸收大批农业人口，城镇人口比重可在短短几十年内突破 50% 进而上升到 70%。据研究，日本在该阶段的城镇化水平每年提高 1.7 个百分点，韩国则为 1.5 个百分点。三是进入高速城镇化以后城市人口比重的增加又趋缓慢甚至停滞的后期阶段，城镇人口占总人口比重在 70%～90%。该阶段农村人口的相对数量和绝对数量不大，农村人口的转化趋于停止，最后相对稳定在10%以下，城镇人口比重则相对稳定在90%以上的饱和状态。城镇化不再主要表现为农村人口转变为城镇人口的过程，而是城镇内部的职业构成由第二产业向第三产业的转移。

同时，各国和地区的城镇化过程也受到各自经济与社会发展政策的影响，这在国际城镇化研究中都有大量的例证和研究成果。例如，美国经济学家迈克尔·利普顿（Michel Lipton）曾提出城市偏向（Urban bias）理论，即一个国家在经济发展的战略上以城市为中心，集中国家各种资源优先发展城市和工业，并设想在未来以先进的工业化和城市带动农业和农村共同发展的模式。

在新中国建立之初，我国由于制定了在短时期内赶英超美的"赶超战略"，在经济发展模式上更加倾斜有利于资本原始积累的重工业优先增长战略，也推行城市偏向的非均衡发展模式，采取了农产品统购统销、人民公社制度、户籍制度等，形成了城乡分割的二元经济结构。直到改革开放以后，农村发展和城乡统筹才开始成为国家发展的政策导向。

1.3 中国城镇化发展的主要阶段

由于新中国建立后的经济社会发展基础及相应的国家政策影响，我国的城镇化过程很曲折，总体而言，可以分为四个阶段。

第一阶段：1949—1957年，为正常发展时期。该阶段国家围绕694个重点建设项目，采取了"重点建设，稳步前进"的城市发展方针，城镇化水平从10.64%提高到15.39%。

第二阶段：1958—1965年，表现为城镇化水平大起大落的特征。其中1958—1960年农村人口进入城镇严重失控，城镇化水平从15.39%提高到19.75%，年均增加2.18个百分点。1960—1964年，由于国家压缩基本建设规模、精简职工、压缩城镇人口等，城镇化水平从19.75%下降到17.98%。

第三阶段：1966—1978年，经济社会发展有所停滞，城镇化水平多年徘徊在17%上下。

第四阶段：1978至今，其重要标志为党的十一届三中全会召开，国家实行改革开放和充分发挥中心城市作用，将发展重点转移到现代化建设上，城镇化水平得到迅速提高。其中，1978—1990年，城镇化水平从17.92%上升到26.41%，年均增长0.71个百分点；1990—2012年，城镇化水平从26.41%上升到52.57%，年均增长1.19个百分点；2012年党的十八大提出新型城镇化战略，要求积极稳妥推进城镇化发展，提高城镇化发展质量，探索一条具有中国特色的城镇化之路；2012—2023年，城镇化水平从52.57%上升到

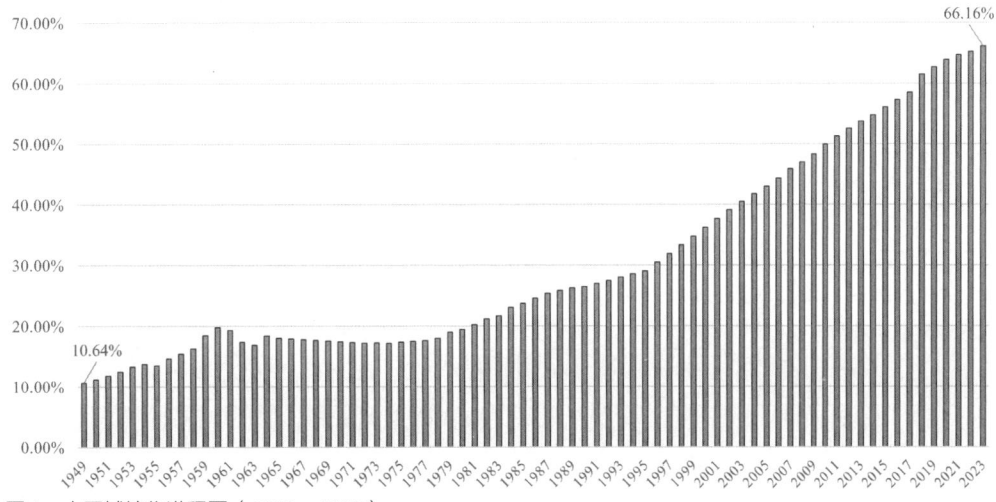

图 1 中国城镇化进程图（1949—2023）
数据来源：历年《中国统计年鉴》

66.61%，年均增长 1.28 个百分点。其中，2020—2023 年的城镇化水平年均增长 0.91 个百分点（图 1）。

1.4 中国城镇化发展的主要特征

1. 城乡差别大，二元结构问题突出

我国在推进城镇化发展的过程中，由于发展基础和国家政策的驱使，长期以来更强调农村人口向城市（镇）的转化及农业向非农产业的调整，而对农业、农村和农民的长远发展则关注不够。即使在国家推动户籍制度改革以后，农业转移人口仍不能真正转化成为城镇人口，无法享受到城市提供的医疗、养老、教育、经济适用房等社会保障和福利，只能算是"准城镇化人口"。2013 年，党的十八届三中全会提出"必须健全体制机制，形成以工促农、以城带乡、工农互惠、城乡一体的新型工农城乡关系，让广大农民平等参与现代化进程、共同分享现代化成果"。特别提到要"推进农业转移人口市民化，逐步把符合条件的农业转移人口转为城镇居民""稳步推进城镇基本公共服务常住人口全覆盖，把进城落户农民完全纳入城镇住房和社会保障体系，在农村参加的养老保险和医疗保险规范接入城镇社保体系""建立财政转移支付同农业转移人口市民化挂钩机制"等政策措施。

2. 区域发展不平衡

我国幅员辽阔、自然条件复杂多样、发展基础差异巨大，东部、中部、西部和东北地区的城镇发展存在着显著的差异，呈现不平衡状态（表 1）。

表1 我国城镇与农村居民人均收入情况

年份	城镇居民家庭人均可支配收入（A）/元	农村居民家庭人均纯收入（B）/元	A/B	年份	城镇居民家庭人均可支配收入（A）/元	农村居民家庭人均纯收入（B）/元	A/B
1978	343.4	133.6	2.57	1999	5854.0	2210.3	2.65
1980	477.6	191.3	2.50	2000	6280.0	2253.4	2.79
1985	739.1	397.6	1.86	2002	7702.8	2475.6	3.11
1990	1510.2	686.3	2.20	2004	9421.6	2936.4	3.21
1991	1700.6	708.6	2.40	2007	13785.8	4140.4	3.33
1992	2026.6	784.0	2.58	2008	15780.8	4760.6	3.31
1993	2577.4	921.6	2.80	2010	19109	5919	3.23
1994	3496.2	1221.0	2.86	2012	24565	7917	3.10
1995	4283.0	1577.7	2.71	2015	31195	11422	2.73
1996	4838.9	1926.1	2.51	2017	36396.2	13432.4	2.73
1997	5160.3	2090.1	2.47	2020	43833.8	17131.5	2.56
1998	5425.1	2162.0	2.51	2022	49282.9	20132.8	2.45

数据来源：历年《中国统计年鉴》

表2 我国东、中、西、东北地区城镇居民人均可支配收入比（以中部地区为1）

年份	东部地区	中部地区	西部地区	东北地区
2010	1.46	1	0.99	1
2015	1.37	1	0.99	1.02
2017	1.37	1	0.99	0.99
2020	1.38	1	1	0.95
2022	1.37	1	0.99	0.91

数据来源：历年《中国统计年鉴》

表3 我国东、中、西、东北地区农村居民人均可支配收入比（以中部地区为1）

年份	东部地区	中部地区	西部地区	东北地区
2010	1.48	1	0.80	1.17
2015	1.30	1	0.83	1.05
2017	1.31	1	0.85	1.02
2020	1.31	1	0.87	1.02
2022	1.31	1	0.87	0.99

数据来源：历年《中国统计年鉴》

3. 城镇化发展的资源约束趋紧

我国耕地总量和人均耕地数量均较少，耕地后备资源匮乏，并出现黑土地退化、水土流失、土壤酸化和盐渍化等问题。在保障国家粮食安全和生态安全的前提下，可供开发建设的潜在空间极为有限。但城乡建设用地却较粗放，部分城市和农村地区存在"人减地增"的情况。同时，我国地区之间资源环境承载能力差别较大，平原盆地地区资源环境承载能力较高，西部地区承载能力较低。我国土地、水资源与能源的相对短缺和空间配置不均衡，部分地区和城市严重缺水，能源矿产资源与人口产业聚集区域分布不相匹配，约束了我国经济和城镇的健康发展。

在2013年12月中央城镇化工作会议上，习近平总书记指出："城镇化刚刚步入中期阶段的时候，许多城市资源环境承载已经减弱，水土资源和能源不足、环境污染等问题凸显。"

1.5 全球化语境下的城镇化发展

20世纪70年代末至90年代初，全球化的进程大大加快，国家与国家之间在经济、社会等发展上的相互依存度不断增强。全球化对经济的影响主要表现在以下两方面。

第一，发达国家和发展中国家都出现经济结构的转型，这种转型在生产、分配和资源利用上影响了所有国家的主要城市。在全球化条件下，全球的经济活动出现了新的分工。一方面，生产和制造出现了"分散"的趋势，制造业活动从北美－西欧－日本向一些发展中国家，特别是亚洲城市移动，这些城市成为制造业的新中心。另一方面，控制和管理出现了"集中"的趋势，若干发达的大城市成为全球性的经济控制和管理中心，这些城市即成为全球城市。

第二，全球性经济贸易组织（如WTO）的规章超越了国家的法律，使参与全球贸易的城市不得不直接面对国际竞争。

对发达国家来说，全球化意味着第二产业向外转移和巩固第三产业的主导地位，虽然制造业全面衰退，但通过控制全球资本、高新技术和销售网络，对全球经济命脉的控制力在上升。对发展中国家来说，发达国家转移过来的制造业为它们提供了工业发展的机遇，制造业产品主要供出口，对外贸易越来越成为国家经济的关键，更加密切地依附于全球市场。在全球化条件下，城市发展更加关注与"非国内性增长资源"的国际联系与交流，这些联系包括贸易、资金、财务、机构、人员和信息等，它们大部分和现代服务业有关。

在分析区域和城市的经济地位时，第二次世界大战后的城市规划都把一个城市定位在该城市所在国家的城市体系之内，局限于分析这个城市和国内其他城市的关系。但是，20世纪70年代以来，经济全球化的不断加速促进了城镇空间经济结构的转型和城镇体系的"极化"，以"产业链"为特征的城镇空间结构正在转变为以"价值链"为特征的城镇空间结构，信息化更加剧了世界城镇体系的"极化"过程，使经济活动的制造、装配层面和管理、控制层面在空间上分离成为可能。城市经济发展越来越受到外部资本的影响，城市和城市地区越来越纳入全球经济网络。以上海为例，上海在高端生产性服务业方面的全球连接能力显著增强。2016—2022年，上海在GaWC全球高端生产服务业网络中的连接度排名由第8名提升至第5名。

2 新型城镇化与城乡融合发展

2.1 新型城镇化道路

随着我国城镇化的快速发展，传统城镇化模式带来的问题不断涌现。2012年，党的十八大提出了新型城镇化战略，明确要"坚持走中国特色新型工业化、信息化、城镇化、农业现代化道路，推动信息化和工业化深度融合、工业化和城镇化良性互动、城镇化和农业现代化相互协调，促进工业化、信息化、城镇化、农业现代化同步发展"。2012年年底的中央经济工作会议，也明确提出，要"积极稳妥推进城镇化，着力提高城镇化质量。要把生态文明理念和原则全面融入城镇化全过程，走集约、智能、绿色、低碳的新型城镇化道路"。

根据党的十八大关于新型城镇化战略的方向指引，2013年12月党中央召开中央城镇化工作会议，架构了新型城镇化道路的顶层设计。"城镇化是现代化的必由之路。推进城镇化是解决农业、农村、农民问题的重要途径，是推动区域协调发展的有力支撑，是扩大内需和促进产业升级的重要抓手，对全面建成小康社会、加快推进社会主义现代化具有重大现实意义和深远历史意义。""确定城镇化目标必须实事求是、切实可行，不能靠行政命令层层加码、级级考核，不要急于求成、拔苗助长。推进城镇化既要积极、又要稳妥、更要扎实，方向要明，步子要稳，措施要实。"

2014年，国家出台了《国家新型城镇化规划（2014—2020年）》，谋划了全面实现新型城镇化的总体格局。"全面提高城镇化质量，加快转变城镇化发展方式，以人的城镇化为核心，有序推进农业转移人口市民化；以城市群为主体形态，推动大中小城市和小城镇协调发展;以综合承载能力为支撑,提升城市可持续发展水平;以体制机制创新为保障,通过改革释放城镇化发展潜力,走以人为本、四化同步、优化布局、生态文明、文化传承的中国特色新型城镇化道路。"

2.2 新型城镇化内涵解构

实施新型城镇化,可以从发展目标、实现路径、发展空间、政策环境和资源环境等五个方面进行解构。

1. 发展目标

以以人为本的经济、社会、环境相协调的可持续发展为目标;以城乡区域协调发展为目标;以城镇居民和农村居民的生活质量提高为目标。

2. 实现路径

以新型工业化和信息化为动力,促进产业结构优化转型,经济发展应体现集约、节约、高效、循环经济的特点。

3. 发展空间

大中小城镇与乡村协调发展,功能协调互补。

4. 政策环境

建立工业反哺农业、城市反哺农村的政策;人口政策、社会保障政策有助于引导人口有序流动、促进农民向市民转化,有助于消除二元结构矛盾,增进社会和谐,保持社会文化的多样性。

5. 资源环境

城镇化发展模式应是资源节约型和人居环境友好型,减少资源消耗、浪费,降低环境污染和生态破坏,增进人与自然的和谐。

2.3 新型城镇化工作六大主要任务

1. 推进农业转移人口市民化

主要任务是解决已经到城镇就业的农业转移人口落户问题,努力提高农民工融入城镇的素质和能力。

表4　2008—2022年农民工规模（万人）

年份	2008	2010	2012	2015	2017	2019	2020	2021	2022
农民工规模	—	24223	26261	27747	28650	29077	28560	29251	29562
1.外出农民工	14041	15335	16336	16884	17185	17425	16959	17172	17190
2.本地农民工	8501	8888	9925	10863	11465	11652	11601	12079	12372

数据来源：国家统计局农民工监测报告

农民工在城镇永久就业、居住、落户和子女教育等制度创新与改革，是实现我国城乡融合发展的重要突破口，也是新型城镇化发展的核心目标。首先，要实现这样的目标，必须发展各具特色的城市产业体系，强化城市间专业化分工协作，增强中小城市产业承接能力。其次，要提升农业转移人口市民化的能力，提高农业转移人口劳动技能素质，营造开放包容的城市文化。最后，要健全农业转移人口市民化配套政策，完善财政转移支付与农业转移人口市民化挂钩机制，建立财政性建设资金对吸纳农业转移人口多的城市基础设施投资的补助机制，健全城镇建设用地增加规模与吸纳农业转移人口落户数量挂钩机制。

2. 提高城镇建设用地利用效率

一是要严控城镇建设用地增量，盘活存量，优化结构，提升效率，切实提高城镇建设用地集约化程度。二是要守住耕地红线，包括数量和质量。三是城镇建设用地特别是优化开发的三大城市群地区，要以盘活存量为主，不能再无节制扩大建设用地规模。四是减少工业用地，适当增加生活用地特别是居住用地，切实保护耕地、园地、菜地等农业空间，划定生态红线。

我国城镇建设用地开发使用，需考虑我国现行的二元土地制度的特征，即城市土地属于国有，地方政府享有建设用地的处置权、出让权和收益权，农村土地属于集体所有。为了更好地推动城乡统一的建设用地市场建设，党的十八届三中全会提出了土地改革的三项主要内容。一是在符合规划和用途管制前提下，允许农村集体经营性建设用地出让、租赁、入股，实行与国有土地同等入市、同权同价。二是在坚持和完善最严格的耕地保护制度前提下，赋予农民对承包地占有、使用、收益、流转及承包经营权抵押、担保权能。三是保障农户宅基地用益物权，慎重稳妥推进农民住房财产权抵押、担保、转让，探索农民增加财产性收入渠道。在传统的城镇化模式下，城市过度依赖土地财政并带来金融风险，城市工业用地和城乡结合部地区（包括城中村）土地使用效率普遍低下。习近平总书记在2013年中央城镇化工作会议上明确指出："一些地方城镇建设规模扩张过快、占地过多，盲目'摊大饼'问题突出，对保护耕地和保护粮食安全构成威胁。""有的工业园区占了很大地盘，产出却很低……一些城市开发强度已经过高，水资源不足了，可供开发的土地快没了，大气和水污染，原因是没有控制好开发强度，没有划定城市开发边界。"究其原因，一些地方政府在规划建设指导思想上重外延轻内涵、发展方式粗放，盲目追求规模扩张。当前，为确保我国的粮食安全，国家实施了最严格的耕地保护制度，通过计划手段保护18亿亩耕地红线。习近平总书记在2019年3月参加十三届全国人大二次会议内蒙古代表团的审议时明确指出："要坚持底线思维，以国土空间规划为依据，把城镇、农业、生态空间和生态保护红线、永久基本农田保护红线、城镇开发边界作为调整经济结构、规划产业发展、推进城镇化不可逾越的红线。"

实现耕地有效面积增加和提高耕地质量的重要举措是建立健全同宏观政策、区域发展更加高效衔接的土地管理制度，提高土地要素配置精准性和利用效率，推动形成主体功能约束有效、国土开发协调有序的空间发展格局，增强土地要素对优势地区高质量发展保障能力。因此，要统筹好区域经济布局和国土空间利用，立足各地功能定位和资源禀赋，细化土地管理政策单元，提高资源开发利用水平。耕地占补平衡和坚持"以补定占"及城乡建设用地增减挂钩是有效的政策，需要在耕地总量不减少、永久基本农田布局基本稳定的前提下，综合运用好这些政策，同时要避免用复垦出来的生地置换城市周边的熟地，以免造成农地质量的下降。

3. 建立多元可持续的资金保障机制

传统城镇化道路过度依赖土地融资，给城市的健康发展带来诸多风险。新型城镇化要解决深层次的问题，需要系统改革城镇化的投融资体系，把税收制度、税收征管、政府间财政关系、土地财政、城市基础设施融资与地方债务管理等加以统筹。如完善地方税体系，逐步建立地方主体税种，建立财政转移支付同农业转移人口市民化挂钩机制；建立健全地方债券发行管理制度；发挥好现有政策性金融机构在城镇化中的重要作用，同时研究建立城市基础设施、住宅政策性金融机构；放宽市场准入，制定非公有制企业进入特许经营领域的办法，鼓励社会资本参与城市公用设施投资运营等。近年来，国内已有多个城市在开展城市融资的改革探索。例如成都积极探索开发性金融的介入，以政府的组织优势和国家开发银行的融资优势相结合为基础，通过银政合作，发挥开发性金融与村镇规划的合力，通过规划推动项目建设和平台建设，更好地促进了成都市统筹城乡发展目标的实现。

4. 优化城镇化布局和形态

城镇化布局和形态的优化可以落实在宏观层面的城镇化布局和微观层面的城镇空间治理两个层面。从宏观层面来看，自党的十八大提出新型城镇化发展战略以来已出台了两轮《国家新型城镇化规划》，均提出要构建"两横三纵"战略格局，即以陆桥通道、沿长江通道为两条横轴，以沿海、京哈京广、包昆通道为三条纵轴，以轴线上19个城市群为主要支撑、节点城市为重要组成的"两横三纵"城镇化战略格局，建立中心城市带动都市圈、都市圈引领城市群、城市群支撑区域协调发展的空间动力机制，优化提升大城市功能，增强中小城市发展活力，有重点地发展小城镇，推动大中小城市和小城镇协调发展。从微观层面来看，要因地制宜推进城市空间布局形态多元化，引导大中小城市协调布局，调整优化城市空间布局、用地规模和结构，并推动县城和小城镇集约布局。

5. 提高城镇可持续发展能力和城镇建设水平

从提高城镇可持续发展能力而言，要加快转变城市发展方式，优化城市空间结构，增强城市经济、基础设施、公共服务和资源环境对人口的承载能力，有效预防和治理"城市病"，建设和谐宜居、富有特色、充满活力的现代城市。要强化城市产业就业支撑，优化城市产业结构，增强城市创新能力，营造良好的就业创业环境。要提升城市基本公共服务水平，优先发展城市公共交通，加强市政公用设施建设，完善城市的基本公共服务体系。

从提高城镇建设水平而言，要推动城市的精明增长，由扩张性城市空间增长逐步转向限定城市边界、优化空间结构的发展，其核心是用足城市存量空间，减少城市空间的盲目扩张。要加强对城市现有社区的更新，营造紧凑与用地混合使用的城市空间结构，推动城市公共交通系统建设，保护城市开放空间和创造舒适的环境，让城市融入大自然，让居民望得见山、看得见水、记得住乡愁。

6. 加强对城镇化的管理

要适应新型城镇化的发展要求，提高城乡规划的科学性，加强对国土空间的开发管制，健全规划管理体制机制。要加强制度顶层设计，尊重市场规律，统筹推进人口管理、土地管理、财税金融、城镇住房、行政管理、生态环境等重点领域和关键环节的体制机制改革，形成有利于城镇化健康发展的制度环境。

2.4 城乡融合发展的政策导向

城乡融合发展是我国在特定的经济社会发展状况和城镇化进程中的一种制度设计。2002年，在党的十六大上就已经提出了要统筹城乡经济社会发展。2004年，在党的十六届四中全会上又明确提出了"两个趋向"，即在工业化初始阶段，农业支持工业，为工业提供积累是带有普遍性的趋向；但在工业化达到相当程度以后，工业反哺农业、城市支持农村，实现工业与农业、城市与农村协调发展，也是带有普遍性的趋向。

2012年，党的十八大报告中提出要加快完善社会主义市场经济体制和加快转变经济发展方式，坚持走中国特色新型工业化、信息化、城镇化、农业现代化道路，其中就明确提出要推动城乡发展一体化。2013年党的十八届三中全会，进一步提出要健全城乡发展一体化体制机制，形成以工促农、以城带乡、工农互惠、城乡一体的新型工农城乡关系，让广大农民平等参与现代化进程、共同分享现代化成果。其中，包括了要加快构建新型农业经营体系、赋予农民更多财产权利、推进城乡要素平等交换和公共资源均衡配置，以及完善城镇化健康发展体制机制等要求。

2017年，党的十九大报告中提出实施乡村振兴战略，要按照产业兴旺、生态宜居、乡风文明、治理有效、生活富裕的总要求，建立健全城乡融合发展体制机制和政策体系，加快推进农业农村现代化。

2.5 城乡融合发展战略与路径

针对我国在特定的经济社会发展状况和城镇化进程中出现的城乡关系失调，通过制度创新和一系列的政策，理顺城乡融通的渠道，填补发展中的薄弱环节，实现城乡融合发展。2018年中央一号文件中提出，要坚持城乡融合发展，坚决破除体制机制弊端，使市场在资源配置中起决定性作用，更好发挥政府作用，推动城乡要素自由流动、平等交换，推动新型工业化、信息化、城镇化、农业现代化同步发展，加快形成工农互促、城乡互补、全面融合、共同繁荣的新型工农城乡关系。

城乡融合必须关注更多的受益面，改变以城市为主、为重的传统模式，形成推进城乡基础设施、公共服务设施和社会保障等基本公共服务均等化建设的体制机制和政策体系。具体而言，应实现五个"有利于"，即有利于城乡要素的合理配置、有利于城乡基本公共服务的普惠共享、有利于城乡基础设施的一体化发展、有利于乡村经济的多元化发展和有利于农民收入的持续增长。对乡村地区而言，城乡融合发展包含两个相互关联的维度，一是城市与乡村之间无障碍的经济社会联系，二是乡村地区本身的发展。

3 乡村振兴发展与规划

3.1 乡村振兴战略内涵

2017年,党的十九大报告中指出,中国特色社会主义进入新时代,我国社会主要矛盾已经转化为人民日益增长的美好生活需要和不平衡不充分的发展之间的矛盾。从中国的国情看,我国当前最大的发展不平衡是城乡发展的不平衡,最大的发展不充分是农村发展的不充分。

因此,党中央提出农业农村农民问题是关系国计民生的根本性问题,必须始终把解决好"三农"问题作为全党工作重中之重。要坚持农业农村优先发展,按照产业兴旺、生态宜居、乡风文明、治理有效、生活富裕的总要求,建立健全城乡融合发展体制机制和政策体系,加快推进农业农村现代化。

3.2 乡村发展规划

乡村发展规划是针对乡村地域的经济社会与空间发展的规划,必须按照"产业兴旺、生态宜居、乡风文明、治理有效、生活富裕"的乡村振兴发展总要求,对实施乡村振兴战略作出系统性谋划。

《乡村振兴战略规划(2018—2022年)》中对乡村发展作出了分类推进的指导,提出要顺应村庄发展规律和演变趋势,根据不同村庄的发展现状、区位条件、资源禀赋等,按照集聚提升、融入城镇、特色保护、搬迁撤并的思路,分类推进乡村振兴,不搞"一刀切"。2019年1月,《中央农办 农业农村部 自然资源部 国家发展改革委 财政部 关于统筹推进村庄规划工作的意见》出台,明确不同村庄的分类指导意见。将现有规模较大的中心村,确定为集聚提升类村庄;将城市近郊区以及县城城关镇所在地村庄,确定为城郊融合类村庄;将历史文化名村、传统村落、少数民族特色村寨、特色景观旅游名村等特色资源丰富的村庄,确定为特色保护类村庄;将位于生存条件恶劣、生态环境脆弱、自然灾害频发等地区的村庄,因重大项目建设需要搬迁的村庄,以及人口流失特别严重的村庄,确定为搬迁撤并类村庄;对于看不准的村庄,可暂不作分类,留出足够的观察和论证时间。

3.3 上海市乡村振兴示范村案例——上海市金山区水库村

1. 上海市乡村振兴示范村

在 2017 年党的十九大提出乡村振兴战略和 2018 年 1 月中央一号文件《中共中央国务院关于实施乡村振兴战略的意见》正式发布，上海市于 2018 年 12 月发布了《上海市乡村振兴战略规划（2018—2022 年）》和《上海市乡村振兴战略实施方案（2018—2022 年）》两个文件，指导上海市乡村振兴工作的推进，并逐步开展乡村振兴示范村的建设工作。上海在指导乡村振兴发展时，明确定位上海的乡村地区是上海超大城市的稀缺资源，是上海"五个中心"城市核心功能的重要承载地，是提升全球城市发展能级和核心竞争力的战略性空间。如何找到提升上海乡村地区的发展能级和核心竞争力的路径，是上海乡村振兴示范村所承载的使命。

2. 水库村概况

水库村位于上海市金山区漕泾镇北部，金山与奉贤两区的交界处，因水网密布、纵横交错、河宽漾大而得名。村域面积 3.66km²，耕地面积 2.23km²，户籍人口 1763 人，以水稻种植和水产养殖为主要产业。全村现有大小河道 33 条，总长约 23km，最宽处达 110m，村域水面率接近 40%，还有 70 多个小岛、半岛点缀其中，主要河道水质常年保持在 III 类水标准，堪称"乡村小威尼斯"，是金山区水面覆盖率最高的一个村。2018 年，水库村被列为上海市首批 9 个乡村振兴示范村之一。

3. 水库村发展建设模式

水库村在上海市乡村振兴战略规划指导下，改变了传统由政府主导乡村发展建设的模式，开启了政府、村民组织、社会资本共同推动乡村振兴的发展模式，政府的角色从初期的建设启动者逐步转向中期的资本引入者和协调者，将乡村振兴中最重要的产业振兴营造为全社会多元主体共同参与的开放格局。

例如，依托水库村传统的水产养殖特色，吸引专业化养殖机构入驻；利用农林地资源，吸引 CSA 社区农场入住；利用水体资源，吸引乡村旅游机构入驻；并将这些社会资本的需求整合到乡村振兴的整体布局中，使得每一处空间都可以发挥其最大的潜力。而作为被引入的社会资本，也同样积极发挥其潜在价值。例如，引入水库村的乡伴公司作为发展乡村旅游的重要平台，将自身对于空间价值和利用方式的判断融入水库村的整体规划中，相应提出平台方的规划建议，有利地协助优化了水库村的整体发展规划。而村民组织作为其中重要的利益相关方，不仅承担了保障村民利益的重要作用，也是对乡村发展情况最为了解的在地方，可以更好地协助村庄产业的发展和提供适宜的在地人力支持。

同时，水库村引入了乡村规划师团队，作为外部介入的规划设计智库，体现了专业性社会主体对乡村振兴的参与和支持，在对整个示范村打造的过程中，在这一过程中，乡村规划师团队坚持驻村服务，每周都有工作人员在建设现场提供服务咨询，体现了长期而稳定的乡村振兴规划服务，起到了良好的咨询和指导作用。

而从政府层面，政府各部门的作用得到了充分的发挥，自然资源、农业农村、交通、水务、园林等各条线的政策和资金资源得到了综合的运用，尤其是充分利用了土地整治、乡村振兴、四好公路等农村专项建设资金，将乡村振兴中各个面向的工作整合对应好相应的扶持政策。例如，水库村成功申报了上海市第五批市级土地整治项目，把农用地和建设用地的整理及交通水利等各项建设工程相结合，同时投入乡村振兴示范村前期建设资金，保障了各项建设的顺利启动和推进。再以水库村内的长堰路的改造工程为例，其原本仅为公路交通部门农村四好公路的示范工程，在实际建设过程中，水库村整合了公路设计、沿线景观设计和生态设计及沿线建筑改造等多项工程，使该工程不仅完成了路面和附属设施的改造，更形成了从林木景观、建筑景观和公路景观的一体化打造，展现了上海最美农村公路的品牌形象。

4. 水库村规划设计

水库村构建了以郊野单元法定规划和乡村振兴发展规划为统领，以土地整治规划和村庄设计导则为抓手，以项目设计落实完整的规划设计为体系。其中，郊野单元规划是水库村的法定上位规划，对水库村国土空间的利用进行了总量控制、斑块落位和功能引导，总体上确立了水库村的空间发展格局。而郊野公园规划更多地从功能策划和形象打造的角度出发，围绕"水木栖谷、滨海绿廊"的发展愿景，找寻漕泾镇背靠2400万人口的上海超大城市及身处长三角区域一体化发展战略的区位优势，探索全球城市乡村郊野生产生活的新模式。

水库村在以上两个上位规划的指引下开展全方位的乡村振兴示范村建设，其中乡村振兴发展规划是水库村乡村振兴工作的整合平台。首先，规划精准提出了水库村产业振兴的方向、定位和产业吸引的具体类型，提出以"农""渔""旅"作为产业招引的主导门类，形成集现代农业、休闲旅游、田园社区"三位一体"的"沪上水乡"，直接呼应了陆续落地的产业发展项目。其次，规划全方位落实了水库村乡村风貌设计的具体需求，深入理解上海市乡村振兴发展中提出的"新江南田园"风貌理念，综合建筑、生态和景观等多专业知识，编制水库村的乡村风貌导引，区别公共空间和私人宅院两类不同空间管理方式的风貌塑造方式、建设方式和导引机制，以水为魂，实现水库村"溪渠田园""滩漾百岛""荷塘聚落"等不同景观主题的展现，体现江南水乡意蕴和全球城市精神的有机协调。最后，乡村振兴发展规划作为实施性的工作平台和整个建设过程的总抓手，整合了建筑改造和新建、景观修复与更新、河道整治与修复、道路翻新与提升等不同空间类型、不同职能类型的各项工作，提出了总体的项目库、建设计划和资金台账，对水库村的乡村振兴示范建设工作进行了总体把控和实施整合，有效地推进了整体的工作进程，把控了总体的建设质量。

因此，从多专业、多职能、多主体等多个维度出发，水库村乡村规划设计体系的建立是水库村发展建设的基础性工作，漕泾镇政府、水库村村委会、各相关职能部门及各类规划设计部门在其中进行了通力合作。这一过程始终围绕着水库村丰富的水资源，做深、做足、做靓"水文章"，通过完善的规划设计链条，全力打造拥有良好城市配套设施兼具农村新貌的超大城市特色乡村风貌。

5. 水库村重点公共空间营造

每一个村庄都有村民心目中最值得聚集和记忆的公共空间，无论是山乡古村的磨盘和老树，还是水乡村落的小桥和岸柳，都是属于本地村民最值得铭记的乡愁。在乡村振兴示范村建设中，如何营造属于新一代乡村居民的集体记忆，创造出体现新时期乡村文化、生活和精神需求的公共空间，是水库村建设过程中的重要课题。

把脉水库村作为典型的上海大都市远郊乡村面临的几个特点，一是"离散"，村民的情感和日常管理缺乏向心力；二是"老化"，乡村的老龄化程度较高；三是"疏离"，乡村生活和具有最大的景观特征的水关系疏离。规划通过问题把脉和空间分析，提取了重点公共空间进行集中打造，塑造出属于新时期水库村民的时代乡愁。

首先，对原有村委会进行改造更新，容纳更多的乡村公共服务职能，成为村民公共管理和服务的一站式场所。建筑改造中融入水库村记忆展馆，通过廊、庭、院等具有典型水乡建筑特征的空间营造，吸引村民来这里办事、咨询、闲谈和驻足，成为整个村落的精神中心。其次，对一处原有厂房进行改造，建设水库村日间照料中心，为高龄的老人提供日间休闲、餐饮和护养的场所。同时，日间照料中心也提供部分住宿式的养老服务，满足村民差异化的养老需求。建筑改造中充分注重老龄化的空间需求，在空间使用和设施配置上充分满足村民提出的各种意愿，并在庭院景观上通过可食地景的小型菜园塑造令人感到亲切的乡村庭院景观。最后，营造藕遇公园和安置区滨水广场等多个滨水休闲空间。藕遇公园是对原有一处闲置池塘的改造，通过满池荷花体现最为典型的水乡意蕴。安置区滨水广场是在第一批集中居住点的半岛滨水位置，集中打造田、水、路、林有机协调的广场景观，以一棵参天大树为视觉焦点，营造属于安置区居民的公共中心和精神中心。村庄重点公共空间的营造体现出村民在整个过程中的充分参与。在设计前期对村民意愿的充分了解是保证建设后合理使用的前提,在建设过程中村民日常不断提出的建议是保证建筑符合村民日常使用习惯的基础。

6. 水库村微空间更新

水库村微空间的更新是整治乡村人居环境散乱差的重要手段,这一过程融汇了村委会、村民小组、乡村规划师和普通村民的多方交流和协力。前庭后院是典型江南乡村民居的空间序列,但在乡村的长期发展中,前庭演化成了硬质的水泥场地,后院退缩为杂乱的岸埠杂屋。因此,水库村微空间更新的重点放在了屋前场地的整理、屋后滨水的环境和建筑本身的风貌三个方面,从而重新打造出"傍水而居、择水相望"的江南水乡建筑风貌。

"小三园"是上海提出的在村庄宅前体现的特色空间,分别是小菜园、小果园和小花园。"小三园"满足了村民日常种植、采摘和赏景的需求,结合硬质场地和休闲空间,形成了屋前场地具有多功能、多层次的空间景观。

屋后的滨水环境整治是对杂乱厢房的规整和步行空间的疏通,形成屋后连续的滨水休闲空间。在岸线整治上,以自然恢复为主、人工修复为辅,探索运用工程技术、农艺技术、生物技术、生态技术等整治修复手段,以生态性、自然性、亲水性、休闲性为基础,实现"一河清水、两岸绿色、田景交融、人水和谐"目标。同时,将屋后滨水空间与河道游线和道路慢行线有机结合,让村民和游客都能闻到水的清新,赏到水的美景,摸到水的荡漾。

村宅建筑风貌是乡村风貌提升的重要内容,纷乱的建筑材质、比例失当的立面结构、风格多样的细节特征是上海乡村建筑风貌无序的集中体现。因此,新江南田园作为对未来上海乡村风貌的总体特征提炼,在建筑层面意味着以传统江南村居的空间理念来容纳新时代上海乡村的空间需求,以水平舒展的屋顶形式和清新宜人的建筑风格来整体改善上海乡村的空间气质。在规划建设过程中,水库村提炼了针对现有建筑的改造导则,从屋面材质和风格、墙面材质和色彩、窗户比例与形式、沿廊空间和功能以及立面的整体搭配等多方面提出了对传统建筑的改造建议,并通过广泛的宣讲提供给农户参考。同时,水库村选取集中的连片保留建筑沈家宅区域进行改造试点,形成了较为成功的工作经验,并逐步在全村推广。

参考文献

[1] Michel Lipton. Why Poor People Stay Poor: Urban Bias in World Development[M]. Cambridge：Harvard University Press，1977.

[2] 霍利斯·钱纳里，莫伊斯·赛尔昆. 发展的型式：1950—1970[M]. 李新华，徐公理，迟建平，译. 北京：经济科学出版社，1988.

[3] 李雯骐，张立，张尚武. 中国城乡融合研究的议题、评述及展望[J]. 城市规划学刊，2022（06）：36-43.

[4] 彭震伟. 小城镇发展与实施乡村振兴战略[J]. 城乡规划，2018（01）：11-16.

[5] 彭震伟. 上海大都市区乡村振兴发展模式与路径[J]. 上海农村经济，2020（04）：31-33.

[6] 石忆邵. 中国城市化研究的回顾与展望[J]. 城市规划汇刊，2001（03）：24-27.

[7] 周一星. 城市地理学[M]. 北京：商务印书馆，1995.

[8] 周一星，史育龙. 建立中国城市的实体地域概念[J]. 地理学报，1995（04）：13.

[9] 邹德慈. 对中国城镇化问题的几点认识[J]. 城市规划汇刊，2004（03）：3-5.

发展与规划视角下我国小城镇研究的主要进展及重要议题*

张立** 杨明俊 白郁欣 庞磊

引言

　　2021年全国共有建制镇21 322个，比2000年（20 312个）略有增长；乡8309个，比2000年减少了14 890个。建制镇和乡可以统称为小城镇，但有时小城镇的概念还包括了乡村地区的集镇。实际上，小城镇在我国有特殊的语境，其在不同的情境和发展阶段下有不同的定义[1]，要在城市、农村和城镇化进程相互影响和作用的过程中去认识小城镇。2002年党的十六大报告指出"小城镇发展要有重点"，强调"发展小城镇要以现有的县城和有条件的建制镇为基础"。2003年，十六届三中全会提出"城乡统筹发展"等"五

---

* 本文原载于：《城市规划》期刊，2023，8。
** 张立，同济大学城市规划系副教授，中国城市规划学会小城镇分会秘书长，leonzsh@tongji.edu.cn

个统筹"战略。2006年发布的国家"十一五"规划纲要提出促进大中小城市和小城镇协调发展，实施城市群战略。2009年推行撤乡并镇和停止审批，设立新的建制镇。2012年党的十八大提出生态文明的建设理念。2014年《国家新型城镇化规划（2014—2020年）》发布，2015年发改委和住房城乡建设部等部门联合促进特色小镇建设及小城镇的特色化发展。2021年国家"十四五"规划和2035年远景目标纲要提出小城镇要分类施策，这一思路延续到2022年党的二十大报告中。

随着外部政策环境改变，小城镇的发展动力、影响因素和机制也有了新的变化，小城镇在全面建成小康社会进程中发挥了积极作用。新世纪以来，小城镇的政策环境相较2000年之前也发生了很大变化。2000年之前的研究主要是关于小城镇与大中小城市发展的重要性的争论，相关研究亦主要集中在对小城镇规模、乡镇企业以及发展模式的初步探索。冯健对1980—2000年我国小城镇研究的进展进行了综述[2]，徐少君和张旭昆对20世纪90年代以来我国小城镇的研究进展作了综述[3]。显然，2000年以来与小城镇发展和规划的相关研究趋势和内容有了新的进展。笔者使用中国知网数据库CNKI采用专业检索SU="小城镇"和（SU="发展"或SU="规划"），2000年1月1日—2022年11月21日，共得到5149条结果（期刊来源类别为北大核心、CSSCI、CSCD）。从发文量来看，2000年是个转折点，之后呈波动下降的态势，且基本没有回升的迹象，近几年的年均期刊论文数仅为2000年的1/10（图1）。虽然论文数量在减少，但在乡村振兴、新型城镇化和国内国际双循环的国家发展战略背景下，小城镇的全面健康发展是我国实现国家治理体系和治理能力现代化、实现第二个百年奋斗目标的基础支撑，需予以重视。

图1 2000年以来小城镇发展与规划研究的期刊论文统计分析
数据来源：中国知网CNKI核心期刊文献。

从文献的主题分布上看，主要在小城镇建设、发展、城镇化、规划等几个方面。从学科分布来看，宏观经济管理、建筑科学与工程（城乡规划）、农业经济、经济体制改革、环境科学与资源利用分列前5位。从研究成果的内容来看，2000年以来的研究与20世纪90年代（主要关注乡镇企业及城镇化道路）有明显的不同，更加聚焦于小城镇的发展动力和功能、特征认知、新规划思路和方法及策略、差异化的发展路径。本文从上述4个方面对2000年至今的研究进行梳理，并展望未来的重要研究议题。评述的文献除了筛选自上述5149篇以外，还包括一些在其他学术期刊（知网收录的非北大核心等核心期刊）发表的高被引论文，以及2000年以来正式出版的学术著作等。

1 小城镇发展动力和功能的研究愈加深入

1.1 资源、区位和政策仍是基础动力

小城镇发展动力的3个基本因素是资源、区位和政策[4]。2000年以后，这些要素仍起着基础作用。每个小城镇在发展过程中会遇到影响其发展的不确定性因素，主要有外部投资、上位政策、政府性基金收益（如土地批租）等。发展过程中的一些关键不确定性因素的影响，叠加传统乡镇企业和专业市场基础[5]等基本功能，从而形成小城镇差异化的发展路径。

1.2 全球化、互联网的新兴动力

21世纪伊始，中国正式加入世界贸易组织，融入了国际大循环，随着生产要素的全球化布局，国内承接了大量产业转移。小城镇需要专业化的产业集群，形成良性互动[6-7]。苏南地区小城镇接受大城市的辐射，通过外资引入，技术引进促进了乡镇企业的发展[8]，而珠三角的小城镇形成了"全球劳动密集型产业链"[9]。在互联网+、大众创业、万众创新政策背景下，小城镇的新动能也在发育[10-11]，甚至于有学者提出了"小城镇可能成为新兴的田园城市"[12]。

1.3 自下而上的发展动力

乡村建设的中国实践经历了从"国家视角"到"农民本位"视角的转换过程，日益

重视小城镇发展过程中农民的主体作用，应释放小城镇和县域经济新动能，助推农民生存心态迈向发展心态，最终促成农民主体性在场的乡村振兴发展[13-14]。温州市龙港市的实践表明，非政府组织、个人的创业情怀，民众的广泛参与共享经济发展成果和政策红利也能构成小城镇发展的重要动能[15]。针对精准扶贫视野下的特色旅游村镇，应发挥社区的主体作用提升公共服务，发挥贫困户的主体作用夯实群众基础，发挥帮扶者的主体作用获得产业动力[16]。

1.4 城乡关系中的小城镇功能转型

小城镇功能的转型、产业结构调整，适应着城乡关系中新的职能定位。小城镇是城乡结合体，是联结城乡的桥梁，起着传播城市文明，诱导农村生产、生活方式改变的双重作用[17]。小城镇已经完成以区域高度分化与个体规模差异为特征的第一次分化，进入了"再分化"的阶段，其内涵是个体在区域分工中由空间尺度跃迁向价值跃迁的转变[18]。

2 小城镇特征的认知更加全面

对小城镇发展阶段、动能的研究不断深入，并由此延伸到关于空间特征的影响因素。研究主要聚焦于小城镇空间特征的影响机理、多维时空特征、类型学，以及小城镇在区域的空间分布特征。

2.1 小城镇的多维复合时空特征

快速城镇化导致了我国小城镇的空间重构。改革开放初期我国特有的"离土不离乡、进厂不进城"的工业化模式极大影响了当时的小城镇用地结构和布局形态，工业用地扩张成为工业化与城镇化就近良性互动的载体[19]。随着高速公路、高铁等交通设施的建设，都市圈和城镇群的时空距离进一步压缩，小城镇发展面临挑战。小城镇规模不大，其职住、通勤模式有别于大城市[20]，因此，其用地构成、布局也有特殊的结构。与此同时，小城镇的空间复合使用情况相当普遍，如绿地种菜、道路晒谷、空地摆摊等[21]。鉴于小城镇空间布局的逻辑及其多维形成规律，学界针对小城镇多要素、多维空间的生成、组合及协同开展了诸多研究，促进了小城镇时空的可持续性与空间和谐[22-23]。

2.2 小城镇空间意象及形态类型研究拓展

借鉴城市意象理论，小城镇空间意象的构成要素和认知特征得到进一步探析。研究表明，小城镇空间的认知构成要素以道路和地标为主，与主街朝向有关，区域、边界、节点不显著[24]。大部分小城镇具有商贸服务职能，接受经济辐射，国道、省道、县道、乡道两侧村镇沿路密集蔓延，因此也出现了空间形态的趋同。针对小城镇总规阶段对城市（镇）空间形态调控的乏力，需完善城镇空间形态优化的构成与内容，主要包括空间形态基础性研究、空间发展战略选择、空间形态优化设计、形态优化运作机制[25]。基于康泽恩（Conzen）的城市形态学和卡尼吉亚（Caniggia）的建筑类型学研究成果的拓展，能够提取出小城镇的典型居住街区空间形态类型，进而评价、分析小城镇居住街区的能耗表现[26-27]。引入气候学的相关研究改善风环境和热环境已在小城镇展开实证探索，丰富了基于气候特征的小城镇空间形态认知[28]。

2.3 小城镇的地域类型集聚

从更大的地域范围来看，小城镇可能会受到大城市的辐射，从而形成地域集聚的分布特征。例如宁波的小城镇，充分发挥在区域城镇群中的作用，创造出新的空间生长点[29]。再如互联网小镇，其发展与当地经济活跃程度有密切关系，空间分布主要集中在东部沿海六省，以长三角、珠三角、潮汕和闽东南等地区最为集中，其空间分布与县域网商水平有着较高的相关性，表现为企业应用电子商务的能力越强，则县域内淘宝镇的数量与规模越大[30]。

3 小城镇规划的新思路和新方法不断拓展

3.1 规划思路由刚性规划转向弹性兼顾

在快速城镇化、市场经济的不确定性和健全规划管理等因素的驱使下，小城镇规划面临频繁的调整或修编。基于此，小城镇规划由蓝图式静态规划，逐步转向贯彻规模门槛、弹性增长、分期布局思想的动态规划[31]，兼顾刚性与弹性[32]。为加强规划的可行性，规划思路由目标导向向问题导向转变[33]。为了解决镇区控规编制与实施脱节的问题，提出了基于行动规划的项目库编制方法[34]，从地块划分视角提出了"合并"与"拆分"的具体措施[35]，研究了基于镇村联动、乡村群、实施单元的规划策略[36]。

3.2 研究方法向数理分析拓展

21世纪以来，计算机技术和应用软件逐步成熟，新方法不断引入小城镇研究领域。首先，各种数学分析方法得到广泛应用。系统动力学、解释结构模型（ISM）等传统方法得到改进应用，分别用于研究边境特色小城镇成功模式的因果链和流系统[37]、小城镇再分化的内涵和特征[38]。人工神经网络、复杂适应系统（CAS）等新方法得到快速推广，分别用于研究小城镇耕地的集约利用评价[39]、小城镇应对区域中心城市虹吸效应的适应性[40]。其次，空间分析方法得到快速推广。例如，采用最邻近距离、点密度等空间分析方法，探究中国小城镇空间分布格局及其相关影响因素[41]；运用GIS将全国统计数据、空间数据和网络数据等相互融合，探究中国小城镇时空演变格局及机制[42]。最后，大数据方法拓展了新技术的应用领域，例如从高德地图开放API平台采集POI数据，对邻近上海的苏南地区小城镇的服务功能进行评价[43]；基于开放数据，辅助分析小城镇现状特征[44]。

3.3 规划内容更加务实和关注实施性

小城镇是一个复杂的系统，其规划实施不仅需要总体把控，还需要一系列支撑体系的完善。首先，小城镇规划对生命线和民生工程越来越重视。在持续重视基础设施和遗产保护的基础上，滨水空间的生态治理[45]、应对洪水灾害的海绵化建设[46]、生态保护与修复[47]等生命线工程提出新理念，城镇有机更新[48]等民生工程提上议事日程。其次，为增强规划的实施性，规划内容不断得到优化。为提高规划编制水平，探索了小城镇规划的实施评价[49]，规划内容更加务实。最后，新理念不断提出新要求，并进一步拓展了规划视角和内容。开创了小城镇活力[50]、适应风环境[28]、公共空间认知地图[24]等空间研究领域，探索了远郊型乡镇的开发模式[51]、小城镇群[52-53]、乡镇村综合规划[54]等发展思路，提出了小城镇社区微治理[55]、小城镇智慧管理系统[10]等新领域。

3.4 规划编制实践转向国土空间规划

随着国民经济与社会发展规划、城乡规划、土地利用规划等的矛盾日渐凸显，小城镇规划的"多规合一"亦逐步提上日程。2019 年，国土空间规划体系改革全面启动。乡级国土空间规划作为承上启下、侧重实施性的一级，承担着传导落实县市规划、创新镇区空间用途管制方式和统筹引导详细（村庄）规划的作用[56]，需要在国家层面统筹乡镇国土空间规划的技术要求[57]。各地实践探索了新时期乡镇国土空间规划编制的思路和方法，也有学者探讨了集体经营性建设用地入市对国土空间规划编制的影响[58]。

4 小城镇的差异化发展路径持续强化

21 世纪以来，小城镇发展的分化现象越来越明显，不同维度形成了多样的分类。按照区位条件、资源禀赋和发展基础，因地制宜发展小城镇的思路逐步形成共识。

4.1 特色小（城）镇

"特色小镇"的概念一度被混用。2014 年浙江省针对全省的产业结构低端化问题，试图通过板块式的产业创新来实现产业转型升级，这个小规模的经济板块被称为"特色小镇"。这类特色小镇要积极融入全球生产与消费网络，塑造专业化地域经济形态[59]。伴随着浙江省的特色小镇实践，国家发改委将其经验逐步推向全国。2016 年，住房城乡建设部联合发改委和财政部，以建制镇为对象开展了特色小（城）镇的建设培育，并在 2016 年和 2017 年先后组织评选了两批共 403 个全国特色小镇，涉及商贸流通型、工业发展型、农业服务型、旅游发展型、历史文化型、民族聚居型、其他型等多种类型，以旅游和历史文化为主[60]。特色小（城）镇的发展要按照"特色识别—特色优势度评价—特色综合定位"逻辑框架，确定主导特色[61]；多样化挖掘主导特色，推动第四产业孕育兴起[62]。

4.2 产业强镇

产业强镇是指有较强经济实力和较大城镇规模的建制镇（不含城关镇）。当前，产业强镇存在空间破碎混杂、土地资源短缺、产业升级困难、景观风貌不佳、治理效能不足等困难。大城市郊区产业强镇分为新城和特色城镇两种模式，前者呼应大城市功能外溢，后者打造自身的特色产业[63]。产业强镇要积极推动产镇融合发展，打造"产业社区"[64]，推动工业空间从分散型工业点到品牌型工业园区的转型[9, 65]。北京大学王缉慈教授长期关注产业集群的研究，提出了创新空间和创新网络的企业发展战略[66]，对产业强镇的产业转型具有重要的理论价值。

4.3 乡村地域中心

在人口高流出的乡村地区，远离中心城区、缺乏特色优势和发展条件的大量小城镇主要扮演着乡村地域服务中心的角色，为周边的乡村地区提供基本的公共服务配套[67]。小城镇能够有效承接国家向乡村下沉的公共服务体系，为维持乡村社会存续和运行提供基础，同时作为城乡经济体系互动的载体，小城镇可以为乡村提供经济发展的载体、扩大就业岗位、提供产业平台等[68]。要依据实际情况和城镇化进程的变化，适度合并一些乡镇，将有限的财力更好地投放到需要的地方，提升这些小城镇的服务水平和人居环境品质[69]。

5 重要议题

改革开放以来，我国经济社会发生了巨大变化，小城镇在经济社会和城镇化发展中的作用亦处于持续的变化过程中。为更好地加强小城镇规划和研究，未来应关注如下 5 个重要议题。

5.1 建立小城镇研究的共同语境和共识平台

小城镇是一种世界性的现象。但由于国情和时代的差异，"小城镇"的概念在不同语境中往往模糊不清，严重制约了相关的深度学术交流。构建立足国情、国际可比的小城镇概念，是建立共同的研究语境和共识平台的重要基础。厘清我国小城镇的具体内涵是十分重要的。小城镇是城乡相互耦合、位于二者之间的过渡形态，社会学、地理学、经济学、管理学等不同学科给出了不同的定义。2019 年，中共中央、国务院印发《关于建立国土空间规划体系并实施监督的若干意见》，把乡和建制镇共同纳入乡镇国土空间规划，即国土空间规划语境下的小城镇只包括建制镇和乡。同时，要充分考虑到我国部分产业强镇"名"虽为镇、"实"为城市的现实，宜逐步完善行政区划的变更。此外，很大部分的乡集镇在功能和空间形态上与村并无本质差别，是否可以考虑统称为"乡集镇"，以避免小城镇概念的泛化。

5.2 引入城乡融合的理念研究小城镇功能

当前，我国小城镇在城乡格局中的功能定位较为模糊，一定程度上制约了城乡的融合发展。2019年，中共中央、国务院印发《关于建立健全城乡融合发展体制机制和政策体系的意见》，要求以城市群为主体形态促进大中小城市和小城镇协调发展，完善小城镇联结城乡的功能。未来的小城镇建设，要将小城镇置于城乡融合发展的理念下，激活其在整个城乡融合发展进程中的内在功能，使小城镇成为城乡融合的重要环节。从城镇化来看，要把小城镇作为整个城镇化体系中重要的协调环节，既要能够承载城市人口和产业疏散转移的功能，还要能够更多地吸纳农村地区的迁出人口。从乡村振兴来看，要发挥小城镇作为城市文明辐射乡村地区的连接地带，服务"三农"的重要载体。小城镇发展要在城与乡之间的纵向联结中找寻活力因素，在城与乡的融合发展中探寻兼容城乡文明的可能性和潜力。

5.3 重视提升小城镇治理水平的相关制度建设

为了鼓励小城镇发展，各级政府相继出台了众多发展政策与技术规范，但制度政策往往与地方实际偏差较大，管理办法与现实诉求不相适应。比如小城镇的用地权属与城市有很大不同，其大量的集体建设用地的建设管控不能用城市规划管理技术规定来简单套用，但至今尚无针对小城镇的"规划管理技术规定"。比如小城镇的空间地域差异巨大，缺乏明晰的建制规范（新疆维吾尔自治区罗布泊镇镇域面积高达5.1万km^2，而广西壮族自治区北海市侨港镇仅为1.1 km^2）。比如小城镇的经济规模差异巨大（部分产业强镇超过中西部地区一般地级市，而部分小城镇政府驻地规模与村庄无异），缺少行政层级晋升的规范性指引。比如小城镇的治理权能僵化，缺少因地制宜的行政事务授权，导致很多大镇的治理水平难以有效提升。

5.4 加强小城镇发展的差异化实践路径研究

小城镇发展既要立足于资源禀赋和发展基础，又要服务于党和国家的大政方针。在经济全球化、区域一体化、交通网络化的大背景下，小城镇发展水平形成了显著的地域差异；在区域层面呈现发达地区和欠发达地区之间的小城镇差异，在县域层面呈现重点镇和一般镇之间的差异。20世纪末期的小城镇制度红利逐渐消失、2008年以来的区域经济重构，加剧了小城镇的衰落与分化。党的二十大报告提出"以城市群、都市圈为依托构建大中小城市协调发展格局，推进以县城为重要载体的城镇化建设"，强调大中小城市与小城镇的协调发展，推动小城镇的发展与疏解大城市功能相结合、与特色产业发展相结合、与服务"三农"相结合，重新申明了小城镇在城镇化过程中的重要地位，也对小城镇的发展给予了分类化指导。为实现第二个百年奋斗目标和中华民族伟大复兴中国梦，国家大力实施乡村振兴战略，小城镇被赋予了多重功能，包括提高镇域公共服务品质、助推乡村产业兴旺、服务农民富足生活等。小城镇多个维度的差异性，必然要求差异化的发展路径，包括以服务供给为主的现代化便民中心、生态宜居的现代新型社区、产镇融合的多功能城镇、嵌入大城市（城市群）的卫星城镇等多种类型。

5.5 深化境外小城镇发展与规划的经验借鉴

小城镇既是中国特色，也是国际现象。虽然国家（地区）之间的经济社会和行政体制差异明显，但借鉴启示的价值仍在。一方面，境外小城镇的发展规律和趋势具有很强的共性。例如，全球小城镇普遍存在分化和收缩发展的态势，对我国逐步进入后城镇化时代具有重要的启示价值。另一方面，一些国家的小城镇在某些具体事务上的做法对我国具有很好的借鉴性。例如，发达国家应对人口减少的经验[70]及制度文化与我国最为接近的东亚地区的小城镇建设与规划的实践[71]。中国的小城镇建设既要借鉴发达国家和地区的成功经验，也要避免他们走过的弯路，要结合中国国情走出适合中国的小城镇现代化道路，以呼应中国式现代化的未来发展目标与特色模式。

参考文献

[1] 赵民.重读费孝通先生"小城镇、大问题"之感[J].小城镇建设,2018,36(9):14-15.

[2] 冯健.1980年代以来我国小城镇研究的新进展[J].城市规划汇刊,2001(3):28-34,79.

[3] 徐少君,张旭昆.1990年代以来我国小城镇研究综述[J].城市规划汇刊,2004(3):79-83,96.

[4] 游宏滔,王士兰,汤铭潭.不同地区、类型小城镇发展的动力机制初探[J].小城镇建设,2008(1):13-17,37.

[5] 曹广忠.企业布局、产业集聚与小城镇发展[J].农业经济问题,2003(7):36-40,80.

[6] 杜宁,赵民.发达地区乡镇产业集群与小城镇互动发展研究[J].国际城市规划,2011,26(1):28-36.

[7] 徐靓,尹维娜.小城镇从"镇"到"市"发展路径——对浙江首批27个小城市培育试点镇研究小结[J].城市规划学刊,2012(S1):216-222.

[8] 陈香,顾朝林.从常州看新"苏南模式"及其动力机制[J].城市发展研究,2007(5):75-83.

[9] 张震宇,魏立华.转型期珠三角中小城镇产业发展态势及规划对策研究[J].城市规划学刊,2011(4):46-50.

[10] 欧阳鹏,卢庆强,汪淳,等.乌镇3.0:面向互联网时代的智慧小城镇规划思路探讨[J].规划师,2016,32(4):37-42.

[11] 单建树,罗震东.集聚与裂变——淘宝村、镇空间分布特征与演化趋势研究[J].上海城市规划,2017(2):98-104.

[12] 罗震东.新兴田园城市:移动互联网时代的城镇化理论重构[J].城市规划,2020,44(3):9-16,83.

[13] 王进文.农民主体性在场的乡村振兴事业:经验局限与拓展进路[J].理论月刊,2020(11):51-60.

[14] 柴洪辉,顾海英,张全红.中国农村城市化研究评述[J].经济地理,2009,29(4):654-661.

[15] 徐振宇,李人庆.从"小城镇 大问题"到"小城市 大问题"——"中国第一农民城"龙港的追踪调查[J].清华大学学报(哲学社会科学版),2020,35(5):80-96,204.

[16] 赖斌,杨丽娟,李凌峰.精准扶贫视野下的少数民族民宿特色旅游村镇建设研究——基于稻城县香格里拉镇的调研[J].西南民族大学学报(人文社科版),2016,37(12):154-159.

[17] 周加来.城市化·城镇化·农村城市化·城乡一体化——城市化概念辨析[J].中国农村经济,2001(5):40-44.

[18] 乔晶,耿虹.小城镇从"分化"到"再分化"的价值内涵辨释[J].城市规划,2021,45(5):46-55,82.

[19] 朱建达.我国城镇化不同发展阶段的区域小城镇空间发展形态与特征研究[J].农业现代化研究,2014,35(2):140-145.

[20] 方玮轩,杨惠,方斌.基于通勤行为的小城镇土地利用与格局优化对策研究——以扬中市为例[J].中国土地科学,2017,31(2):40-47,97.

[21] 裘知,华懿,王玥,等.行为导向下的小城镇移民安置区"空间异用"特征与机制研究[J].建筑学报,2021(S1):114-119.

[22] 姚萍,袁犁,黄河.小城镇多维空间特征及其整合研究[J].西南科技大学学报,2009,24(3):45-49.

[23] HAN Dong, QIAO Jiajun, ZHU Qiankun. Rural-Spatial Restructuring Promoted by Land-Use Transitions: A Case Study of Zhulin Town in Central China[J]. Land, 2021, 10(3): 234.

[24] 何熠琳,张立,李仁熙.小城镇空间意象的构成要素和认知特征初探——以烟台市为例[J].小城镇建设,2020,38(8):52-60.

[25] 汪坚强,于立.小城镇总规阶段城镇空间形态优化探索——以安徽六安市诸佛庵镇为例[J].城市规划,2010,34(4):86-91.

[26] 袁青,赵妍,冷红.形态类型学视角下小城镇居住街区能耗模拟[J].哈尔滨工业大学学报,2021,53(2):122-131.

[27] 冷红,刘畅,于婷婷,等.小城镇中心商业区典型形态能耗模拟研究[J].建筑科学,2021,37(6):10-19,27.

[28] 王瑾,段德罡,姚博,等.适应风环境特征的小城镇空间布局优化研究[J].城市规划,2017,41(9):92-99.

[29] 赵国裕.经济发达地区小城镇空间结构特征及其发展——以宁波慈溪市逍林镇为例[J].小城镇建设,2002(2):30-31.

[30] 马海涛,李强,刘静玉,等.中国淘宝镇的空间格局特征及其影响因素[J].经济地理,2017,37(9):118-124.

[31] 王丽洁,张玉坤.小城镇规划的优化模式研究[J].天津大学学报(社会科学版),2008(3):243-246.

[32] 黄晓芳,莫琳玉.基于村庄规划视角的乡镇总体规划刚性与弹性探索[J].小城镇建设,2014(9):47-53.

[33] 陈小辉,邱白嫣.乡镇总体规划中的"囚徒困境"及脱困之道——兼论乡镇总体规划逻辑系统还原与重构[J].城市发展研究,2017,24(4):1-6.

[34] 杨晨,黄亚平.行动规划下乡镇规划项目库编制内容与方法研究[J].小城镇建设,2015(3):24-28.

[35] 朱一荣,吴龙,张钟予.小城镇控制性详细规划中地块的"合"与"分"——以平度市蓼兰镇中芯片区为例[J].现代城市研究,2017(4):32-36.

[36] 赵之枫，朱三兵.基于实施单元的北京小城镇规划策略研究[J].小城镇建设，2019，37（6）：5-13.

[37] 徐如意，陈田.边境特色小城镇发展模式的系统动力学分析[J].现代城市研究，2019（7）：73-79.

[38] 陈实，耿虹，乔晶.基于解释结构模型的小城镇再分化内涵解析[J].规划师，2019，35（10）：12-17.

[39] 邵晓梅，王静.小城镇耕地集约利用评价方法比较研究——以浙江省慈溪市为例[J].长江流域资源与环境，2008（1）：93-97.

[40] GENG H, QIAO J. Assessment of Small Towns' Fitness Around China's Major Cities: A Case Study in Wuhan City[J]. Sustainability, 2018, 10（7）:1-20.

[41] 王雪芹，戚伟，刘盛和.中国小城镇空间分布特征及其相关因素[J].地理研究，2020，39（2）：319-336.

[42] 唐永，李小建，娄帆，等.快速城镇化背景下中国小城镇时空演变及影响因素[J].经济地理，2022，42（3）：66-75.

[43] 孙东琪，鲁嘉颐，张明斗，等.借用规模与集聚阴影视角下中国小城镇服务功能评估——以苏南地区为例[J].地理科学进展，2022，41（2）：199-213.

[44] 杨阳，周忠凯，王晓瑜，等.基于开放数据的小城镇现状分析方法研究——以山东省平阴县主城区为例[J].西部人居环境学刊，2022，37（1）：94-101.

[45] 张志斌，潘晶，达福文.西北地区中小城镇滨水空间生态治理与开发——以会宁县祖厉河城区段概念规划为例[J].城市问题，2012（7）：44-48.

[46] 徐岚，雷振东.北方平原地区小城镇"海绵化"建设的基础和策略[J].小城镇建设，2016（5）：22-27.

[47] 曹若宇，张敏，肖玉洺.CES导向的小城镇总体规划探索——以徐州市柳新镇为例[J].城市与区域规划研究，2018，10（3）：160-174.

[48] 莫洲瑾，曲劼，陈黎萍.小城镇有机更新的"枫桥经验"——源于基层社会治理的城镇更新机制探索[J].城市规划，2020，44（8）：42-52.

[49] 荣西武，李铁，赵荣山.小城镇规划编制与实施评价体系研究[J].城市规划，2005（10）：45-47.

[50] 宁姗姗，李磊，王伟.人流量大数据视角下特色小城镇活力评价研究——以东部地区9个特色小城镇为例[J].小城镇建设，2018，36（9）：43-48.

[51] 马蓓蓓，鲁春霞，刘虹.基于城市空间溢出的远郊型乡镇开发模式研究[J].中国人口·资源与环境，2012，22（2）：136-140.

[52] 徐强，戴慎志.小城镇密集地区整合发展探索——以温州市鳌江流域为例[J].城市规划，2006（7）：37-41，47.

[53] 刘碧含，彭震伟.大都市地区小城镇群的空间演进及其机理研究——以上海市奉城地区为例[J].

上海城市规划，2019（5）：8-15.

[54] 蒋蓉，李竹颖，晁旭彤. 基于"两规合一"的成都乡镇村综合规划编制探索[J]. 现代城市研究，2013，28（1）：57-60.

[55] 李爱爽. 小城镇社区微治理的运行机制与治理效果——基于浙北C镇的实证研究[J]. 理论月刊，2022（5）：42-52.

[56] 彭震伟，张立，董舒婷，等. 乡镇级国土空间总体规划的必要性、定位与重点内容[J]. 城市规划学刊，2020（1）：31-36.

[57] 张立，董舒婷，陆希刚. 行政体制视角下的乡镇国土空间规划讨论——英国、日本和德国的启示[J]. 小城镇建设，2020，38（12）：5-11.

[58] 王明田. 集体经营性建设用地入市对乡镇国土空间规划的影响[J]. 小城镇建设，2020，38（2）：5-9.

[59] 武前波，徐伟. 新时期传统小城镇向特色小镇转型的理论逻辑[J]. 经济地理，2018，38（2）：82-89.

[60] 张立，白郁欣. 403个国家（培育）特色小城镇的特征分析及若干讨论[J]. 小城镇建设，2018，36（9）：20-30.

[61] 王雪芹，刘盛和. 小城镇特色要素定位方法及实证研究——以安徽省15个特色小城镇为例[J]. 地理学报，2022，77（6）：1490-1505.

[62] 陆佩，章锦河，王昶，等. 中国特色小镇的类型划分与空间分布特征[J]. 经济地理，2020，40（3）：52-62.

[63] 陈白磊，齐同军. 城乡统筹下大城市郊区小城镇发展研究——以杭州市为例[J]. 城市规划，2009，33（5）：84-87.

[64] 赵民，钟睿，吴志城. 以"产城融合"为导向，促进新时期的产业社区发展——以西宁市为例[J]. 西部人居环境学刊，2014，29（5）：1-6.

[65] 周扬，朱喜钢，郭紫雨，等. 从"三集中"到"有机集中"：对苏南小城镇工业用地集聚集约发展的再思考——以常州市礼嘉镇为例[J]. 城市发展研究，2018，25（4）：18-26.

[66] 王缉慈，等. 创新的空间——产业集群与区域发展（修订版）[M]. 北京：科学出版社，2020.

[67] 张立. 新时期的"小城镇、大战略"——试论人口高输出地区的小城镇发展机制[J]. 城市规划学刊，2012（1）：23-32.

[68] 仇叶. 论小城镇激活乡村地域系统的作用机制[J]. 中国特色社会主义研究，2020（4）：64-73.

[69] 城市规划学刊编辑部. 小城镇之路在何方？[J]. 城市规划学刊，2017（2）：1-9.

[70] 朱金，李强，王璐妍. 从被动衰退到精明收缩——论特大城市郊区小城镇的"收缩型规划"转型趋势及路径[J]. 城市规划，2019，43（3）：34-40，49.

[71] 张立，白郁欣. 东亚小城镇建设与规划[M]. 北京：九州出版社，2022.

纽约城市转型发展与多元规划 *

王兰 **

引言

  作为美国第一大城市，纽约的城市转型发展与国家发展战略和全球发展进程紧密相关，其发展规划和政策体现了国家和地方政府在全球化背景中的应对，也体现了其在全球化进程中的积极参与和强势影响。纽约在全球化进程中的融入包括经济、文化和环境三个方面。经济方面，纽约一直致力于打造具有世界金融商贸掌控力的全球城市（global city）；文化方面，逐步建设集聚高附加值的文化创意产业和文化影响力；环境方面，重视气候变化对人类生活和城市的影响，规划建设更加绿色、美好和有弹性的城市。

  纽约城市规划的公共政策特征明显，某些规划类型是城市政府和市长在城市发展建设方面的纲领和宣言；还有一些则是不同社区组织和人群表达发展意愿和诉求的方式。规划内容从关注经济发展、物质形态、道路交通，延伸到环境评估、历史保护、社会公正和节能减排，注重经济、人文、自然的多方平衡。本文追述第二次世界大战以来纽约

---

* 本文原载于：《国际城市规划》期刊，2013，12。
** 王兰，同济大学建筑与城市规划学院长聘教授、院长，wanglan@tongji.edu.cn

城市发展转型的动态和规划，理解规划在城市转型发展中的作用，并集中分析 2001 年后多个规划的战略议题和内容重点。

1 纽约城市转型发展动态

1.1 战后到 2000 年

纽约的城市发展与美国整体城市发展趋势基本一致，即第二次世界大战以后因高速公路建设、郊区购房按揭优惠、汽车普及等原因出现了郊区化，城市中心区的吸引力下降。联邦政府的城市更新计划（Urban Renewal Program）促成了地方政府的内城拆迁和再开发，从战后到 2000 年基本可分为三个阶段：20 世纪 50 年代到 60 年代中期被称为大型项目建设时代（主要方式为大面积拆除贫民区，建设大型公共建筑或商业办公楼）；60 年代中期到 70 年代早期被称为城市发展转型期（大型项目建设大幅减少，社区组织介入）；70 年代中期到 2000 年被称为"不做有害事情"（Do No Harm）的时期[1]。经过 70 年代城市更新的低潮，在 80 年代之后，美国很多城市，尤其是大城市，获得了由全球化带来的新的发展机会。经济全球化在很大程度上改变了大城市的发展方式，"全球城市"不仅是学术界的一个描述某种城市的概念，更成为很多城市竞相追求的目标。城市产业结构从以工业为主导转变为依赖新兴的高附加值产业，例如金融、保险、房地产、文化娱乐和旅游业[2]。

纽约经历了艰难的转型期。1950 年，纽约制造业的就业人数为 103.9 万人，占整个非农产业就业人数的 30%，然而到 2001 年，制造业的就业人数减少到了 23 万人，仅占整个非农产业就业人数的 6.2%。从 1950 年到 2000 年的 5 个 10 年间，纽约制造业的就业人数分别减少了 9.2 万人、18 万人、27 万人、15.8 万人和 9.5 万人，减少幅度最大的是 20 世纪 60 年代和 70 年代[3]。20 世纪 70 年代的纽约城市陷入经济衰退，1975 年接近破产，美国联邦政府通过提供 23 亿美元的短期贷款担保才使其能够通过向银行借款维持运转，然后恢复经济。1980 年共和党人里根当选总统，新保守主义成为美国政治的主流，奉行"小政府、少干预和减福利"的保守政策。在这一阶段，联邦政府大幅削减其给予城市的支持。1977—1978 年，地方财政中的 16% 来源于华盛顿；而到了 1988—1989 年，地方财政仅有 5% 来源于联邦政府。这段时间是民主党的科克（Edward I. Koch）任纽约市市长（1978—1989 年），城市状况逐渐好转，环境和设施都得到了改善，人口也有所回升。大都市区继续分散化发展，郊区化快速增长，并出现少数民族郊区化、非洲裔美国人的郊区化现象，城市外围人口呈现多样化特征；然而城市内的犯罪率仍然高居不下，直到20世纪90年代初才有所改善。这段时间规划最大的举措是1989年的《城市宪章》，提出城市环境质量审批、用地审议标准程序和编制"197-a规划"（社区规划）。

美国城市的绅士化现象出现于20世纪70年代中后期，并在80年代日渐明显。绅士化是指通过住房和设施的开发与再开发，吸引中等以上收入阶层迁入相对衰落和贫困的社区，使得该社区的平均收入水平提高，社区变得安全和卫生，房屋价格和财产税上涨，低收入人群逐渐难以承受而不得不搬离，从而造成该社区成为中产家庭聚居区的现象。90年代，美国城市政府都将建设中等收入住宅以吸引中产阶级到城市中心居住作为城市中心复苏的重要战略[4]。在这一阶段，纽约的绅士化范围扩大：最初少数白人中产家庭选择迁入内城贫困的黑人社区（例如哈莱姆区），而随着越来越多的中等收入人群迁入，低收入的少数族裔开始被迫迁往皇后区、布朗克斯等地，城市的房地产价格上扬，曼哈顿区和整个城市人口都在增长，人口结构发生转变。例如1994年开始，政府出台政策扶持以哈莱姆为主的"上曼哈顿振兴区"（Upper Manhattan Empowerment Zone），1991—2002年，新哈莱姆居民拥有大学学位的比例从5%上升到了20%以上[5]。

中心区的混合使用开发日益成为受欢迎的空间重组方式之一。政府官员将再开发视为城市收入的新资源，而且也是城市财政复兴的具体和可见的表现方式。经济发展促进了这段时期美国商业房地产市场的持续火爆，地方政府因而得以发展新的合作战略：主要以区位条件优越的公共土地为筹码，以和私人开发商签订金融风险分享文件的开发形式，推进城市中心区再开发项目的实施[2]。20世纪90年代末，城市享受着繁荣的地方经济、高就业率、兴旺的房地产市场、增长的人口、下降的犯罪率，政府财政盈余30亿美元；纽约全球城市的功能进一步强化，城市中心和城市整体人口进一步增长。美国国家政策和纽约地方政治力量成为全球化的组成部分，而不是内部与外部的关系[6]。一系列的规划编制和实施，推动了纽约城市物质空间的更新改善，为纽约经济发展提供了助力（表1）。

城市在这一阶段注重城市生活质量的提高、犯罪率的减少以及公共文化设施的建设。纽约文化空间的重构主要表现为三方面的转变，即城市形象从地方性向全球性转变、文化空间从公共向私有转变、社区特性从单一向多元转变。私营机构对曼哈顿文化设施的大量投资，从根本上解决了文化机构和公共场所资金短缺的困难，使城市的公共形象和文化环境得到了彻底改善：1992年，纽约地区拥有了近500家美术馆、49个博物馆、34家剧院、31个歌舞团和26个交响乐团[7]。

表1 纽约市市长任期内的重要规划和重大项目

市长	上任年份	卸任年份	在任时间（年）	党派	主要规划	主要项目
爱德华·科克（Edward I. Koch）	1978	1989	12	民主党	1989年《城市宪章》	巴特利公园城
大卫·狄更斯（David N. Dinkins）	1990	1993	4	民主党	《纽约市滨水地区综合规划（1992年）》《依据宪章第197-a款规划的程序原则》	时代广场南岸区项目
鲁道夫·朱利亚尼（Rudolph W. Giuliani）	1994	2001	8	共和党	区划调整（1995年）《曼哈顿下城规划（1995年）》《第三次大都市圈规划（1996年）》《城市岛海事遗产保护研究（2001年）》	哈莱姆区再开发
迈克尔·布隆伯格（Michael R. Bloomberg）	2002	至今	2011年以前为民主党；2002—2007年为共和党；2007年至今为无党派		《史坦顿岛增长管理行动规划（2003年）》《哈德森庭院环境影响声明（2004年）》《纽约城市规划：更绿色更美好的纽约（2006年）》《2020版纽约市滨水地区综合规划（2011年）》《纽约城市规划：更加强壮更具弹性的纽约（2013年）》	高线公园世贸中心旧址重建

资料来源：作者整理。

1.2 2001年至今

2001年的"911"恐怖袭击拉开了这一阶段的序幕，使纽约城市受到重创；而2007年开始的次贷危机引发了全国性的经济衰退和高失业率，使美国进入了经济衰退期。随着众多金融机构破产或被兼并，美国金融业开始调整，涉及了美国住房抵押贷款业、保险业和投资银行业等多个方面。一向强调市场作用的美国政府不得不介入，拯救陷入困境的金融机构，刺激经济复苏。纽约城市发展面临转型，其中创意产业和绿色经济成为重点。城市规划和建设作出响应，推进新能源的使用，推行能源与环境设计先锋奖（LEED: Leadership in Energy & Environmental Design）和公共交通，以提高城市生活质量。

文化创意产业被认为是具有高附加值的新的经济引擎。根据著名学者弗罗里达（Richard Florida）的观点，发展创意产业对城市有两个主要益处，一是预示着城市拥有更高的生活质量；二是文化产业是城市和区域经济的活力点，支持其他产业，包括金融、公共关系等[8]。纽约是美国史上一些著名文化运动、文化思潮和艺术形式的发源地。文化创意产业在纽约市发展迅速，该市大量的外来移民造就了其文化的多样性特征；在音乐、电影、喜剧、视觉艺术等方面，纽约都是世界性中心和行业焦点，是仅次于洛杉矶好莱坞的第二大电影产业中心[9]。纽约创意产业报告[10]中定义了"创意核心产业部门"为创意内容在产业产出的文化和经济价值中居于中心地位的产业部门，包括创意过程中各阶段（产品理念的产生、产品产出及产品最初展示）涉及的企业与个人。基于这一创新定义，结合美国国家统计局的北美工业分类标准（NAICS）产业代码，纽约"创意核心产业部门"的九大产业组成得以确认：广告、电影和电视、广播、出版、建筑、设计、音乐、视觉艺术和表演艺术。截至 2010 年 1 月，全美拥有了 668 267 个艺术相关企业，就业者达到 290 万，占全美总企业数的 4.05% 和总就业人数的 2.18%；纽约市拥有了 53 085 个艺术相关企业，共 335 683 名就业者[11]。其中，就业人数最多的是设计与出版产业，其次是视觉艺术与摄影、表演艺术产业。

在这一阶段，绿色经济在美国发展迅速。奥巴马总统在制造业中推进绿色生态节能技术，希望实现环保能源计划，减少对石油进口的依赖。作为美国重要和先锋城市的纽约，在城市规划与建设方面积极响应，例如布隆伯格（Michael R. Bloomberg）市长启动编制了两个城市层面应对气候变化的规划；2008 年 4 月纽约宣布将在五个行政区的城市建筑物都设置太阳能板；以及从 2007 年到 2013 年建造了 300 英里（约 482km）的自行车道。

综上，2000 年之后的纽约城市发展并不顺利，面临多样的挑战，其中增长、气候变化和可持续发展是这一时期的关注重点；全市层面的规划有所增加，规划类型更加多元化。

2 城市整体层面规划

与欧洲和中国不同，美国城市较少编制城市整体层面的规划。在 21 世纪，纽约进行了两次市级层面的综合规划——《纽约城市规划：更绿色更美好的纽约》（2006 年）和《纽约城市规划：更加强壮更具弹性的纽约》（2013 年），以应对增长、基础设施老化和全球气候变化对纽约城市发展的挑战。

2.1 《纽约城市规划：更绿色更美好的纽约》（2006 年）

2006 年发布的《纽约城市规划：更绿色更美好的纽约》是纽约市长布隆伯格的施政纲领。该规划非常重视全球气候变化对城市发展的影响，提出了三个主要的挑战：增长、老化的基础设施和越来越不稳定的环境，规划涉及城市的土地、水、交通运输、能源、空气和气候变化六个方面。

土地方面，规划关注了住房、开发空间和棕地三个方面，提出要增加 30 万～ 50 万套住房供给，降低土地价格，使人口的增长向公交覆盖地区发展，同时通过创新性的融资方式、运用包容性区划以及为低收入居民提供购房产权项目等，使纽约的住房价格更加合理；投资建设新的休闲设施和开放公园，为每个社区增加新绿化带和公共广场，在2030年实现步行10分钟即可到达公园的目标。水资源方面，规划指出主要挑战是保障饮用水的清洁可靠和纽约周围水道的清洁性与可用性；并通过保留自然水域和减少水污染来开放90%的水道作为市民的游憩场所，为老化的供水网络提供急需的备用系统以确保长期的可靠运行。交通运输方面，规划通过提升客运能力来减少居民、游客、工作者的出行时间，建议一套完整的交通运输规划，力求在纽约历史上首次全面实现道路、地铁和铁路的良好运行状态。能源方面，规划希望通过升级能源基础设施来为每一个纽约人提供更清洁、更可靠的电力。空气质量方面，目前纽约空气污染中有50%源于交通运输，规划通过鼓励使用公共交通，提倡清洁能源使用，力求拥有全美大城市中最清洁的空气质量。可见，以上的所有举措都可归纳为气候变化策略。为应对气候变化，规划提出在2030年至少实现30%的温室气体减排目标。

2.2 《纽约城市规划：更加强壮更具弹性的纽约》（2013年）

"Resilient"是当前欧美城市学界和城市规划师关注的热词，本次欧美规划院校联合会以此为会议主题展开了对其含义、规划应对的热烈讨论。2013年纽约城市层面规划对这个词进行了阐释，并以此为核心原则编制本次规划。它包含两个含义：①在变化和灾难之后能够反弹恢复；②具有在困境中准备，回应困境挑战，并从困境中恢复的能力。

规划以桑迪飓风灾情介绍和对气候的科学性分析为切入点，以城市基础设施与建成环境、社区重建与弹性规划两大部分为主体内容，同时还对资金来源和分配使用、规划实施进行了探讨。规划所涉及议题涵盖海岸保护、建筑、经济复苏（私人房产保全、公共基础设施、液体燃料、卫生保健）、社区准备和回应（电信服务、交通服务、公园）、环境保护和补救（给排水、食物供给与配送网络）。社区重建和弹性规划包含了布鲁克林区和皇后区的滨水地区、曼哈顿南部地区和斯坦顿岛等。

规划回顾了自2006年《纽约城市规划：更绿色更美好的纽约》颁布以来的实施情况。截至2013年，2006年规划的127条提案中已有118条（超过90%）被启动，包括向公众开放了100所学校运动场地，且已有109家相关单位开始采取措施有步骤地减排温室气体；已实施完成的措施共计58项，包括面向全市的基本措施27项和针对本地社区的具体措施31项。

3 其他重要规划

继《纽约城市滨水地区综合规划》（1992年）之后，纽约于2011年3月颁布了最新的滨水地区规划——《2020版纽约市滨水地区综合规划》（Vision2020: New York City Comprehensive Waterfront Plan，2011年）。规划提出滨水地区和水道是一个相互联系的网络，强调增加水上娱乐、水上交通以及与水相关的文化和教育活动，并针对"增强公共可达性""激活滨水地区""支持滨水工作地区"等8个规划目标提出了全市层面和邻里社区层面的战略。这一时期延续了1990年代社区规划的繁荣，编制了大量197-a规划，并以促进社区经济发展为侧重点。多个特定规划指导着城市发展，包括遗产保护规划、行动规划、环境影响评估和机构战略规划等，其中纽约市规划局的机构战略规划的工作重点是全球城市发展机会、可持续城市、城市邻里等。多元化的规划方式能够保障城市政府的空间发展构想得以推进和实施。

3.1 重点地区规划：《2020版纽约市滨水地区综合规划》（2011年）

《2020版纽约市滨水地区综合规划》是2011年3月颁布的最新版滨水地区规划。该版规划基于1992年的滨水综合规划，指出滨水区和水道是纽约作为全球城市的独特物质资源，目前面对的主要问题是不平衡的发展、破旧的基础设施和棕地这样的有污染区域。同时，规划考虑到了全球气候变化及上升的海平面对东海岸高密度大都市区的影响。该版规划的内容包括纽约城市滨水区的成就、城市范围目标导向的战略、邻里社区内河段的战略、重要海事和工业区域，以及滨水再开发地块。

《2020版纽约市滨水地区综合规划》的目标包括：①为纽约人和游客提供到达滨水地区和水道的公共可达性，无论是公共还是私人的物业；②通过提供与周边社区整合的系列吸引人的使用，使滨水区具有活力；③支持工作性滨水地区的经济发展；④通过有利于自然环境、支持公共娱乐、改善滨水地区和社区的措施来提高水质量；⑤重新恢复退化的自然滨水地区，保护湿地和滨水栖息地；⑥强化被称为"蓝色网络"的纽约水道的公共性；⑦改善政府对滨水地区和水道的规章条款和监督；⑧明确应对环境变化和海平面上升的战略，增加城市的应对弹性。

针对这些目标，《2020版纽约市滨水综合规划》提出了相应的城市层面和社区层面的战略。例如为增强公共可达性，对纽约所有岸线进行了分析，明确哪些是滨水公共公园，哪些是滨水公园但可达性低，哪些是公共可达但私人拥有的滨水空间，并基于此提出了改善战略和滨水公共空间的设计原则。

该规划的编制在 5 个行政区举行了一系列的研讨会和公众会议，有超过 1000 人参加，规划草案编制后收集了超过 500 条评语。规划理念从 1992 年通过滨水地区和水道来定义城市，转变为 2020 版的更加注重水体本身。水道被称为纽约的交通、娱乐和教育的蓝色网络，规划力求使滨水地区和水道更具可识别性和特点，并成为纽约人日常生活的一部分。此外，气候变化和海平面上升也是本次规划的关注重点。

3.2 社区规划：197-a 系列规划

社区规划主要由社区委员会主持编制和采纳实施，以指导社区内部的未来发展或开发拓展。例如，2007 年第 9 曼哈顿社区委员会的 197-a 规划是经过规划委员会修改批准、城市议会通过采纳的规划，提供了引导社区未来开发的一系列综合建议，包含了曼哈顿的三个社区，并集中考虑了哥伦比亚大学新建校区区域的发展。该 197-a 规划力求通过可持续的日程加强社区种族和文化的多元化，保证社区的新开发能够与现在社区特色相容，并为居民提供好的工作机会、可支付的住房和服务。

社区规划在应对气候变化方面也给予了特殊关注，如 2003 年布鲁克斯第 8 社区委员会资助并通过了《第 8 社区委员会：水系保护战略规划》。该规划的目标是保护这些邻里的尺度和特点，加强自然环境特点的保护，改善社区内商业街区的经济活力和物质性环境，增加文化和教育设施的可达性，创造额外的娱乐、健身设施，改善现存公园和主要走廊的绿化环境，保护历史资源并教育公众。规划框架提出了对区划调整的建议，例如减少密度的区划调整、推荐扩展区域和未来区划研究地区等。

这一时期的社区层面规划还集中在社区内部的滨水地区，如 2002 年的《威廉斯伯格滨水 197-a 规划》——由布鲁克林第 1 社区委员会支持，指导沿东河河滨的南威廉斯伯格、南区和北区三个社区的未来发展；2006 年的《皇后区大桥 197-a 规划》是曼哈顿第 8 社区委员会采纳的 197-a 规划，目标是鼓励公众到达皇后区大桥附近的滨水地区和新增或改善的公共空间。

3.3 特定规划：遗产保护规划、行动规划、环境影响评估和机构战略规划

特定规划包括多个类型，其中之一为岛屿和滨水地区等特殊地区的规划。2001 年发布的《城市岛海事遗产保护研究》包括一份关于长岛海峡城市岛的推荐规划、区划战略

的总结性报告和三份技术报告，讨论了城市岛发展为划船中心的历史，并对其现今海洋产业进行了评估。2003年编制的《史坦顿岛增长管理行动规划》是给市长的关于史坦顿岛邻里发展的最终报告，建议了长期和短期的策略手段，以解决史坦顿岛的开发问题，保护区域特色。

2004年的《哈德森庭院环境影响声明》提供了哈德森庭院区划调整和开发项目的环境评估最终报告，开发项目包括地铁7号线的延伸、会展中心的扩建以及新的混合使用综合体（包括运动、娱乐和展示）。纽约市的城市规划局（Department of City Planning）编制了机构战略规划，安排启动相应的规划项目，以满足新的经济增长点的空间需求，帮助实现城市整体发展目标和构想。机构战略规划划分了不同的分区，包括中央商务区、地区性商务区、住房开发机会区、低密度开发区和开放空间，据此安排规划项目。

4 纽约城市转型发展和多元规划经验

纽约是美国全球战略的重要城市，是美国国家层面政府影响世界经济发展的重要支点，承载着地方政府和市民对经济增长和生活质量提高的愿望。纽约城市发展与规划是地方政府、州政府和联邦政府的战略部署集成，也是政府、投资者、非政府组织和市民获取城市空间使用价值或交换价值的博弈。

纽约城市的经济发展具有明显的周期性，具有影响力的事件包括：1975年的城市财政危机、1987年的股市危机及2007年的次贷危机。每隔一定时期城市经济都会出现周期性的衰退，但每次都能重新复苏，体现了纽约城市经济的弹性。纽约城市经济基本由市场经济决定，政府作用力一般不直接介入经济发展，城市规划也因此不会发挥巨大的经济发展推动力，而是依照城市发展目标，调整城市空间和用地，适应经济发展需求，并在日常管理中保证经济的正常运行。规划发挥着经济结构变化的响应者和调整者的作用，而协助大型项目，例如巴特利公园城项目、时代广场项目、哈莱姆区的振兴项目等的实施是规划推进经济发展的重要方式。

在纽约，城市生活质量一直是开发和规划的重点。由于犯罪率的高居不下及基础设施老化等问题影响着纽约对现状和未来居民和人才的吸引力，因此各部门开展了一系列的物质性规划，以提高城市生活质量和活力。特定地区以绅士化为特色的规划发展，成为纽约提高城市生活质量的重要方式。同时，城市政府重视创意产业的发展，主要通过高质量的规划设计打造具有特色的城市物质空间环境，提供创意阶层所需要的公共服务设施。例如最新规划设计的高线公园，为周边正处于发展中的创意产业提供了具有吸引力的城市空间。

此外,应对气候变化的可持续发展是当前纽约城市规划中的热点。纽约城市规划局最新编制的两个城市层面的规划均提出,实现适应气候变化的可持续发展是纽约城市功能调整转型的重要原则。

规划在城市发展决策中的作用体现了美国制衡分权的政治本质,地方政府的规划权力分散在不同部门,非政府部门和公众也有部分规划权利。城市规划的编制和实施主体扩展,在政府主导的基础上,增加了社区和公众、私有企业以及非政府组织,并通过《城市宪章》明确和建立了公共参与、多方合作的法定程序和方式(例如用地审议为相关利益的冲突提供了程序性途径)。规划尝试兼顾不同社会群体之间的利益平衡,在编制和实施规划中纳入更多的利益相关主体,例如纽约编制实施的197-a规划。通过这样的多方参与,规划能够寻找到发展决策中的合理性、合法性和说服力。规划参与城市发展决策主要通过日常区划和土地使用审批工作,也体现在特定规划的编制和重点工作推进中。目前纽约城市规划局的机构战略中关注的焦点包括:全球城市发展机会、可持续城市、城市邻里、重点地区的综合规划、滨水地区和公共空间,以及城市设计的质量。

在中国的城市发展中,规划发挥着重要的支持作用,决策多以自上而下的方式产生。而事实上,更多利益相关者加入规划过程中,将可能为规划提供更多的基础,增强规划对城市发展决策可能产生的影响。超越物质形态规划的社区规划将通过协作式规划(collaborative planning)确定居民的关注点和愿景,提供多元诉求的沟通渠道。整体城市规划编制体系建议发展更多元的规划形式,集成多样的发展诉求,形成网络化制衡的规划编制体系和对应的管理机制[10]。不断调整的中国城市规划将能够更好地引导城市的发展,为更多市民创造更好的城市生活。

参考文献

[1] Alshuler Alan, David Luberoff. Mega-projects: The Changing Politics of Urban Public Investment[M]. Washington: The Brookings Institution, 2003.

[2] 王兰, 刘刚. 20世纪下半叶美国城市更新中的角色关系变迁[J]. 国际城市规划, 2007, 22(4): 21-26.

[3] 陈志洪, 高汝熹, 管锡展. 纽约产业结构变动及对上海的启示[J]. 上海经济研究, 2003(10): 49-57.

[4] Beauregard Robert A. The Textures of Property Markets: Downtown Housing and Office Conversions in New York City[J]. Urban Studies, 2005, 42(13): 2431-2445.

[5] Freeman L. There Goes the Hood: Views of Gentrification from the Ground Up[M]. Philadelphia: Temple University Press, 2006.

[6] Sites William. Remaking New York[M]. Minnesota: The University of Minnesota Press, 2003, 12.

[7] 赵云伟, 当代全球城市的城市空间重构[J]. 国外城市规划, 2001(5): 2-5.

[8] 查理德·佛罗里达. 创意阶层的崛起[M]. 司徒爱勤, 译. 北京: 中信出版社, 2010.

[9] Creative New York, Centre for an Urban Future[EB/OL]. (2005.12).[2013.11.8]. www.nycfuture.org.

[10] The Creative Industries in New York, 2005.

[11] The Creative Industries in New York, 2010.

[12] 王兰. 城市规划编制体系在城市发展中的作用机制: 芝加哥和上海的比较[J]. 城市规划学刊, 2011(2): 33-42.

[13] 布莱克利·爱德华, 等. 大型可持续城市开发: 从纽约到洛杉矶的经验[J]. 国外城市规划, 2003, 18(6): 26-31.

[14] Birch Eugenie L. Planning in a World City, New York and its Communities[J]. Journal of American Planning Association, 1996, 62(4).

[15] 纽约市政府. 更绿色更美好的纽约[R]. 2006.

[16] 陈志洪, 高汝熹, 管锡展. 纽约产业结构变动及对上海的启示[J]. 上海经济研究, 2003(10): 49-57.

[17] Department of City Planning. City of New York. Strategic Plan.

[18] Department of City Planning. City of New York, The Population of New York City, Short-term Events and Long-term Patterns. March, 2009.

[19] Friedmann John. World Cities Revisited: A Comment[J]. Urban Studies, 2001, 38(13): 2535-2536.

[20] 谷海洪. 由"第三部门"主导的区域规划的成功范例——纽约大都市区规划[J]. 国际城市规划,

2007，22（5）：36-41.

[21] 洪文迁. 纽约大都市规划百年：新城市化时期的探索与创新[M]. 厦门：厦门大学出版社，2010.

[22] Indergaard Michael. The Webs They Weave: Malaysia's Multimedia Super-corridor and New York City's Silicon Alley[J]. Urban Studies，2002，40（2）：379-401.

[23] 约翰·基思. 纽约大都市的发展经验[J]. 国外城市规划，1994（1）：16-19.

[24] Judd Dennis R，Susan S Fainstein[M]. New Haven: Yale University Press，1999.

[25] Knight Richard V. Knowledge-based Development: Policy and Planning Implications for Cities[J]. Urban Studies，1995，32（2）：225-260.

[26] 林兰，曾刚. 纽约产业结构高级化及其对上海的启示[J]. 世界地理研究，2003，12（3）：44-50.

[27] 陆军，宋吉涛，汪文姝. 世界城市的人口分布格局研究——以纽约、东京、伦敦为例[J]. 世界地理研究，2010，19（1）：28-35.

[28] 吕志鹏，王建国. 纽约南街港滨水历史街区再开发研究[J]. 国外城市规划，2002（2）：34-36.

[29] 石忆邵，黄银池. 纽约城市规划的特点及其对上海的启示[J]. 世界地理研究，2010，19（1）：20.

[30] Sorkin Michael，Sharon Zukin. Book Reviews，After the World Trade Center: Rethinking New York City[J]. Urban Studies，2002，41（3）：697-712.

[31] 田莉，姚凯，王伟，董衡苹，等. 世界著名大都市规划建设与发展比较研究[M]. 北京：中国建筑工业出版社，2010.

[32] White Norval，Elliot Willensky. AIA Guide to New York City[M]. New York: Three Rivers Press，2000.

[33] 张庭伟，冯晖，彭治权. 城市滨水区设计与开发[M]. 上海：同济大学出版社，2002.

[34] 诸大建，易华. 面向都市经济增长的创意产业发展——以伦敦、纽约为例[J]. 同济大学学报（社会科学版），2007，18（2）：44-48.

[35] 张庭伟. 恐怖分子袭击后的美国规划建筑界[J]. 城市规划汇刊，2002（1）：37-39.

逡巡在中国当代城市的迷雾之中 孙施文

城市空间肌理问题
——通过五个欧洲城市案例呈现城市用地基本规律
沙永杰

世界城市体系与卓越上海的发展 王信　孟海星　马慧

二

理论研究
Theoretical Study

逡巡在中国当代城市的迷雾之中[*]

孙施文[**]

1 城市，是他们的，还是我们的

这些年来，一说到、一看到"城市"这个词，都会使我警觉起来，因为我深知，作为日常生活用语和学术用词，即所有言说中的"城市"的含义与我们日常生活于其中的城市还是存在着一定区别的。这倒还不是"能指""所指"的问题，而是源自中西方城市本身的差异。我在城市研究过程中，逐渐地发现，尽管中西方"城市"在外在性上有相似的方面，但由于它们本身的发育过程、内在机理及由此而产生的结果就大为迥异，中西方的"城市"在本质上是非常的不同，它们之间所存在的差异完全可以说它们是两种不同的现象[1]。

由于中国的学术体系与西方的学术体系有千丝万缕的联系，有关城市研究的学理不少借鉴了西方的相关成果，在这样的基础上，很多有关的言说都是建立在西方的知识体系基础上的，是西方话语体系在中文中的再现。而西方话语体系中的城市概念是对西方城市的概括，因此，当我们一说由西方语境所决定的"城市"这个词，就有可能被套入

---

[*] 本文原载于：《中国名城》期刊，2008，3。
[**] 孙施文，同济大学建筑与城市规划学院教授，shsun@tongji.edu.cn

西方的话语系统中，而不是我们所面对着的或者生存着的城市。这就使得中国的学者在讨论本土问题的时候，面对着一个两难的境地，尽管中国的语言中确实也存在着"城市"这样的词汇，但这个城市的含义有可能是从西方语言中转译过来的"城市"，其所表征的内容并不是我们日常生活中的城市，同时也并不反映我们传统上的城市所具有的特质。这种差异直接规定了对当今中国城市的理解，也将影响我们对中国城市未来发展的认识。

也许我们已经无法改变这种约定俗成的语言文字，历史造成的原因使得我们无可替代地把中西文中的两种指代在本质上有差异的现象的语汇混合在一起。我们不再有可以拿来对译的词，于是只能说，由于历史和文化背景的不同，中国的城市有中国的特色，西方或其他国家的城市并不具有这样的特色，但这样的说法显然还是将中外城市看成同一个现象或同一件事，也就是将其看成是同一本质上的不同表现罢了。我对此深表怀疑，因为就我的认识而言，中西方的城市具有本质上的差异，而且在这样的状况下对中国城市问题的许多讨论，在我看来都已出现了无的放矢的症状。当然，我并不能因此而肯定，与城市有关的学术研究和现实生活中的困境是由此而产生的，但这种"指鹿为马"必然带来更多的问题而使相关的研究和政策陷入更深的困境。在某种程度上，我们并不是在澄清事实，而是在混淆事实。因此，我真的很怀疑，这究竟是我们的研究者长久以来对此无知无觉呢，还是在有意识地避免这类艰难的话题而遮蔽其中的差异，从而避免重起炉灶的艰辛，或者竟是害怕无法与西方接轨？但就此而论，我自己的感觉也是很无奈，因为无法找到可以替代的词语来把自己的言说限定在特定的范围之内，这正如我在参与一些讨论的时候，不得不先作出声明，这里所用的"城市"这个词，是基于西方的话语体系的，因为这是被我们的知识系统所局限的，否则的话，我将无言以对了。而以此来讨论中国的城市问题就必须再作一些界定，避免混淆了，否则很多问题就会越说越糊涂。这倒不是我作为一个学者故意咬文嚼字，而且也确实是我实实在在地体验到了古人所谓的"名不正言不顺"的境况，特别是在接待喜欢追问的西方学者时，在被他们追问之下需要承受巨大冲击，从而使自己必须认认真真地来思考中国的"城市"和"city"之间是否有差异，因为我自己就发现，一旦使用了"city"这个词就怎么也无法向他们解释清楚中国城市的。

我在其他地方曾经对此有过一些讨论，这里不再展开，只举一个有点极端的例子来作说明，以看清楚如果不分彼此地用"城市"来指代中国的所谓城市，就会出现非常诡异的结果。在中国的大地上，除了边远和部分内地省区尚未进行"撤地建市"的地区和少数民族自治州外，地级市的行政区范围几乎已经覆盖了整个国土范围，中国几乎就可以称为一个"城市国家"，这在世界上所有稍大些的国家中是绝无仅有的，对我们理解中国的国情来说也有可能是包含了广大的农村地区的。中国关于"城市"的行政建制显然是一个区域性的建制而非一个"点状"的建制，因此外国人永远也搞不清楚，既然城市是具有自治性质的，那么为什么一个城市还要受另一个城市的制约，也无法理解为什么一个考察团的团长是一个副市长，而团员却是十来个市长，而且竟然还有县长，为什么城市中还有主管农业的副市长，等等。而作为中国人，在现实生活和工作中也会经常被弄得一头雾水，比如，当说到一个地级市名称时，究竟是指这个城市的城区部分呢，还是指它的行政区范围内的所有地方？在什么样的时候，指的是这个而不是那个？对此估计谁也说不清楚，最后的结果就是可以非常实用主义地"各取所需"，可以不符逻辑地拼凑出字面上光鲜的结果，这在各类媒体和各种报告包括这类城市每年的政府工作报告中都有非常明显的表现，甚至在一些法规性的文件中也是如此。也许作者或者宣读者对其中的每个"城市"是各有所指的，他们或许会非常清楚，但对于解读者而言，则完全可以有不同的解读结果，这不只是歧义问题，有时甚至是可以故意地制造出某些结果的。从我的切身体会来说，我们在做一个地级市的总体规划时，究竟是在做整个地级市的总体规划，还是在做这个城市的城区部分的总体规划？我们确定城市的性质时，究竟是整个地级市的性质还只是城区部分的性质？这类的问题在现实中也是众说纷纭。新的《城乡规划法》所要求确定的规划区范围则有可能使其中的问题更加复杂化。此外，如城区部分应当怎么称呼有时候都会成为问题，而下辖的县级市的城区和其市域部分又该怎么称呼也会成为严重的问题。比如当涉及空间管制的内容时，写上某个城市的名称，究竟是指其城区还是整个市域，有时候连自己都会被搞糊涂。如果该地级城市的城区较小，周边的县级市、县的规模较大（这是现今绝大部分地级市的实际状况），在为这个城市的城区选择发展用地时，就会遇到周边县级市或县的用地范围，地级市的政府并不拥有对此进行调整的权力，因此就需要规避，好像地级市政府的行政权边界仅限于城区部分。就政府管理来看，比如城市规划管理，地级市政府的规划管理部门的职责主要还在于城区部分，对下辖的市、县并不具有实际的管理操作权限，在国家的相关法律法规的规定中也没有相应的规定，从实际运作的分析来看，只具有业务上的指导意义，非真正的领导和管理。同时，中国的财政制度又赋予各级政府征收和使用的权力，而且又是分级安排的，那么，地级市政府从全行政区范围内征收来的财政收入，要使用的时候必然是首选投入地级市的城区部分，财富向这些城区集中，由此出现了全地级市的人民出钱支援城区建设的状况。同样值得关注的一个方面是，在一个地级市中，与城区相对应的是否就是乡村？城乡的协调是否就是这二者之间的协调？如果是这样，那么在这个所谓的乡村范畴内，还有许多的县级市及其城区，有县城，还有各类城镇，按照国家的有关规范这些都属于"城市"的范畴。如果不是，而是需要把这些"城市"范畴内的地区剔除出来，那么谁和谁协调，在哪个层次上协调，都会成为极大的问题。再回到地级市的城区内部来看，由于其内部的农村地区非常狭小，这样的协调显然也是没有太多意义的，而与下辖市县的农村地区进行协调，由于政府有事权的划分，那么又能通过什么机制来运作、来保证呢？当然，在地级市城区内，在区的建制下，各个区的情况也是非常不同的，核心区是高度的城市化，而外围地区则可能存在着大量的农业人口和农村地区，在我曾参加规划的一个中部城市中，有的区竟有超过一半的农业人口。

当然，由"城市"这个概念而引发的问题是普遍存在的，并不仅仅限于地级市这样的层级上，也不限于这里所说的现象上。这里拿地级市来举例，只是因为笔者对此有较深的体验，而且觉得这一级的问题说明起来更为容易一些而已。

2　中国城市是缺乏"城市性"的城市

城市性是城市特性的集中体现。城市性所反映的是城市社会运作过程中所表现出来的特征，这些特征看上去只是外在的表现而已，但只要对城市运行进行较为深入的分析，就可以看到城市运作的机制也同样是以此为基础的。

费孝通先生在讨论传统中国社会特征时提出了"熟人社会"与"陌生人社会"的概念[2]，其实质恰恰就是乡村社会与城市社会的差异所在。如果仔细地分析一下格奥尔格·齐美尔的 *The Metropolis and Mental Life*、沃斯的 *Urbanism as a Way of Life* 等对城市性的研究成果[3]，那么就可以看到城市性、城市的特征及城市生活方式就是建立在"陌生人社会"的基础上的，而沃斯所谓的城市性的三个主要变量之一的"异质性"，实际上就是对"陌生人"的性质的另一种概括和表述。城市社会运作的所有规则和生存方式都是由此而出发的，并由此打造了城市人独特的人格特征，而这又进一步锻造了现代人的行为规则。"信用""守时""按规则行事"等都是建立在此基础上的。中国当代社会中出现的许多问题，正是由于中国社会的机制仍然是建立在"熟人社会"的基础上的，并没有摆脱传统行为方式为基础的基本架构而在新的社会机制中无法适应而产生的，而与此相关的社会制度的建设仍然缺乏或得不到有效执行，由此造成了社会运作过程中的失范。比如做什么事都讲人际"关系"，现在经常有人提起的"信用"缺失的问题等都源于此。长久以来，我们的社会体制的架构一直缺少在新的社会结构和运作机制上的调整。比如，在"熟人社会"由于始终有人盯着你，不仅大家之间彼此非常熟悉，而且"跑了和尚跑不了庙"，因此信用的保证不是个体性的，而是以家庭和家族为核心的，所以传统社会还有株连之说。

但在现代社会中，个体是主要的行为者，在大量的陌生人中是无法做到传统社会那样的知根知底和找到那个"庙"的，由此产生了基于个体基础上的"信用"，而一切的社会宣传、教育及制度设计、行政、立法、司法等都要围绕着这个内容建立一套运作的关联。现在我们只是在立法层面设立了这样的内容，但对不遵守信用的行为的惩处是极轻的，不具有警示和遏制的效用。在具体的执行中更是出于其他的原因及中国传统的人情等因素而无法很好地执行，以调解的方式为多，而且在司法中不敢运用惩罚性的手段。与此同时，其他的相应手段也非常薄弱，甚至在社会宣传、道德教育等方面仍然在抹杀这一转变的需求，并将之视作是反面性的（也就是将个体性的私利、与此相关联的责任等列在被批判的行列），由此整体性地消解了建立个体信用的基础。"信用"显然不是光靠说说就能建立起来的，而是需要动员整体的社会机制运作的结果。在市场经济中，没有了守信用的行为，那么这个体制是无法运作下去的，而我们现在只说要建立市场经济体制，而相应的制度结构没有得到相适应的改造，那么这显然是与目标相违背的，而且这样的市场就是建立起来了也是非常脆弱的。这可以从我们不断发生的"假药"、有毒食品、假冒伪劣产品等事件中看到，现在的许多打假只是针对表面性的内容，无法导致根本性的改变。就此而言，这是非常值得我们警醒的，而且还远远不止"信用"这一个问题。

中国的城市性是否必然会走上西方的城市性，也许还很难回答，但至少很显然的是，中国古代城市并不是如此，至少我们把城市内的人际关系同样转换成了熟人社会，并将之推广到现代社会中的所有领域，而且还期望将之发扬光大。当中国社会体制的各个方面逐步地以西方社会为参照而建立起来的时候，人情和规则的冲突就成了在城市中办事的共同考验。所以，传统上的行政长官不得就地任职在当代也得到了延续，并成了一种对官员的保护性制度，这显然是迁就了不对制度进行改革而又想有所制约的方式。

中国人缺乏真正的城市生活的历练，也缺乏必要的"市民教育"。中国的整个教育体系尤其是基础教育体系始终是将培养"书生"作为目标的，学校中的所有学习与成为社会人之间没有任何的关联，因此，"千军万马挤独木桥"似的高考也就成为学生的唯一出路，因为既然所有的教育都是为了成为"书生"，那么不升学也就不知道可以干什么了。但即使是其中的高才生，可能也不了解真正的社会，缺乏独立的生存能力，以及作为一个公民的职责承担。而在传统主流文化排斥城市的思想积淀下养成的乡村社会的人格（这与中国传统城市与乡村社会同构也有直接的关联），城市性始终是作为传统主流文化的对立面而出现的，因此对城市性持坚决的抵抗和排斥的态度，并为这种情绪所激荡。客观地分析这些言论及其所蕴涵的思想，可以看到，在相当程度上是乡村社会中所长成的人格特征对由城市生活方式所塑造的人格特征的批判和攻击，是"乡村性"与"城市性""农民""城市人"的冲突与矛盾,而其所发生高潮的时代,除有意识形态的动员和个体的恩怨等因素之外,更主要的是发生在前者明显感觉到城市性的压抑和冲击,因此,只有真正在城市生活中得到了体验的人才有可能形成这样的认识,这也就是为什么都是居住在保有传统文化特征的城市中的人才发起这样的大批判。而20世纪初及30年代的声讨,则显示出城市性已经开始直接威胁到建立在传统生活观念上的行事规则和生活方式,并有可能走上广阔的历史舞台并逐渐占据主流地位,因此奋起而争的是那些具有前瞻性的,同时又对旧有的人情世故有着强烈认同感的文化人。但即使是其中持最激烈批判甚至攻击的人士,尤其是通过对他们晚年的生活方式和行事方式进行考察就可以看到,他们不仅失去了他们曾经的慷慨激昂,而且也已经与这些习性"同流合污"了,也就是说,在此后的若干年中,他们也不得不沾染上部分甚至是大部分他们所批判与攻击的习性。

3 缺乏宽容、学习和开放心态的城市

与以上对城市性批判的毫不留情和充满热血的激情结合在一起的,恰恰是一种非我族类必摧之毁之的心理状态。最典型的物质表现也许就是围墙文化,这二者之间不仅具有同构性,而且在历史的进程中不断地得到相互的强化。

尽管中外古代城市都有城墙,但中国的城墙一直延伸到城内的坊墙、宅院的围墙,而国家也可以用墙来与外界隔绝的,这或许还是罕见的。及至当代城市,尽管城市不再有城墙,但城市内部,无论是居住小区或者组团(楼盘),还是政府机关或者企事业单位,无不由围墙所包围,即使在有围墙的小区内的每一个单元也都装设了防盗门、在单元装了防盗门的每一户人家也都装防盗门,把对外者的毫不迟疑的排拒态度淋漓地表现了出来。从另一个角度来看,则表现出自我的收缩与维持,无不透露出一种"套中人"("墙中人")的、基于过度自恋而不敢面对和无以抵抗外来影响的心态。在这样的状态下,排斥外来者、新来人,拒绝社会的融合就成为日常生活中的基本态度。

世界各地都有歧视、排挤外来人员的现象,因为排挤外来者是保护自己领地和传统的最好方式,但就整体而言,这种排挤更多体现在国家之间的移民或者是有关种族之间的,而且基本上不是以城市为单位的。当然在所有的歧视和排挤中,越是底层的人越具有不宽容性,这是由于外来者首先会对他们的生存造成威胁,当然也有可能上层社会只是出于修养或涵养而不说、不表现出来罢了。在所有的这些排挤中,只看见对民工等的限制,对低收入者进城的声讨,而很少看到对所谓的"白领"的排斥,更是鼓励外来投资者以及外来购房者等。这是否与中国城市历来是权贵的居住地的传统有关?也与计划经济时

代城市的特权意识有关?

中国传统社会是一个鄙视迁徙的社会，因为迁徙者绝大部分都是在原有社会中难以生存的人群，因此往往也是社会的底层，也就具有了被排挤和被歧视的理由了。除此之外的迁徙者主要有两类，一是官员，一是商人。商人在传统社会中也是处于末流，在农耕社会中不到迫不得已人们也是不愿意去从事这样的职业的，而这一职业又确实可以给当地带来一些好处，同时也不会损害到当地人的利益（因为当地人不到万不得已也是不愿去从事该项职业的），由此显现出了典型的实用主义的心态。在相当长时期内，中国城市中的商人的来源地是有限的，且都曾因此而形成了地域性的歧视。至于官员的迁徙，尽管也是被迫的，但因为一是数量有限且又经过严格的遴选，二是异地任官并不对本地构成威胁，且是习惯做法又是由皇帝所任命的，而且早晚也是要走的，因此只有被敬仰而绝不会出现被歧视的情况，由此而出现上层社会具有较强的流动性，是被鼓励的甚至是强制的，而下层社会的流动是受到严格限制的。与此相适应的是，中国的户籍制度可能也是世界上最为严厉的。这既是农业社会在无须迁徙的条件下使人们能够真正依附于特定地方和土地的社会管理的重要手段，从而保证了熟人社会得以延续和农作社会的稳定，并且不会因为经营的失败而到处流落为社会带来不安宁，因此很显然是一种依据先辈来界定后辈的做法。与此同时，在古代中国的城市中，不仅有户籍制度的管制，同时还有其他许多的规制来予以管理，比如里坊制、宵禁制等。这一切的措施都是保证城市里的居住者都是已有安身之处的。也就是说，城市中的居民都是经过审查的，他们只有表明能够在城市中做到安居乐业才能进入城市。这同西方中世纪城市不同，比如那里存在的所谓赦免法（即在城市中住满一定时期，如一年，那么之前所有的封建人身羁束将自动解除）等使得"城市的空气都是自由的"。尽管在当代中国的城市中，大量的规制已经消除掉了，但户籍制仍然存在，而其基本的精神仍然在城市中得到贯彻。在计划经济时代或许这还有情可原，因为人口的频繁和随意迁徙会对国家对物资的调配失去控制，而且在那样物资相对贫乏的时期，外来者将占用已经非常有限的资源，因此这样的排斥或许是当时不得不采取的社会控制方式。但是由此造成的社会心结和意识延续了下来，并不断得到强化，从当今国家和地方政府的大量政策来看，也仍在强化这样的倾向，比如现在已经开始的户籍制度改革，农村人口要到城市中定居也仍然需要以在城市中有正当职业、拥有固定住所为条件。

与此相关联的是，在中国社会中，对籍贯的强调可能也是举世无双的，尤其是对于已经进入城市中生活的人而言更是如此。籍贯制度的建立显示了熟人社会管理的特征，也就是"跑了和尚跑不了庙"，它告诉别人和自己，你来自哪里，怎么可以找到你的根系所在。与此同时，对于进入城市社会生活的人而言，融入当地社会也并非当务之急的，这种不融入实际上是一种不愿与当地文化为伍、保持个人对自己所属的地域的忠诚的机制所产生的结果。而"同乡会馆"之类的机构所确立起来的还是一种在异地环境中保持自身所属地域的社会认同，并以此来应对当地社会中可能产生的排挤和相关的应急事件，因此，很显然是一种利用地域集团来对抗异地的环境（同乡人数的多少直接决定在城市中的地位），而对其中的个体来说，是拒绝以个体的方式与当地社会发生关联，甚至是一种自绝于当地社会的建制。当今社会中，籍贯本身所具有的含义已经发生了改变，而且大量的人已经与自己本人的籍贯地没有直接的甚至是没有任何的联系，但作为一种身份的说明和标签不仅仍然继续留存着，而且在每个人的一生中还可能会不计其数地被要求为自己贴上这样的可能与自己并无多大关联的标签。

在单一文化（所谓的同种同族）下的迁徙尚且遇到种种障碍，不同文化间的迁移就更加困难重重了，中国文化的千年脉承也许就是因此而得到了延续。中国文化历来被看成是博大精深和具有极大的包容能力的，外来文化在中国历史上曾经多次地提供了养料，但无论如何，它们绝不会以其自身的形态在中国文化中保留下来，它们最多为中国文化的缺项填补了一些空白。而更为诡异的是它们彻底地消解在中国文化之中，有时甚至是找不到任何的踪迹，且已经完全背离了其原初的宗旨的，这一切充分显示了中国传统文化的实用主义精神，或者说完全是出于功利的目的。只有有用的而且是可以马上见到成效的内容才能被接受，而更为大量的则是直接搬用其功效，从表象上进行移植，而非改造既有的机制、体制。也就是说，只有对既有的自我不构成直接的影响和威胁的，才会被接受。对外来文化的接受具有装点的性质，绝不会涉及内涵。但同时，中国人的思维中具有极强的"非我族类""取而代之"的思想，有意识的中庸之道是非常薄弱的。尽管很多学者对中国传统的中庸之道作过很多的批评，但我觉得，中国人其实非常缺乏真正的中庸之道，由此也显现出古圣人对中国人性的深入洞察（嚷嚷得最响亮的，往往正是最缺少的）。"大一统"是所有行动的终极性目标，并被不断地付诸实施。因此在这样的文化土壤上，边缘文化并无立足之地，边缘性在城市中是最难以立足的，因此只能放诸山水田野之间，于是成了"大隐隐于市"，这也才是最难的，或者说是最高境界的。

在城市中，本应该是最能够进行文化交融的[4]，但实际上在中国城市中却是困难的，所以，中国的城市始终难以成为真正意义上的文化中心和创新中心，最多只有在一些帝都迁移之后留下了大量的文人骚客时，才具有了城市文化繁荣的迹象，比如明代后期的南京、民国初期的北京等。由于当政者已在他处经略国是而无暇顾及旧都中的"遗族"，旧都中的文人们又已经失去了参政议政的可能而只能转移兴趣，但又保有原来的地位、做派和生活方式，从而使得这些文人可以略微地恣意，从而造就了旧都文化中心的气势。但就整体而言，在传统中国，农业文化和乡村文化占据着主导性的地位，城市文化本身就是依附于乡村文化的，因此，文化中心实际上还是在乡野之间，比如具有统领效应的"书院"就是在山野之间的，这与西方大学落户在城市中也大不相同。与此同时，所有的制度创新都呈现出"农村包围城市"的特点，城市不仅是乡村文化的附属物，而且城市中的管制是远较乡村严厉的，而城市同样是一个熟人社会，但人口的高度集聚又使各种利益关系相互交织得更为紧密，因此任何改革的设想和举措都可能由此种种力量的牵制而被扼杀。因此，由城市而发端、基于城市需求并由城市所主导的社会改革数量少、影响有限，而且往往都难以成功。

4 城市中的流动性与不可流动

说到流动，其中包含着多种的成分，这些不同的流动在当代中国的城市中所表现出来的景象和结果可能各不相同，而且由此可以看到能够形成的流动都具有明显的选择性。

从社会流动来看，传统上城市内部的流动性几乎是不存在的，只是在朝代更迭的时候才会有一些变动，但随之会很快地固定下来。当代城市中，改革开放后的一段时间内，流动性明显加剧，但此后一些曾经具有较大流动性的通道逐渐地被封堵，整体的流动性开始降低，而且即使流动性仍然存在的领域和相应的通道，也逐步地构筑了各自的玻璃顶。现在最具流动性可能的就是高考了，仅凭这一点就已非常类似于传统社会中的科举考试。而在当今，每年的高考已经成为全民的大事，不仅是家有考生的家长和家庭受到影响，而且已经开始冲击整个社会的日常生活。因为高考所涉及的不只是升学的问题，而是涉及未来的职业和社会阶层的流动，而在其他社会流动通道狭窄，甚至现在还留存的流动通道也大多是以接受过高等教育为最基本条件的情况下，高考的重要性和受到全民的关注也就不言而明了。

在城市内部的空间地域上，流动性受到两大力量的支配，一是政府改造和建设城市的意图和行动，二是房地产业的发展。城市的空间格局在其综合作用下被重构。城市的资源从表象上看是由城市居民所占据着，但这种占用的本质并非其使用的实际需要，而是受到资源作为交换价值的掌控。房价飞涨既是流动性的直接反映和外显的表征，也是其直接的结果，由此也造成了城市社会空间的重组。在城市空间重组过程中，基于城市市民需求的演化是非常缺乏的，而把外在的、外来的需求看成是城市发展的内在需要，因此，全球化以及全球资本、政府的政绩考核就成为决定城市发展的最基本因素。在缺乏社会性保障和规约的开发性活动中，城市空间呈现出被外部力量以及为了外部目的而被瓜分的景观，从而遮蔽了内生性的需求与格式，藏匿起其自身的本土性。

在当代社会中，城市内的各种流越来越借助无形的通道来连接城市内外以及城市内部的各项要素，"流的空间"成为城市发展和架构城市格局的关注焦点，而与此同时，有形之流在城市中就成了问题丛生的所在，城市内在肌理的紧密让位于与外在网络的联系，城市问题外在化为全球问题，从而把全球化理论当成是普适性的唯一框架。由排斥外界的堡垒式建筑以及"校园式布局"所建构的城市中心地区，由与外界隔绝的居住领域、拥塞的道路系统，等等，中断了城市空间使用者流线式的移动，强制他们更加依赖于无形之流而避免有形的流动，孤立起公共空间的城市意义，城市在相当程度上更难以成为培育城市性和城市人的地方，从而促成了新一代更加内向化的自我的精神趋向（家庭的独生子女普及也同样强化了这一点）。

在城市内外的流动中，当今的中国城市是不具有本质上的充分流动性的，流动的只是外来的人，向城市的流入。实际上，城市的资源是难以流出的，只有资源的流入，城市始终不具有对周边地区的带动作用。城市的中心作用是外界赋予的，依靠强力的（当然并不一定就是军队之类的暴力工具，而更多是由制度、体制等来设定的，比如行政中心），因此，城市在经济上是脱离了当地地域的。这与我国绝大部分城市尚处于集聚的阶段有关，与此同时，也与城市的作用不是内在地有关，即城市不是因为本地的社会经济发展需要而发展起来的。而更具有历史根源性的问题则是城市的寄生性，这也是中国传统城市与西方古代城市的差别所在。

城市与周边的地域相脱离，充分显示出城市本身发展的动力机制及其品质的问题。传统中国城市的形成和发展，仅与国家统治体系的组织有关联；而在计划经济时代，则是由经济计划的安排所决定，而国家与地方各级政府的计划方式更多地强调"条"的配置有序性，由此决定了城市对整体经济体系的依附；而在当今时代，经济的全球化又强化了全球城市体系，其与周边地域的关联性更为减弱[5]。在这些因素的综合作用下，城市本身的发展无关于地方的实际状况，因此，在这样的状况下，城市的发展、工业的发展并不能保证"城市反哺农村""工业反哺农业"的实现，因为这之间不存在任何的自然形成的联系机制和反馈作用，在行政权或其他外加力量的基础上，所能做到的最多也只能是"授之以鱼"而非"授之以渔"。这样的反哺最多只能解一时之困，而非从根本上引发其发展的动力和机制，因为这样的反哺本身也没有持久的动力保障，不能互相促动。这就跟我们现在很多扶贫、帮困的项目一样，需要不断地输血，而一旦这种输入停止，就难以保证其持续地有效运行。

5 现代性魔咒下的中国当代城市

从某种角度讲，城市性是现代性的最为集中和典型的体现[6]，现代性最终是要通过城市性而得到体现和实现的，而且，没有城市性的广泛实施与实现就不可能有现代性的实现。因此，在一定程度上，现代性的进程（现代化）实际上是城市性广泛实践、不断推广的过程。而现代性、城市性一旦启动便有点不可阻挡，必然走向极致，这种极致则有可能完全消解了乡村社会其乐融融的温情，而弥漫着铁律般的规则与冷漠，而且也有可能达致人的更深程度的异化等。因此，许多人极不情愿但似乎又不得不接受这样的现实。从某种角度看，"后现代主义"就是从这里起步对现代性、城市性等发起叛离的，但这种情绪的鼓动，不应当成为我们背弃现代性、城市性的理由。

后现代是现代主义走向极致后的反动，正像后现代主义对理性的批判是因为现代社会中理性主义极度发达后造成了许多问题后才发生的[7]，但这种批判绝非用前现代来取代现代，更不应该由此而坚守前现代，这是当今我国思想学术界必须明了的[8]。怀恋过去不能成为继续前行的动力。即使是对前现代的因素的引入，实际上也是在对前现代进行现代化改造后的再引入，用我们的话来说就是螺旋形的上升，而并非由此而摒弃了理性，更非是以非理性来替代理性，而是发现有多种理性，修补过去只依靠单一的纯粹理性，用过去被纯粹理性排挤掉的内容来修正、完善整体的理性（系统）。对于没有被现代化的、缺乏城市性的城市人与城市来说，并非排拒城市性、现代性，对中国的所有城市来说，当务之急仍然应当是培植城市性，而社会制度的建设仍然应当根基于城市社会的特征与需求，摒弃对于熟人社会的温情的眷恋。当然，在此过程中我们也需要规避现代性、城市性的极致化趋向，因此，社会的干预也许是必然的，但干预什么、怎么干预、用什么来干预以及什么时间干预等则是值得关注的课题。

在这样一种社会转型的过程中，这一转变的剧烈程度要比所谓的从计划经济向市场经济的转型要剧烈得多，因为计划经济和市场经济在某种程度上都是现代性的表现，或者说是实现现代性的不同途径而已。而从乡村社会向城市社会的转变是一种更为本质性的转变，其所产生的社会后果对生存于其中的各种人来说冲击更大，甚至免不了要有一种脱胎换骨般的剧变，而更为重要的是，只有真正实现了这样的转变，市场经济体制才能得到真正地建立和有序地运行，现代化才有可能真正实现。因此，当社会普遍接受由传统社会向现代社会转变这样的观念时，我们所看到的实际上也是由乡村社会向城市社会的转变。这种转变表现出来的始终是一种社会结构的转变，这种转变所要求的，就是以城市的结构与规则对全社会进行重组，这就会全面地改变过去的身份认同、行事规则和生活方式等，社会经济政治格局也将以一种新的面貌出现。而这种改变在短时间内的迅速出现和迫切希望实现，让无所准备者感到无所适从，甚至不可接受，总是希望在原有的基础上保有过去的某些东西，然后顺顺当当地进入到一个新的社会形态之中。这是中国从农业社会向城市社会转变的一开始就面临着的问题，20世纪二三十年代掀起的"京海之争"实际上是知识分子对是否要走向城市性和现代性所展开的一场争论，所表现的就是这样一种有意识的抗争。这与后来乃至当今所有的有关讨论和对城市性的评论是不同的，近来的很多言论更多是对自身体验的不如意的抱怨，不带有任何的思想潜质。

但我们也应看到，如果我们一方面既希望要尽快实现现代化、城市化，另一方面又不愿意改造旧有的制度、规则和行为方式的基础，那么就有可能如罗兹曼（Gilbert Rozman）在分析中国早期现代化进程时所评论的那样，会导致整体性的失败，而且使居于其中的人感受到巨大的痛苦。罗兹曼在探讨中国早期现代化进程时说："即使是在较为温和的或土生土长的领导人的控制之下，新模式的引入也会彻底改变旧模式所赖以获得其稳定性的那种环境。有意识地把'旧的最好的东西和新的最好的东西'结合在一起的企图，无论其动机是多么美好而善良，都将由于现代化模式和社会其他结构相互之间的奇异依存性而注定要失败。"[9]

当代城市问题绝非仅仅只是城市的问题，而是整个社会的问题，尽管现在从统计学的意义上讲，中国城市人口还少于农村的人口，但不可否认的是，实际的城市人口及其影响力，以及城市作为经济基础的地位等在国家运行过程中已经占据着主导性。随着现代化进程的不断推进，城市的作用和地位将不断地提升，城市性及其所构成的现代性必然将成为社会的新的考验，社会结构的整体性改变不可避免。中国社会又没有经历过真正的商业革命阶段和全面工业化阶段，是从农业社会直接向城市社会转变的，而且这种转变在很大的程度上又不是自发内生的，因此，其间的矛盾将更多，程度将更剧烈。社会结构的任何改变都是痛苦的（对个人和整个社会同样如此），尤其是在极为短暂的时间内实现的，个人的行为方式和社会的行事规则都必须有相应的调整，这种变化的剧烈会对所有人产生猛烈的影响。在这种变革的过程中，也许最终的实现手段是无法预测的，但在通常的意义上，对旧有结构及其基础保护得越好，采取的措施越有效，那么实现的手段及其社会后果或许也会是越激烈的。而我们现在能看到，更多的却是在原有的结构下来调节变化的过程，从而在短期内或许可以掩盖其问题的实质，但随着时间的推移则会出现更为剧烈的苦痛，这也是我们现在能够感受到的、前一阵经济体制改革所同样出现的问题。

参考文献

[1] 孙施文. 中国的城市化之路怎么走 [J]. 城市规划学刊，2005（3）：9-17.

[2] 费孝通. 乡土中国 [M]. 上海：上海人民出版社，2007.

[3] 汪民安. 城市文化读本 [M]. 北京：北京大学出版社，2008.

[4] Peter Hall. Cities in Civilization[M]. London：Weidenfeld & Nicolson, 1998.

[5] Saskia Sassen. Cities in a World Economy[M]. Thousand Oaks：Pine Forge Press, 1994.

[6] Zygmunt Bauman. Life in Fragments：Essays in Postmodern Morality[M]. 郁建兴等，译. 上海：学林出版社，2002.

[7] George Ritzer. The McDonaldization of Society：An Investigation into the Changing Character of Contemporary Social Life[M]. 顾建光，译. 上海：上海译文出版社，1999.

[8] 孙施文. 中国城市规划的理性思维的困境 [J]. 城市规划学刊，2007（2）：1-9.

[9] Gilbert Rozman. The Modernization of China[M]. 国家社会科学基金"比较现代化"课题组，译. 南京：江苏人民出版社，2003.

城市空间肌理问题
——通过五个欧洲城市案例呈现城市用地基本规律

沙永杰[*]

引言：城市空间肌理就是城市用地模式，欧洲城市案例最具代表性

城市空间肌理是一个既被广为使用，又宽泛而含糊的概念。本文通过五个欧洲城市发展演变案例（尤其针对某一个重要迭代更新阶段的城市更新和肌理变化）客观呈现笔者对城市空间肌理的理解。

为什么选用欧洲城市案例？欧洲城市发展演变的延续性最强，今天的欧洲城市是长期多轮次迭代更新的结果，每一次迭代更新都遵循明确的具有对应时代特点的用地规则，而又能将超越千年的不同发展阶段整合成在一起（并置或叠加）。从文艺复兴以来，欧洲城市用地模式是规划出来的，并形成了与之适应的城市建筑类型。

选用欧洲城市案例说明城市肌理问题，并不意味着仅有欧洲城市在城市空间建构上遵循明确的用地秩序，城市用地基本规律在全球范围城市中存在相当大的共性。美国重

---

[*] 沙永杰，同济大学建筑与城市规划学院教授，shayongjie@126.com

点大城市（方格网高密度特征的大城市）、亚洲城市（包括传统城市和当代城市中好的城市片区）都呈现出明确的城市用地逻辑——将这些城市案例并置，会清晰看到共性的用地秩序。甚至古希腊和古罗马时期经过规划的城市区域也与我们今天褒扬的城市肌理有明显的共性特征。

现代主义城市理念出现在欧洲，将日照、机动车交通和防灾等作为城市规划设计的主导因素，但这一理念没有在欧洲广泛"落地"，经历较短时间就被纠正，仅留下了一些第二次世界大战后的新城和新镇。我国从 20 世纪 90 年代初以来 30 余年的快速大量城市化建设，旧城改造和新城建设基本都是遵循了日照间距及朝向、机动车交通为主导的交通规划、消防等与现代主义理念契合的法规。虽然有很多批评和反思，但目前仍缺少解决路径。虽然 30 年对于一个城市的历史仅是一小段时间，但中国城市化高速发展时期形成的城区（改造和新建）比例很高，城市转型发展和城市更新必须面对城市空间品质和城市运行效率提升的严峻问题。如何遵循城市用地基本规律，参照国际城市的发展演变经验及教训，结合中国城市当前实际情况，实施城市有机更新——面对这些现实问题，必须理解城市空间肌理问题。

概而言之，城市肌理就是城市用地模式，用地模式决定了城市空间建构基本规律，用地模式通过"地块—建筑类型—街坊—街道—街区"这些城市基本要素呈现出来。如果按照现代主义逻辑做城市规划和设计，也就没有城市肌理问题了。

1 罗马文艺复兴时期的"再城市化"

1.1 再度成为西方文明中心

从文艺复兴到 19 世纪末是欧洲崛起的 500 年，欧洲实现了从中世纪到现代社会的转型。在这一崛起的过程中，罗马发挥了引领作用。罗马在古罗马时期和文艺复兴时期两度成为西方文明的中心，两次兴盛之间相距千年。罗马文艺复兴时期的大规模重建（可以称为"再城市化"）是欧洲城市从中世纪向现代都市转型的开先河范本。

罗马城从 5 世纪起走向衰败，人口迅速减少，在此后的中世纪时期，罗马城的人口分布在台伯河两岸很小一个范围，仅在圣彼得大教堂周围有小范围发展。15 世纪初教皇重返罗马时，城市人口已从帝国时期上百万[①]跌至 3 万[②]。15 世纪至 18 世纪，在教皇统治下罗马实施全面复兴，实现了从中世纪衰败的城镇到教皇城市，并再向现代大都市的转型。这一历经 300 余年的"再城市化"是文艺复兴成就在城市实体上的呈现——文艺复兴传承了古罗马文化,并创新升级到一个全新高度,城市通过"再城市化"实现了从中世纪到现代的转型。

1.2 重塑城市空间结构:纪念性建筑、街道、广场与大量普通建筑物和街坊的组织逻辑

15世纪中叶,教宗赢得对罗马的全面控制,开始全面实施城市振兴与重建。教宗尼古拉五世(Pope Nicholas V,1447—1455年在位)提出了明确目标:重建这个古罗马帝国城市,并将其转型为教廷统治下的现代都市。罗马的"再城市化"由此全面展开。无论是对古罗马时期就有的一些道路拉直拓宽,还是新建一条笔直连接两个重要城市场所的街道,道路两侧临街的地块和建筑无疑大多需要重建或改建,道路沿线街坊会随之更新(图1)。这些新街道的建设实质上促成了大量地块的更新,优化了整体城市空间结构,并塑造了全新的城市形象[1]。

从16世纪末至1871年,罗马城市范围基本保持稳定。在历代教宗和一批文艺复兴

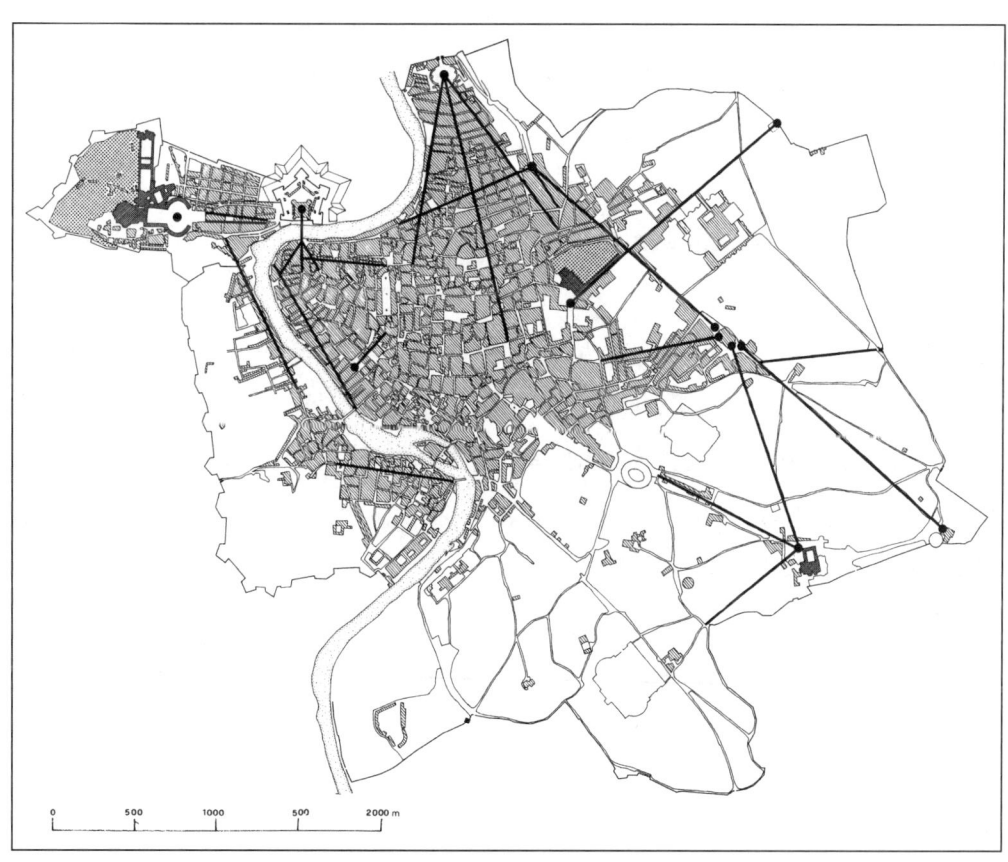

图1 18世纪罗马地图(图中标注了15和16世纪历代教宗开辟或重建的道路)
图片来源:Leonardo Benevolo. The history of the city. The MIT Press,1980。

大师的贡献下，卡比多山建筑群与广场更新、三叉戟片区和圣彼得大教堂重建等重大更新举措和大量经典作品重塑了罗马城市形象。文艺复兴时期的罗马再度成为欧洲文化的朝圣地，人们到罗马既学习古罗马文化，也学习文艺复兴古典主义[2]。

17世纪和18世纪的罗马在既有建成区域内持续更新，除了建造重要纪念性建筑外，值得称道的还有两方面举措。一是地块持续迭代更新——依据类型学原则，建筑能够长高并类型升级。比如，从一个地块一户人家使用的底商上住模式升级到能承载多户居住且保持底商的城市集合住宅模式。二是不同尺度的城市广场和公共空间节点设计进一步完善了城市空间体系，而这些重要的城市设计其后大都经历了相当长时间才最终实现，代表性例子是圣彼得大教堂广场[3]、西班牙大台阶和位于三叉戟道路汇集处的波波洛广场（人民广场，至19世纪末才实现今天的形状）。

相比于古罗马时期很多宏伟的纪念性建筑和广场的拼贴，文艺复兴时期的罗马由街道、重要纪念性建筑（往往处于城市重要节点的主导位置或城市轴线的对景）、广场（包括增强广场空间节点作用的方尖碑、纪念性雕像和喷泉），以及实现了现代转型的大量普通街坊和背景性建筑物（用地布局规律高度统一）共同形成清晰的城市空间组织逻辑——各类城市构成要素都有各自明确的定位、特点、功能和构成规律。罗马文艺复兴时期"再城市化"形成的这些城市空间组织基本规律对欧洲城市从中世纪向现代的转型产生了广泛影响。

1.3 迭代更新的旧城区和新城区

罗马文艺复兴时期的城市更新成就集中体现在1748年的诺利罗马地图上（Nolli Map）。从教廷重返罗马至诺利地图完成的三个多世纪里，罗马城市建成区范围与中世纪相比，扩展幅度并不大，远未充满古罗马城墙圈出的范围，但实现了一个全新的罗马。我们可以把文艺复兴时期罗马城市建成区简单地划分为三类城区——古罗马遗迹、旧城区和新城区。后两类城区充分体现了罗马"再城市化"的城市用地规则。

所谓"旧城区"指的是中世纪一千年间一直有人居住的区域，以纳沃那广场和万神庙所在片区为代表。中世纪期间，大量古罗马纪念性建筑被中世纪的普通民居取代，仅万神庙等少数重要建筑保留下来。文艺复兴期间，这类城区的街坊和地块发生多轮次的迭代更新，但路网关系保持中世纪的格局（直至20世纪30年代新辟街道），形成诺利地图上呈现的状态（图2）。

今天罗马这一片区的形象基本是文艺复兴城市更新成果基础上再有迭代更新（地块

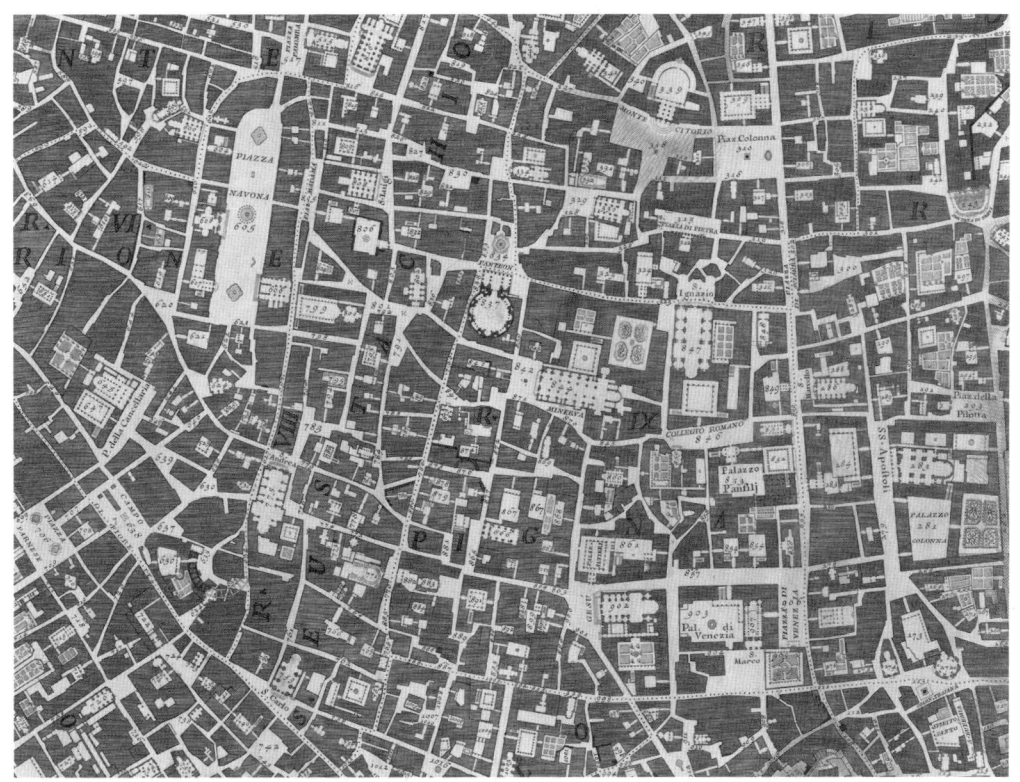

图 2 诺利地图上纳沃那广场和万神庙所在城市片区
图片来源：Nolli Map。

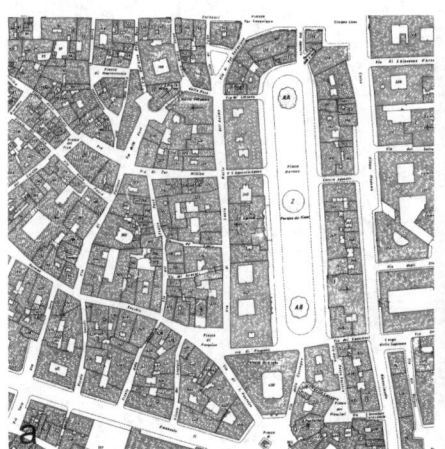

图 3 纳沃那广场及周边街区　a 地籍图，清晰显示了用地划分、建筑等级和建筑布局等特征，中世纪遗留的弯曲窄小街道与 19 世纪后期开辟的宽马路并存（图下方和右侧两条）；b 鸟瞰照片，约摄于 20 世纪中期
图片来源：Leonardo Benevolo. The history of the city. The MIT Press，1980。

和建筑更新）的结果，一些地块合并建设了较大规模的建筑，但路网、广场和建筑与街道的界面关系等方面仍保持了诺利地图描述的特征（图 3）。虽然本文称之为旧城区，而且也是当代罗马的历史保护区，但这类城区的迭代更新过程是人类城市史上最丰富的，文艺复兴时期在地块和建筑迭代更新（建筑类型升级）方面曾是最有创新性的。

图 4　罗马三叉戟片区 15 至 18 世纪发展演变过程推演分析图
图片来源：P. Vaccaro（1968）。

图 5　三叉戟片区航拍照片（20 世纪中期）（图上灰色标出的两个街坊参见图 6 整街坊建筑平面组合示意图）
图片来源：Leonardo Benevolo. The history of the city. The MIT Press，1980。

　　新城区规划建设以罗马三叉戟片区为代表。虽然这一区域内有的道路在古罗马时期就存在了，但从 20 世纪 60 年代对这一区域发展演变过程推演的研究成果来看，这是一个典型的依据规划建设并历经地块迭代更新发展形成的新城区（图 4、图 5、图 6）。在

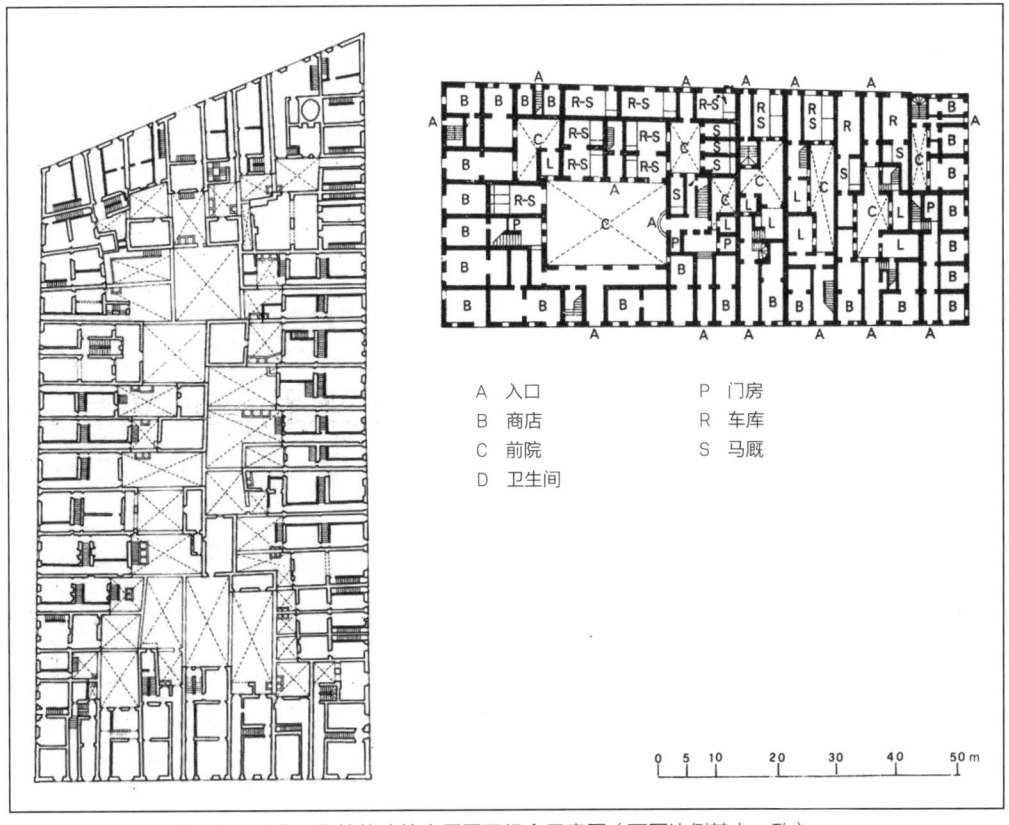

A 入口
B 商店
C 前院
D 卫生间
P 门房
R 车库
S 马厩

图 6　三叉戟片区范围内两个典型街坊的建筑底层平面组合示意图（两图比例基本一致）
图片来源：P. Vaccaro（1968）/ Leonardo Benevolo. The history of the city. The MIT Press，1980。

图 7　三叉戟片区内代表性街道的景观　a 科尔索大道（Via del Corso），街道尽端是威尼斯广场和国家纪念碑；b 孔多蒂街（Via dei Condotti），街道尽端对景是西班牙大台阶
图片来源：左，Google Maps；右，沙永杰摄（2006）。

路网、街坊与地块划分方式上，罗马三叉戟片区与后来欧洲其他近现代城市，甚至美国城市的规划方式已有很大程度的相似性。而在建筑类型演变方面，三叉戟片区与旧城区是一致的。作为教廷所在地的梵蒂冈也是一个文艺复兴期间重新建造的新城区，宏大尺度的广场、柱廊和轴线大道等城市设计手法对后世其他城市的影响显而易见（图7）。

2 伦敦1660—1720：从中世纪城市到现代城市的全面转型

2.1 伦敦大火后的城市重建：没有遵循一个全盘统一规划，政府出台法规，全社会力量实施

1660—1720年被认为是现代英国形成的初期。这一时期英国完成了资产阶级革命，建立了君主立宪制，经济高速发展和人口快速增长，伦敦也实现了一轮全面转型（图8）。从城市建设发展角度，人们通常将1666年（伦敦大火）视为这一轮转型的起点，伦敦大火后的城市重建使伦敦由中世纪城市转变为现代城市③，为伦敦在18世纪崛起为欧洲最大、最现代化城市奠定了基础。

1666年伦敦大火烧毁了伦敦城大部分区域。克里斯托弗·雷恩（Christopher Wren）和约翰·伊夫林（John Evelyn）等精英知识分子④在大火后迅速提交了巴洛克式的城市重建规划图。这些规划都具有文艺复兴时期罗马重建方案的特点，通过全盘统一规划重建城市道路系统，用理性和几何特征的新路网取代狭窄无序的中世纪街道和巷弄。国王和

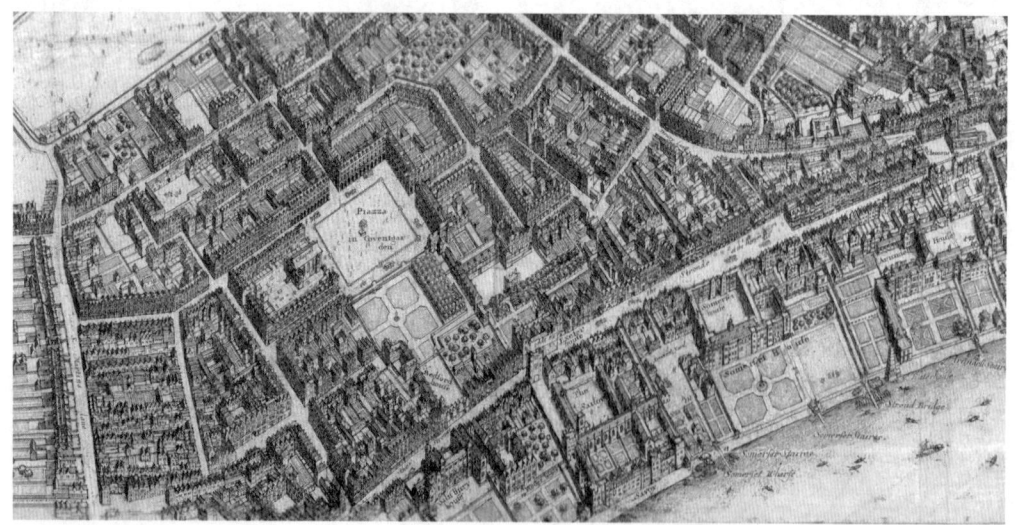

图8 考文特花园及周边区域（该图年代约为1660—1666年。1630年代建成的考文特花园片区是启蒙运动兴起时期伦敦新模式城市片区的典型例子，也是伦敦第一个以广场为中心组织周边开发建设的城市片区）
图片来源：British Museum。

议会面对经费紧缺、土地补偿、材料需求、重建速度、建设工人短缺等一系列实际问题，自然而然将关注重心从一张理想城市的蓝图转向实施性具体问题，全盘统一规划未被采纳。伦敦重建没有走向巴洛克城市的特点[4]。政府将实施权力下放给私人，促使重建开发呈现极大活力，以城市片区为单元的空间格局及局部城市道路调整全面实施，为数众多的城市片区彻底改造汇合起来形成城市全面更新（图9、图10、图11）。

图9　伦敦大火烧毁范围历史地图（1667）
图片来源：London Metropolitan Archives。

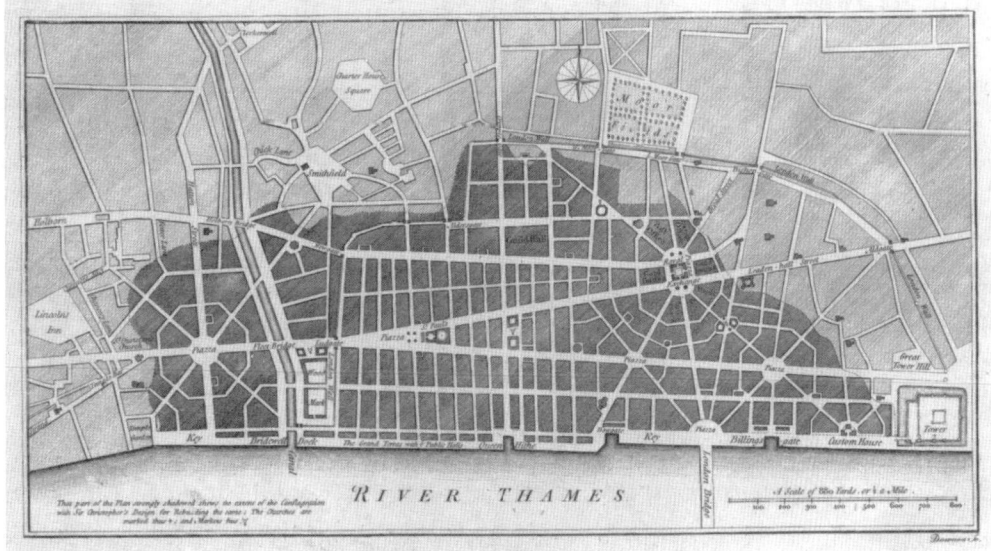

图10　克里斯托弗·雷恩在伦敦大火后递交的重建规划图
图片来源：British Museum。

图 11　伦敦历史地图（1720）
图片来源：British Library。

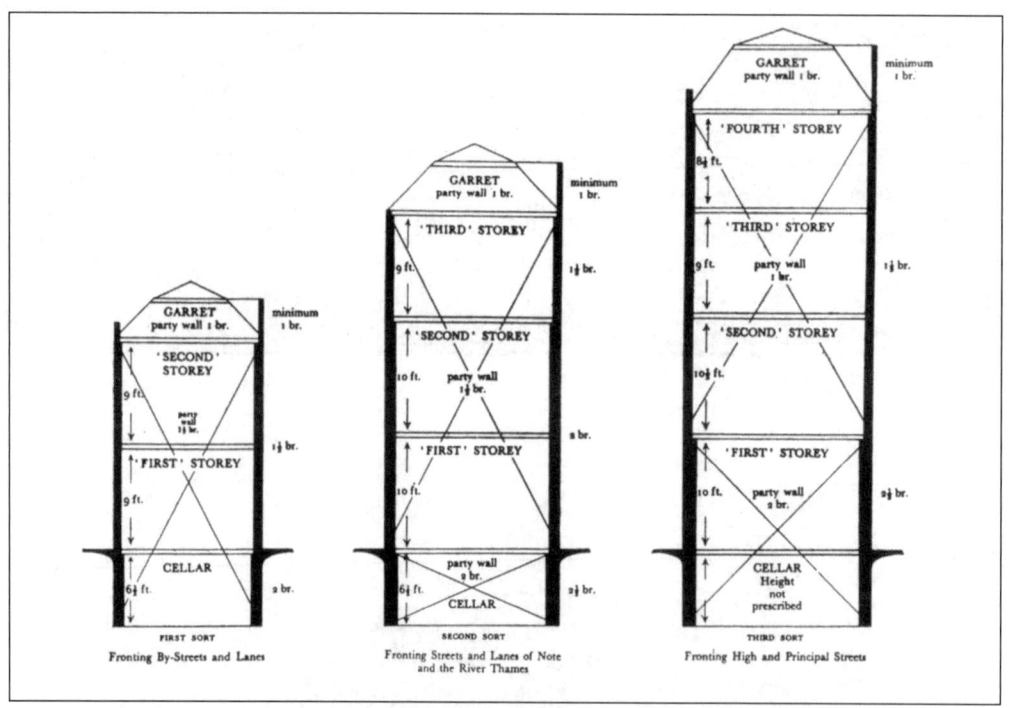

图 12　《1667 年伦敦重建法案》规定了四种房屋形制中三种房屋的剖面（根据房屋所面向街道的不同宽度有不同的高度和进深规定，第四种形制是独立别墅，须由建筑师设计）
图片来源：Hebbert, Michael. London: More by Fortune than Design[M]. Chichester: John Wiley & Sons, 1998。

政府出台法规确保重建工作全面及时开展。1667 年 2 月正式颁布的《1666 伦敦重建法案》（Rebuilding of London Act 1666）明确了道路拓宽的政策、房屋重建的四种形制（针对建筑高度、进深、单元开间和层高等方面的具体等级标准，图 12）、建筑材料和必须统一设计的要求。该法案明确了重建由私人负责实施，土地赔偿、土地边界重新划分和建设过程的土地权益变更等相关监管由专业资质的测量师（surveyor）执行。这一法案确保重建后的城市形态和结构关系能够有序和规则，而且重建实施路径和相关各方权责清晰。

大火后的伦敦重建是全社会力量实施的重建。私人投资实施地块重建，加上不动产相关的金融和保险业务的兴起，导致房地产兴盛[5]。拥有大片土地的贵族出租土地，投资商承租并与建造商合作进行不动产建设和售卖，这也形成了资本主义国家房地产开发模式的雏形。为获取最大利润，并适应人口增长的实际需求，小地块开发成为重建的一个主要特点（但不是建设小建筑），吸引了全社会力量参与开发和建设的过程中。

在法规制定的路径和规则之下，多方力量各显其能，在较短时期内，松散而有机的城市片区更新汇合成整个城市的全面更新。大火之后的伦敦很快以全新的现代城市形象出现在世人面前。

2.2 全新模式的现代城市空间和建筑类型

伦敦重建不仅形成了伦敦的现代城市基底，也预示了现代城市的形式特征，重建的伦敦成为全世界各大城市实施转型改造的学习范本[6]。1660—1720年的伦敦转型过程中形成的全新的城市空间、建筑类型和城市片区模式产生了全球性的影响。其中，通过房地产开发模式建设的城市型住宅、新的城市广场和围绕广场开发的混合功能社区，这三种与现代城市市民生活方式、生活品质关系最密切的公共空间、建筑和城市片区类型产生的影响深远。今天看来，这些影响比大教堂和议会大厦等重建项目的影响意义更大。

至今在伦敦中心城区仍比较常见的，建于17、18世纪的联排住宅是最早的大规模、标准化开发建造的城市型集合住宅，对其他欧洲城市和后来的美国城市（城区范围内）的集合住宅模式影响很大。重建法案促使房屋形式趋于统一，重建过程和建筑材料越来越标准化，营造商和开发商行业协会还发布了一系列符合重建法的房屋标准设计[5]。一户一开间且沿街成片布局的联排住宅成为伦敦17、18世纪住宅开发的主要类型（图13、图14）。为满足新兴中产阶级对现代生活标准和品位的需求，住宅开发重视建筑立面材质和细节做法，但整体格调相对简洁，户内配备食品柜和抽水机等当时的新设施，联排住宅从此成为伦敦中产阶级生活模式的标准配置。上海里弄的布局特征就是受英国联排住宅的影响，最初的户型设计和开发理念也是一个标准单元供一户中产家庭使用，标准化开发建造。这是中国近代时期形成的一种非常重要且相当成熟的城市型住宅类型，也是一个东西融合的中国近代建筑典型类型。

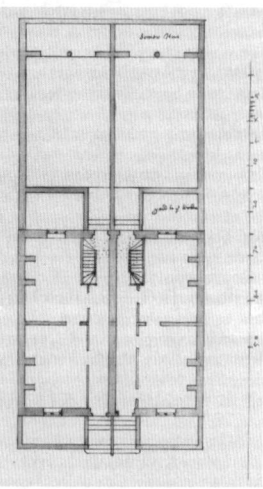

图 13　18 世纪联排住宅的典型沿街景观（伦敦 Great James Street 街景）和平面（照片中的联排住宅建于 1720 年）
图片来源：McKellar, Elizabeth. The birth of modern London: The development and design of the city 1660-1720[M]. Manchester: Manchester University Press, 1999。

图 14　伦敦 Great James Street 周边联排住宅区域典型街景（2021）
图片来源：Google Maps。

  伦敦中心城区一系列四周围绕着联排住宅的城市广场是当代伦敦城市空间格局的一大特色（图 15），也是在这一轮伦敦重建过程中形成的[5]。这些城市广场形状规整——由联排住宅围合成的一个通常为矩形的城市空间，与周边社区融合，广场内设置草坪、水池、花草树木等，道路环绕或贯穿其中。与罗马和巴黎的广场不同，伦敦的城市广场不是城市大轴线上的一个空间节点，也不是出于纪念性目的，而且花草树木的种植完全不同于法国古典主义园林，强调自然要素和自然特征（类似郊区状态的植物配置）。因而，大多数的伦敦城市广场是城市社区的空间中心，是主要服务于工作和居住在广场周边的市民的花园广场（garden square）。至 17 世纪末，苏荷广场（Soho Square）、圣詹姆斯

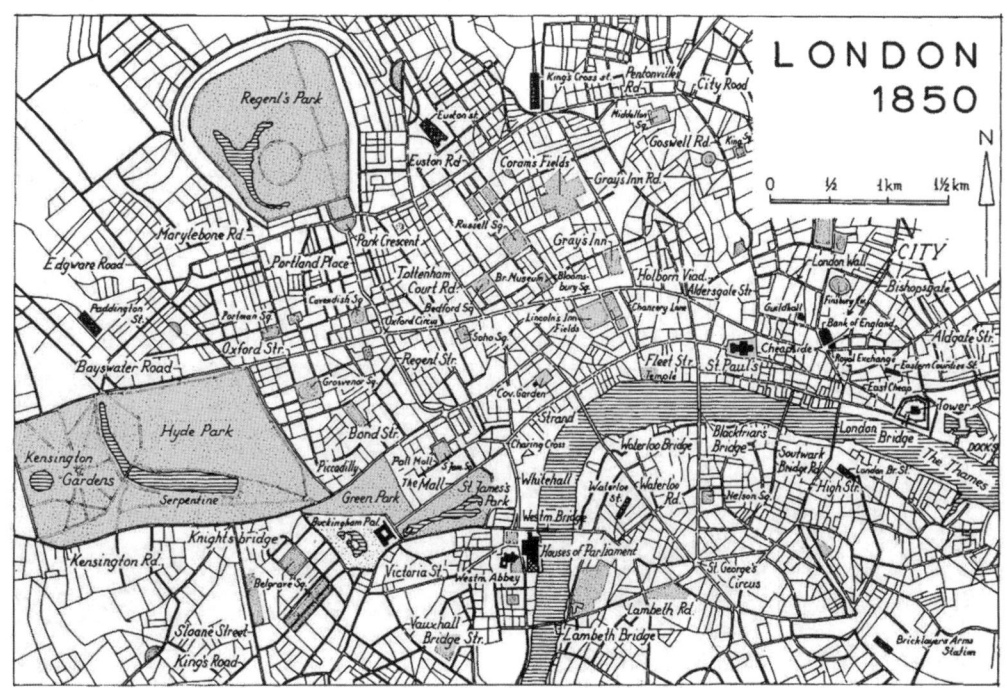

图 15　1850 年的伦敦地图（图中灰色标注为城市广场等主要公共空间）
图片来源：Hall, Thomas. Planning Europe's Capital Cities: Aspects of Nineteenth Century Urban Development[M]. London: E. & F.N. Spon，1997。

广场、查特豪斯广场（Charterhouse Square）、红狮广场（Red Lion Square）和肯辛顿广场（Kensington Square）等一系列花园广场陆续建成。结合自然与城市性的花园广场满足了富裕的新兴市民对乡村庄园和城市生活两种生活方式优点的双重渴望，也成为伦敦特有的城市公共空间（图 16）。

城市扩张和重建以社区为单位开展，形成一系列混合功能的社区。在伦敦西区（新兴富裕地区），围绕广场的城市片区被规划开发为一个个自给自足的社区，贵族的大型联排住宅围绕广场排布，次级道路属于中产阶级，周边地价更便宜的小街巷则属于为富人提供各类服务业的人群（包括手工匠人等）。在伦敦城内，投资商和开发商则混合商业和住宅功能，革命性地创造了底层带有商业或办公的联排住宅建筑类型——这一提供工作和生活便利的新类型迅速被市场认同，在伦敦城重建过程中普遍应用，混合功能渗透到城市的主要街道，使伦敦城快速恢复商贸活力。时至今日，这种沿街底商上住的方式仍是欧洲城市主要街道的共性特征。这些混合功能社区实际上是一个个城市片区，经过重建后，由于城市广场和底商分布等因素，社区具有了空间和功能格局关系。这种片区结构性的格局关系历经后来的地块迭代更新仍很大程度传承至今。

伦敦重建沿用了罗马重建的一些特征，包括将街坊规整划分为细分的开发土地，建筑与街道的关系，街道界面的秩序逻辑等，但伦敦重建在建筑开发产品类型、城市广场

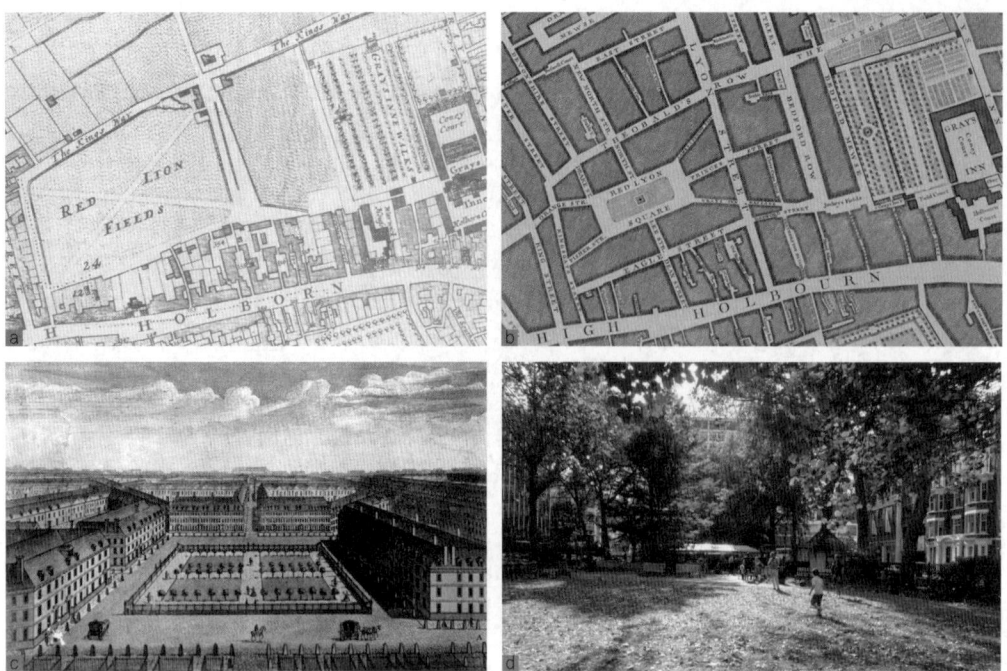

图 16 尼古拉斯·巴本于 1684 年开始开发的红狮广场片区（a、b、c、d 依次为：1682 年历史地图；1746 年历史地图；18 世纪广场景观；当代广场景观）
图片来源：Friends of Red Lion Square Gardens。

和城市社区规划等方面有了很大发展。更重要的是，伦敦重建是在金融和保险产品、房地产开发租售制度、城市开发建设管理法规等多方面支持的全新机制下开展的。

2.3 巴黎：饱受争议但成效显著，自上而下的全盘改造

为了与伦敦竞争，巴黎在 19 世纪中后期实施了大规模的巴黎改造。1851 年伦敦举办首届世界博览会取得巨大成功，大大激发了法国当政者彻底改造巴黎的意愿。19 世纪中期的巴黎城市中心区拥挤不堪，街道狭窄，污水横流，空气质量糟糕，市民生活环境恶劣，贫富悬殊导致的骚乱和起义此起彼伏[7]，动荡之中的巴黎亟待通过大举措更新实现转型升级（图 17）。拿破仑三世在 1852 年执政之初就宣布，1855 年在巴黎举办世界博览会，要向世界展现法国的实力和巴黎的魅力。他亲自确定了包含开通和拓宽若干条城市主要道路并重建道路沿线用地的整体规划意图，这种规划意图与希克斯图斯五世对罗马重建的规划意图非常相似，并选用乔治·欧仁纳·奥斯曼出任塞纳省省长，强力推行巴黎改造[8]。拿破仑三世的政治诉求和整体规划意图与奥斯曼的执行力是巴黎实现全盘改造的两大前提条件。

图 17　巴黎改造前的典型城市街道景观
图片来源：Charles Marville 拍摄，Paris 16 / Wikimedia Commons。

巴黎改造最重要的实施阶段是奥斯曼 1853 至 1870 年任塞纳省省长的 17 年，虽然在西方城市规划史上有相当多争议和负评，但毫无疑问，正是通过这次全盘改造，巴黎成为世界上最美丽、最现代化的大都市之一。

从城市道路和建筑改造情况看，巴黎改造与文艺复兴时期罗马重建很相似，但巴黎改造是全方位更高能级的城市全面更新。巴黎主要路网发生了格局性更新，创立了林荫大道的街道模式，但未将道路两侧不规则的建设地块重新规整化划分，而是通过严格的城市设计导则确保城市街道建筑立面的统一和秩序[9]。更重要的是，为了缓解城市迅速发展与滞后的功能和不合理结构之间的矛盾，巴黎改造在疏解城市交通，建设大型城市公园和完善市政等方面做了大量项目。仿效伦敦建设了覆盖巴黎市区核心范围的一系列城市绿地；高规格建设的城市供水和排污系统使巴黎受益至今；道路和基础设施建设也向郊区拓展，促进了郊区城市化。同时，为了吸引中产阶级而大规模清除贫民窟，开发建设大量中高等级公寓，促成巴黎中心城区人口成分随着这轮改造发生重大变化（图 18、图 19、图 20）。虽然学术研究领域对巴黎改造的批评和争议主要来自这个方面，但此举对奠定当代巴黎的城市特点，对当代巴黎城市文化氛围等方面无疑起到了决定性作用。巴黎改造的关键人物和关键举措值得上海等特大城市做进一步深入研究，批判性分析和参照。

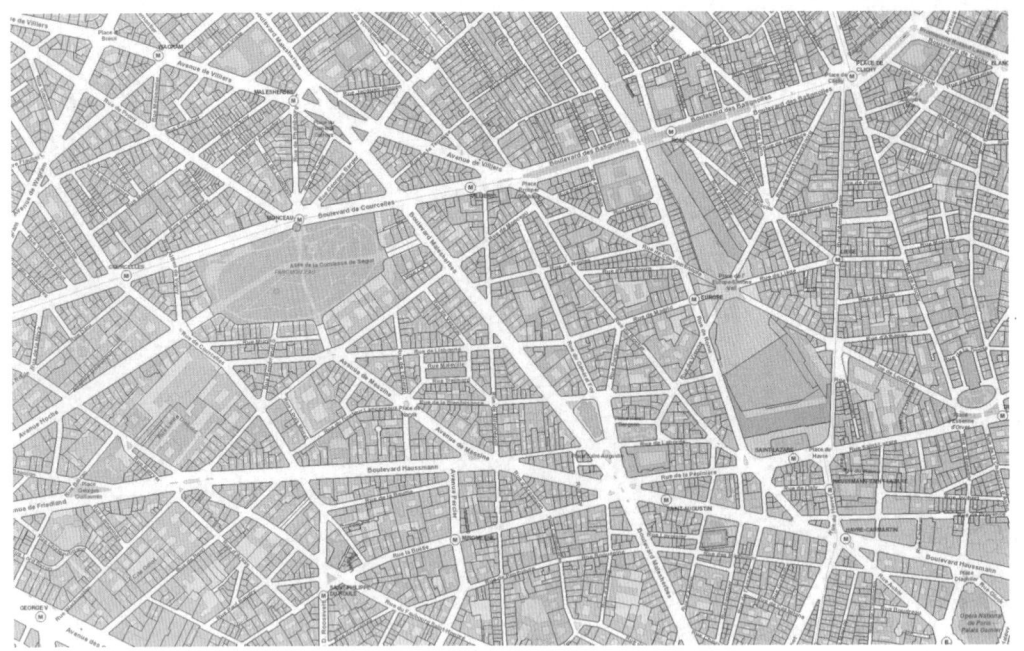

图 18　巴黎的街道、街坊和地块划分示意图（呈现奥斯曼改造城区的用地划分特点）
图片来源：Paris PLU。

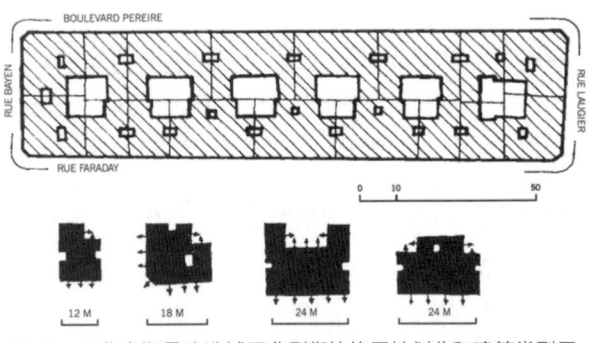

图 19　巴黎奥斯曼改造城区典型街坊的用地划分和建筑类型示意图
图片来源：菲利普·巴内翰，让·卡斯泰，让-夏尔·德保勒. 城市街区的解体——从奥斯曼到勒·柯布西耶. 魏羽力，许昊译. 北京：中国建筑工业出版社，2012.

图 20　奥斯曼巴黎改造后大量艺术作品描绘巴黎街道（这是代表性的一幅作品，Gustave Caillebotte 绘于 1877 年）

4　巴塞罗那：19 世纪中叶规划的新城及其传统城市用地特征

4.1　塞尔达新城规划的特点

19 世纪中叶，巴塞罗那拆除了限制城市发展的城墙，在一片空地上规划并建设了新城（西班牙语称 Ensanche，加泰罗尼亚语称 Eixample，均为扩展区的意思），新城如今已经成为巴塞罗那的中心城区。新城建设经历了 100 多年，确立了巴塞罗那清晰且独特的城市结构，促进了城市化和工业化的进程，为后续更新奠定了良好的骨架[10]。

由于城市发展与城墙限制的矛盾在第一次工业革命中被激化，马德里中央政府于1854年同意拆除城墙。巴塞罗那市政府在1859年举办了新城的规划设计竞赛，历经波折，最后采用塞尔达（Ildefons Cerdà）的规划方案（图21）。塞尔达规划方案有两个重要特点。首先是没有把城墙里的老城作为新城的核心，而是将老城作为新城的附属，这与巴塞罗那市政府选择的Rovira设计思路相反，而且塞尔达规划方案的范围也远远超出了当时竞赛规定的范围，前瞻性预见了城市未来发展将以新城区为中心；其次是采用了高度统一的正方形网格形成街道和街坊系统，这个极其均质的正方形网格系统塑造了当代巴塞罗那中心城区最突出的形象特征（图22、图23）。

塞尔达规划设计的街坊高度统一，113m宽的正方形，转角45°切角，每个街坊内部都有一个作为公共空间的中心庭院。道路分为三个等级——一般道路20m宽，干道30m宽，重要快速路（一条水平道路Gran Via和两条斜向道路）为50米宽，连接内陆和滨海的城镇[11]。新城的正方形网格跟老城是并置的，甚至凌驾于老城的秩序之上。在新城和老城的交接处，塞尔达做了细致的设计，规整了老城边界，自然地完成了两个网格系统之间的转换。

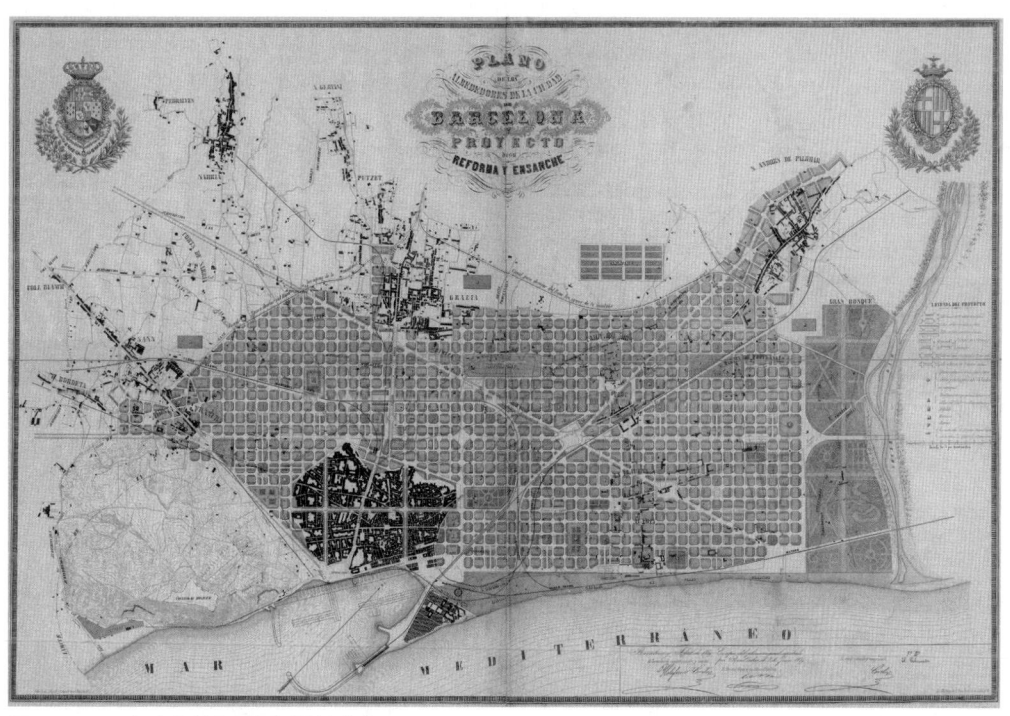

图21　1859年塞尔达新城规划设计方案
图片来源：Barcelona CCCB. Cerdà and the Barcelona of the Future[M]. Gráficas Varona, S.A., 2009。

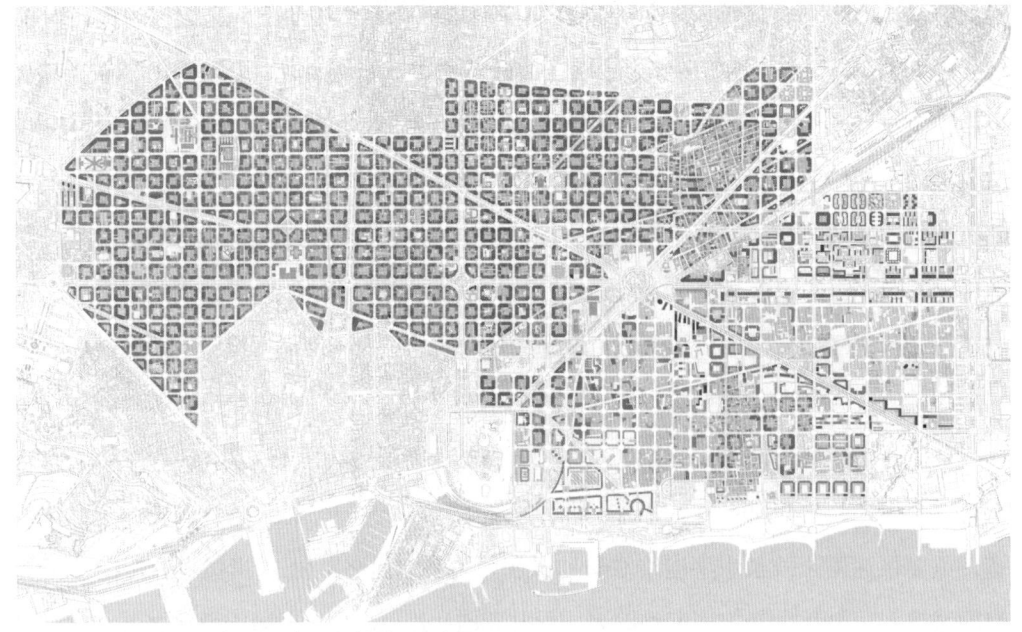

图 22 巴塞罗那新城（扩展区）现状总平面示意图
图片来源：巴塞罗那政府官网。

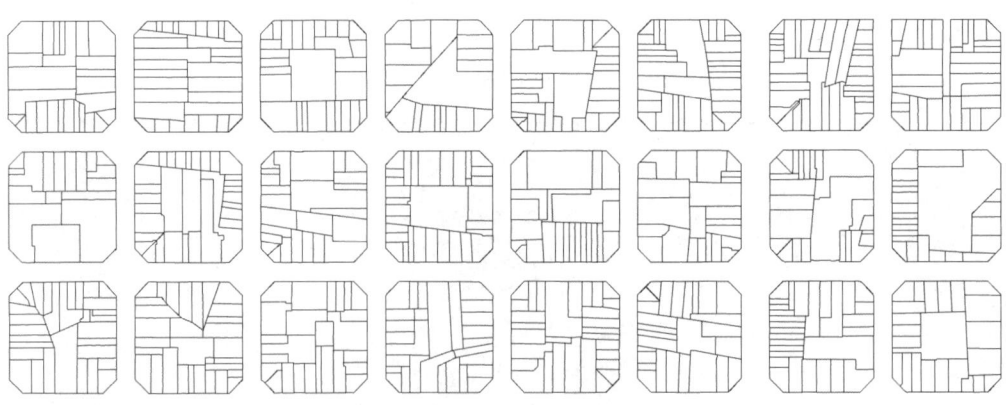

图 23 巴塞罗那扩展区典型街坊与地块划分示意图
图片来源：巴塞罗那政府官网。

4.2 新城建设过程（1860—1976）

塞尔达规划确立之后，经历了长达百年的开发建设。整个建设过程是在规划控制下，道路网格系统严格落实，开发项目以地块为单位逐步进行的。正方形路网在建设中严格精确地落实了，只有局部做了微调。相对于路网的精确落实，街坊的建设则完全颠覆了塞尔达的规划。早期的街坊建设过程是零星的、自发的、市场主导的过程。整个过程并不是以街坊为单位整体推进的，而是以地块为单位的渐进式的开发。每个街坊划分成十几个到二十几个数量不等的地块，老城中的资产阶级出资购买土地，由建设商设计、建造。绝大多数建筑之间都会彼此紧贴，不留缝隙。因此，虽然是各自独立的建设，每栋住宅的山墙都直接裸露墙面——因为默认邻居的山墙会贴上。这一基本规则成为街坊建设的潜规则。建设商没有采用塞尔达的住宅提案，继续沿用了老城中的建筑类型（除了少数独栋住宅）。一般一层出租作为店铺，二层自住，三层及以上的房间给子女居住或出租。楼层越高，租金越低。高迪设计的巴特罗之家与米拉之家都是这种模式。随着时代发展，建筑形式不断变化，但这些变化没有改变建筑的基本类型特征，也没有改变街坊用地秩序（图24、图25、图26）。

随着新城人口不断增长，建设商持续不断突破项目限制，采用向上（顶层加建）、向下（设置半地下室）、向内（增加建筑厚度，庭院内加建）和向外（挑出阳台）等办法，使开发项目容量持续"生长"。"到1872年，扩展区90%的建筑（大约1000个）都违反了建筑法规。1890年，建筑平均占街坊面积的70%（相当于覆盖率）——而不是最初设想的50%。"[12] 为适应市场的客观需求，建筑法规一直在退让，放宽高度、进深和建

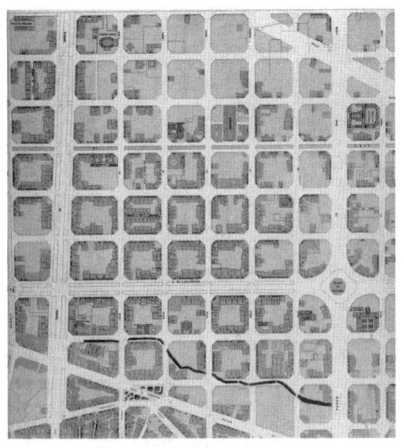

图24 巴塞罗那新城1891年地图

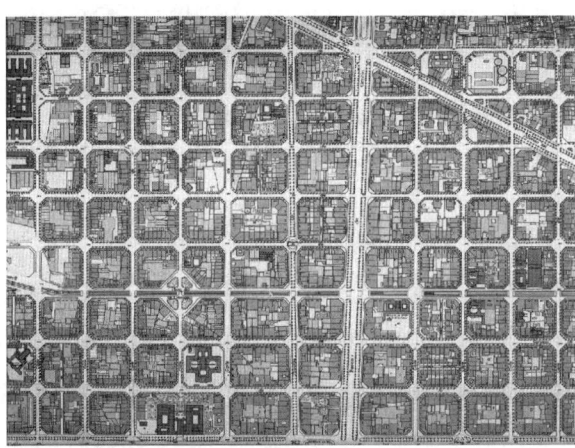

图25 巴塞罗那新城1924年地图

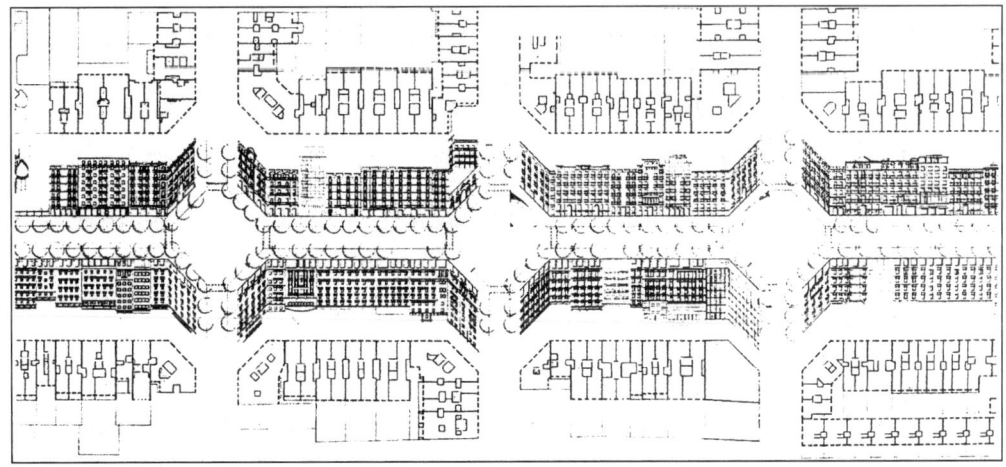

图26 巴塞罗那扩展区的街道、街坊与项目地块的构成关系及空间特征示意图
图片来源：Joan Busquets. Barcelona: the urban evolution of a compact city[M]. Harvard University Graduate School of Design / Nicolodi，2005。

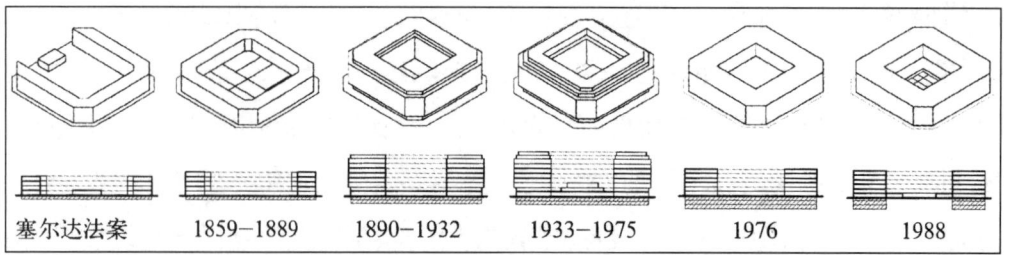

图 27　19 世纪中期至 20 世纪末，巴塞罗那新城实际建造情况与建筑法规变迁过程示意图（用一个典型街坊模拟容积率演变过程）

图片来源：Joan Busquets. Barcelona: the urban evolution of a compact city[M]. Harvard University Graduate School of Design / Nicolodi，2005。

筑密度等控制标准（图 27）。巴塞罗那新城一个多世纪的建设也是市场力量与规划要求（项目法规）不断博弈的过程——原规划的开放式街坊变成了四面围合的封闭式街坊，原设想的位于街坊中心的公共花园基本都被建筑或者私人庭院占用，沿街坊周边的建筑（住宅比例最大）越来越高、越来越厚。最终变成了现实的多层高密度城市。

4.3　经典新城的传统特征

巴塞罗那新城具有极其清晰的秩序——"路网—街坊—建筑"结构关系非常明确，路网规整，街坊形式和项目用地划分方式统一，建筑类型也高度一致。虽然建设过程中，有大量的建筑不断突破法规的限制，建筑的形式风格和功能不断变迁，土地的产权也不断流转，但是所有的建设都被限制在统一的结构性的秩序之内。这个秩序是规划出来的，也是演变过程中被认可的。"秩序"为城市持续的更新改造（包括轨道交通等基础设施建设）和发展升级奠定了良好的基本盘。

巴塞罗那新城也是一个传承与创新的范本。它虽然是从一片空地上规划出来的新城区，但传承了欧洲传统城市的用地和空间组织逻辑。高度均质化的正方形路网，创新地满足了现代化城市对于效率的需求；但是街道空间、建筑类型、土地划分逻辑却延续了传统城市的特点。不管是市场自发的更新，还是政府主导的更新，欧洲传统城市的优点依然被延续了下来。

5　佛罗伦萨：文艺复兴发源地城市对其城市中心的重建

佛罗伦萨在文艺复兴初期的城市影响力胜于罗马，是文艺复兴起源地。随着发展重心向罗马转移及米兰等城市的崛起和竞争，佛罗伦萨在 17 世纪之后影响力趋弱。19 世纪后期，作为提升城市实力和商业文化等方面的吸引力的一项重要举措，这座极具历史意义的城市对其城市中心区域实施了重建，意图重塑一个全新的城市形象并提升城市的现代功能。这一城市发展演变事实在中文文献中罕有出现，一些中国城市保护专家将佛罗伦萨誉为"原真性保护典范"，与历史事实和欧洲城市发展演变的逻辑不符，负面影响大，急需纠错。

这轮重建涉及城市中心区域紧邻佛罗伦萨大教堂的近20公顷范围，重建主要在1885年至1895年间实施。除了保留大教堂和府邸等重要建筑外，中世纪老旧矮小的建筑全部拆除重建，并采用规则矩形网格的宽幅道路替换了中世纪的细密不规则路网，新路网划分以保留建筑为定位基础，将以往夹杂在矮小建筑物之间的重要大建筑都呈现在新城市路网的重要位置（如街道转角位置）。重建用地规整划分，用地划分方式和罗马改造的方式一致，新建筑单体规模显著增加，与保留下来的重要府邸建筑高度和体量基本一致，而且建筑立面采用了古典主义样式（没有模仿中世纪建筑样式）。从城市改造的新路网规划图上可以读出原有中世纪城市的道路和建筑物肌理，改造前后反差巨大（图28）。

1889年佛罗伦萨市政府历史和考古委员会发布的《佛罗伦萨市中心历史研究》官方报告中有这样的阐述：佛罗伦萨的城市历史一直受人推崇，但我们不得不拆除城市中心

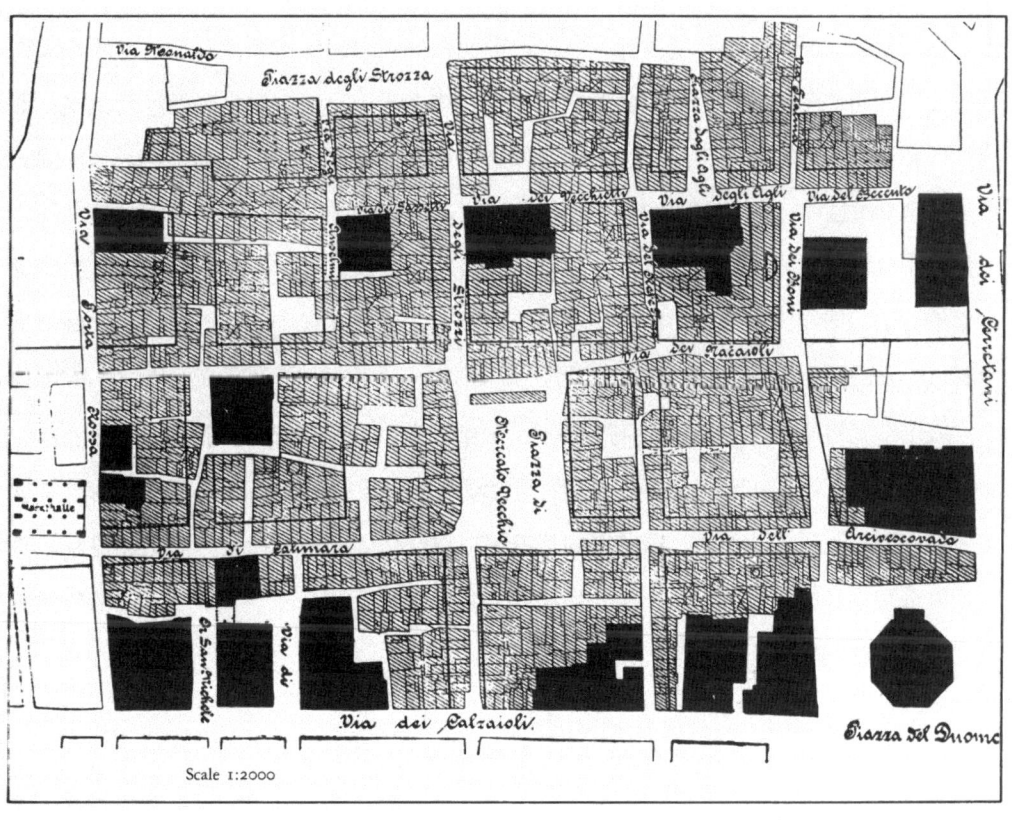

图28 佛罗伦萨19世纪末城市中心区重建总平面示意图（斜线填充部分是原有建筑）
图片来源：Leonardo Benevolo. The history of the city. The MIT Press，1980。

的一些老建筑，这自然令人痛苦。但纵观历史，佛罗伦萨一些宏伟的地标性建筑也都经历了拆除具有历史意义的古建筑，并经过长期的若干轮次的改建和重建的过程。城市必须为现代文明需求提供支持。当前的佛罗伦萨市中心面临的问题包括：卫生问题严峻，排水系统不畅，交通路网亟待更新以满足汽车和有轨电车通行需要，不能满足当代生活需求的宫殿和住宅亟待改造等。佛罗伦萨市政府决定实施市中心重建的指导原则是符合艺术、交通和经济的当代需求[13]。

6 总结——城市转型升级举措形成的城市用地基本秩序具有深远影响

五个欧洲城市案例都呈现了从中世纪城市向现代城市的转型——城市更新形成的城市空间格局特征和用地基本秩序为各个城市此后仍能进一步更新发展奠定了基础。经历这轮更新，欧洲城市不是被定型，而是进入新的发展演变进程。

欧洲城市的建设用地基本秩序高度一致，这种秩序确保了欧洲城市的品质和效率。包括文艺复兴时期更新改造的罗马，欧洲大城市中大部分建筑物是比较统一的六七层高度，建筑边界准确就位于临街的用地红线。沿街各栋建筑的立面统一形成严整的街道立面，在高度和立面构图上有统一性，在各自形式和材质方面保持个性。沿街道的建筑物底层设置商店等各类城市公共服务功能，并在某些街道上设置餐饮类外摆经营范围，形成开放和便利的城市氛围，同时也以此确保住宅和办公等专属使用空间是相对私密的。由于这种基本秩序，欧洲城市必然是街道适宜步行，建筑可以阅读，城市生活是便利的。也是由于这种基本秩序，当代欧洲城市中心区域地块更新建筑案例在布局、高度和体量关系等方面与所在区域高度协调，而立面风格表达上总是体现创新特点，悠久的城市历史背景和崭新的建筑形式能和谐共存[14]。

城市空间格局和用地基本秩序并未限制当代欧洲城市通过城市更新进一步升级发展。20世纪90年代至今，除了地块更新，欧洲大城市在交通枢纽节点和重要片区的更新举措方面实现了大量成功案例。这些案例基于城市空间格局和秩序特点，在功能复合、商业和办公空间升级、公共交通影响力强化等方面有创新突破，进一步演绎了传承与创新高度融合的欧洲城市发展特点。

注释

① Enciclopedia Italiana di scienze(《意大利科学百科全书》)文学艺术卷,意大利百科全书中心,第 29 卷,1949,第 659 页。

② 关于 15 世纪初罗马人口数据有不同说法(不足 5 万,不足 4 万,不足 3 万,甚至低于 2 万等),本文数据来源:Il mondo bizantino(《拜占庭世界》)第一卷,Einaudi,2007,第 34 页。

③ 本文中的"现代"一词对应英文 Modern 的含义。

④ 两人都是启蒙运动萌芽时期典型的通才型知识分子,雷恩是天文学家、数学家和建筑师,伊夫林是作家、藏书家和园艺学家,两人都对伦敦大火后城市重建产生了重要影响。

参考文献

[1] Leonardo Benevolo. The history of the city[M]. Cambridge: The MIT Press,1980.

[2] 张冠增.西方城市建设史纲[M].北京:中国建筑工业出版社,2010.

[3] Francois Nizet. 17 Itinerari a Roma[M]. Bologna: Edizioni Calderini Press,1999.

[4] Hebbert,Michael. London: More by Fortune than Design[M]. Chichester: John Wiley & Sons,1998.

[5] McKellar,Elizabeth. The birth of modern London: The development and design of the city 1660-1720[M]. Manchester: Manchester University Press. 1999.

[6] 利奥·霍利斯.伦敦的崛起:五个人重塑一座城[M].宋美莹,译.北京:生活·读书·新知三联书店,2018.

[7] 大卫·哈维.巴黎城记:现代性之都的诞生[M].黄煜文,译.桂林:广西师范大学出版社,2010:2-6.

[8] 史蒂芬·柯克兰.巴黎的重生[M].郑娜,译.北京:社会科学文献出版社,2014:72-85.

[9] 菲利普·巴内翰,让·卡斯泰,让·夏尔·德保勒.城市街区的解体——从奥斯曼到勒·柯布西耶[M].魏羽力,许昊,译.北京:中国建筑工业出版社,2012.

[10] Barcelona CCCB. Cerdà and the Barcelona of the Future[M]. Gráficas Varona,2009.

[11] Joan Busquets. Barcelona: the urban evolution of a compact city[M]. Cambridge: Harvard University Graduate School of Design / Nicolodi,2005.

[12] Aibar E,Bijker W E. Constructing a City: The Cerdà Plan for the Extension of Barcelona[J]. Science Technology & Human Values,1997,22(1):3-30.

[13] 佛罗伦萨市政府历史和考古委员会.佛罗伦萨市中心历史研究报告(Studi Storici Sul Centro Di Firenze)[C].1889.

[14] 卡斯滕·波尔松.人本城市——欧洲城市更新理论与实践[M].魏巍,赵书艺,王忠杰,等,译.北京:中国建筑工业出版社,2021.

世界城市体系与卓越上海的发展

王信*　孟海星　马慧

引言

根据世界城市数据委员会（World Council on City Data，WCCD）的统计，2014 年全球 70% 的 GDP 由城市产出，53% 的人口在城市生活。到 2050 年，在城市生活的人口达到 70%。城市需要更有效率的管理，依据更准确的数据事实所制定的政策。城市需要用指标体系来评估其各个方面表现，监测城市各方面发展情况并最终提高城市可持续性和生活质量。使用统一标准、定义清晰、层次分明的指标体系，也是进行全球城市比较，相互学习和检验政策有效性的主要方法。

本章对"追求卓越的全球城市"的内涵的研究，是建立在各个国际智库公开发布的关于全球城市排名的研究报告和相关数据的基础上的。各个报告为了对全球城市进行排名比较，就必须建立统一的可量化的指标体系来评估各城市的发展情况。这些指标的选择通常遵循 MRV 原则，即做到可监测（Monitory）、可汇报（Reportable），可证实

---

* 王信，同济大学建筑与城市规划学院副教授，同济大学教育部生态化城市设计国际合作实验室副主任，xin_wang@tongji.edu.cn

（Verifiable）。相关底层数据来源一般也是公开可查的，也可以从数据反过来验证指标的定义和内涵。

本文所选择的研究素材，既包括评比全球城市各方面综合实力排名的报告，也包括针对全球城市经济、文化或环境等某个单项排名的报告，但是这些报告要符合以下标准：

一是要针对全球主要城市；

二是优先选择那些每年或者两年定期发布的报告，这样既可以保证相关数据的时效，又能够观察出各项数据的历史演变趋势；

三是选择国际知名的智库、咨询公司、国际机构或研究团队发布的成果。

1 全球城市的内涵

- 全球实力城市指数（Global Power City Index，GPCI）模型的考核体系在关注经济竞争力的同时，给予了城市环境宜居程度更多的关注。当然城市的竞争力往往还包括城市形象的魅力、餐饮的吸引力、文化创意活动的机会等较难量化，但是却很重要的指标。

- 普华永道公司每年公布机遇之都（Cities of Opportunity，COO）排行榜，认为改变世界的工具衡量的是智力资本、技术成熟度以及城市作为全球枢纽应有的开放度。生活质量评价的是城市有形的和无形的特征，这些特征构成了城市内在及外在的气质，包括交通运输、医疗设施、文化活力等。经济影响力显示了城市作为商业和金融中心的表现。

- 全球城市指数（Global City Index，GCI）是唯一没有考虑环境指标的综合实力排名。对此，报告摘要中说道：全球城市并不总是"最优美和宜人的"，却总是"繁忙、拥挤、嘈杂，甚至令人疯狂的。但是拥挤在城市中的是创造未来的人才，嘈杂中完成了各种交易和创新，为了保持领先和超越他人而疯狂，这些城市拥有财富和权力"。

- 通过对各个报告的指标体系和权重的准确理解并进行分析整理，可以提出较为全面且具有可比性的"卓越的全球城市"的指标体系。五个一级指标分别是：经济影响力、科技创新、社会治理和文化活力、基础设施和城市服务（人造环境）和自然环境及可持续性。

1.1 全球实力城市指数

日本森纪念财团自 2008 年起比较分析能展现世界各城市竞争力的经济、研发、文化交流、宜居程度、环境、便捷性等6大维度70项指标，于每年10月公布。70项指标中，59项为自行收集的统计资料，11项为问卷调查结果，同时选择经济管理者、研究人员、艺术家、游客和当地居民五个群体关注角度对城市指标进行调查排名，在客观数据支持的前提下，体现了不同人群对城市的主观感受。2014年，GPCI增加了"GPCI+"排名，即对涉及城市"无形资产"，增加对城市的舒适度或宜居性的指标考虑，如交通效率、安全、多样化等指标，重新对40个城市进行排名。

表1 GPCI城市排行指标体系

功能类别 6 个（Function）	指标组 26 个（Indicator Group）	指标 70 个（Indicator）
经济（Economy）23%	市场大小（Market Size）	2
	市场吸引力（Market Attractiveness）	2
	经济活力（Economy Vitality）	2
	人力资本（Human Capital）	2
	商业环境（Businesss Environment）	3
	法制与风险（Regulations and Risks）	2
科技研发（R&D）11%	学术资源（Academic Resources）	2
	研究背景（Research Background）	3
	研究成果（Research Achievement）	3
文化交流（Cultural Interaction）20%	潮流趋势（Trendsetting Potential）	3
	文化资源（Cultural Resources）	3
	旅游设施（Fcilities for Vistors）	3
	旅游吸引力（Attractiveness to Vistors）	4
	交流量（Volume of Interaction）	3
宜居程度（Livability）20%	工作环境（Working Environment）	3
	生活成本（Cost of Living）	2
	安全（Security and Safety）	2
	生活环境（Living Environment）	3
	生活设施（Living Facilities）	4
环境（Environment）11%	生态（Ecology）	3
	污染（Pollution）	3
	自然环境（Natural Environment）	3
便捷性（Accessibility）15%	国际运输网络（International Transportation Network）	2
	国际运输基础设施（Infrastructure）	2
	市内交通服务（Transportation of Service of Inner-city）	3
	交通便捷性（Traffic Convenience）	3

注：功能类别在指标体系中所占比重根据报告得分计算而获得。
资料来源：2014 Global Power City Index, Mori Foundation。

GPCI模型的考核体系在关注经济竞争力的同时，给予了城市环境宜居程度更多的关注。当然城市的竞争力往往还包括城市形象的魅力、餐饮的吸引力、文化创意活动的机会等较难量化，但是却很重要的指标。但是各项排名报告在采用主观数据的时候都十分谨慎。GPCI使用问卷调查的主观指标占11个，而且在计算总分的时候，这11个指标按照一半计算，这意味着主观指标只占9%。这些指标包括城市的创作环境、接触文化和传统活动的机会、市民生活的满意度和通勤交通的便利性等。

1.2 普华永道：机遇之都

全球四大专业资产顾问机构之一，普华永道公司每年公布机遇之都排行榜，它以30个主要国际金融和商业中心城市为对象，比较分析智慧资本与创新、技术标准水准、交通与社会基础设施建设、人口统计与居住环境、经济影响力、经济与社会费用、文化与休闲资产、卫生保健与安全、企业友善环境、可持续性等10大类别60项指标，以此来计算不同城市间的差距。其中改变世界的工具衡量的是智力资本、技术成熟度以及城市作为全球枢纽应有的开放度。生活质量评价的是城市有形的和无形的特征，这些特征构成了城市内在及外在的气质，包括交通运输、医疗设施、文化活力等。经济影响力显示了城市作为商业和金融中心的表现。

表2 COO指标体系

功能（Function）	指标组 10 个（Indicators Group）	指标 59 个（Indicators）
教育及科技 20%	智慧资本与创新	8
	技术标准水准	4
生活质量 50%	交通与社会基础设施建设	6
	卫生保健与安全	5
	自然环境与可持续性	5
	人口与居住环境	6
	城市门户	7
经济 30%	经济影响力	5
	宜商程度	8
	成本	5

资料来源：2014 City of Opportunity。

1.3 科尔尼全球城市指数

从 2007 年开始，由全球管理咨询公司科尔尼（AT Kearney）、芝加哥全球事务委员会共同发布的科尔尼全球城市指数由 5 个方面组成：商务活动、人力资本、信息交换、文化体验、政治参与，该指数每 2 年公布一次。2012 年度报告排名前 5 位的城市分别是纽约、伦敦、巴黎、东京、香港，上海在其所列 66 个城市中排名第 21 位。上海在经济活动中的排名距全球前 5 位的城市相距不远，但在其他 4 个项目上的表现，远低于排名靠前的城市。

值得注意的是，GCI 报告是唯一没有考虑环境指标的综合实力排名。对此报告摘要中说道：全球城市并不总是"最优美和宜人的"，却总是"繁忙、拥挤、嘈杂、甚至令人疯狂的。但是拥挤在城市中的是创造未来的人才，嘈杂中完成了各种交易和创新，为了保持领先和超越他人而疯狂，这些城市拥有财富和权力"。

表 3 科尔尼全球城市指数 GCI 指标体系

指标维度与权重	指标个数
商务活动（Business Activity）（30%）	5
人力资本（Human Capital）（30%）	5
信息交换（Information Exchange）（15%）	5
文化体验（Cultural Experience）（15%）	6
政治参与（Political Engagement）（10%）	5

资料来源：2014 Global City Index。

1.4 全球城市竞争力指数

英国智库"经济学人情报中心"（EIU）发布的 2012 年全球城市竞争力指数（Global City Competitiveness Index，GCCI）包含 8 个领域和 31 个指标。全球城市竞争力排名前 20 位的绝大多数为发达经济体的城市，亚洲四小龙的新加坡、中国香港、韩国首尔分别处于第 3 位、第 4 位和第 20 位。中国大陆的北京、上海和深圳分别处于第 39 位、第 43 位和第 52 位。上海在经济实力、物质资本和金融成熟度方面表现相对较强，在人力资本、环境和自然灾害方面相对一般，在机构效力、全球感召力、社会和文化特色方面相对较弱。

表4 EIU全球城市竞争力指数GCCI指标体系

指标组与权重 (Indicator Groups and Weight)	指标个数 (Indicators)
经济实力(Economic Strength)(30%)	5
人力资本(Human Capital)(15%)	6
机构效力(Institutional Effectiveness)(15%)	5
金融成熟度(Financial Maturity)(10%)	1
物质资本(Physical Capital)(10%)	3
全球感召力(Global Appeal)(10%)	5
社会和文化特色(Social and Cultural Character)(5%)	5
环境和自然风险(Environmental and Natural Hazards)(5%)	2

资料来源：2014 Global City Competitiveness Index。

1.5 可持续城市指数

全球自然与建筑资产设计及顾问公司凯迪斯(ARCADIS)2015年初发表首份可持续城市指数报告(Sustainable City Index, SCI)，此次报告从社会、环境及经济三个角度对全球50个城市的可持续发展表现进行评分。

表5 凯迪斯可持续城市指数指标体系

功能 (Function)	指标组 (Indicator Groups)
社会 (People)	交通基础设施(Transport Infrastructure)
	依赖率(Dependency Ratio)
	平等性(Inequality)
	文化素质(Literacy)
	教育(Education)
	工作与生活平衡(Work-life Balance)
	健康(Health)
	绿地(Green Spcace)
	房价(Property Prices)
环境 (Planet)	能源消耗量与可再生能源量(Energy Use and Renewable Mix)
	自然灾害发生量(Natural Catastrophe Exposure)
	空气污染(Air Pollution)
	温室气体排放(Greenhouse Gas Emission)

续表

功能 (Function)	指标组 (Indicator Groups)
环境 (Planet)	固体废弃物处理(Solid Waste Management)
	饮用水和城市卫生设施(Drinking Water and Sanitation)
经济 (Profit)	交通基础设施(Transport Infrastructure)
	能源消耗(Energy Efficiency)
	经济发展(Economic Development)
	宜商程度(Ease of Doing Business)
	商业成本(Cost of Doing Business)
	全球网络建设(Importance to Global Networks)

资料来源：2014 Sustainable City Index。

1.6 全球城市专项排名报告

以上除了所列的全球城市综合排名报告外，还有针对全球城市专项能力进行研究的报告。这些报告的具体内容会在后续结合全球城市的一级指标进行具体讨论，这些报告包括：全球金融中心指数（Global Financial City Index，GFCI），全球目的地城市指数（Global Destination Cities Index，GDCI），世界城市文化报告（World Cities Culture Report，WCCR），爱立信网络社会城市发展指数（Networked Society City Index，NSCI），IBM世界最具竞争力城市（the World's Most Competitive Cities，WMCC），西班牙IESE商学院的全球动感城市指数（Cities in Motion Index，CIMI），亚洲绿色城市报告（Asian Green Cities Index，AGCI），2-思考当下（2-Thinknow）的创新城市指数（Innovation Cities Index，ICI）等。

1.7 卓越全球城市的五大内涵

从评比城市各方面综合实力的指标体系和权重中，可以解读不同智库心目中"伟大的全球城市"的内涵是什么。通过比较不同报告指标体系中的底层指标和数据，可以反过来验证上级指标的定义和内涵。全球城市的排名报告，可以分为综合性排名和单项排名。即使是综合性排名，不同智库心目中的"伟大城市"的定位、指标和权重也是不一样的。

比如SCI报告关注的是城市在经济、社会和环境三个方面的发展水平和可持续性，权重各占三分之一。欧洲城市因为空间紧凑、规模适中、经济发展水平高、社会稳定，占据了榜单的前列；而 GCI 报告侧重城市经济政治和文化影响力，并且认为全球城市的特点就是"拥挤、嘈杂、忙碌的"，但掌握着世界的"财富和权力"。因此纽约、东京、伦敦、巴黎、北京等经济政治文化一体且人口众多的超大城市，排在榜单的前列。GPCI 和 COO 报告的评价指标最为综合完整，都包含了城市经济、科研创新、社会治理和文化互动、生活质量和自然环境等指标，但是 GPCI 报告关注各城市当前综合实力，而 COO 报告关注当前综合实力和发展机遇。另外，GCCI 报告中加重了对政府机构效力、制度建设方面的考虑，更多地体现城市在面临经济危机或大事件后对城市发展的控制力以及应对风险的竞争力。

对各个报告的指标体系和权重的准确理解并进行分析整理，可以提出较为全面且具有可比性的"卓越的全球城市"的指标体系。5 个一级指标分别是：经济影响力、科技创新、社会治理和文化活力、基础设施和城市服务（人造环境）、自然环境及可持续性。中国如果要把上海建设成为卓越的全球城市，就要在以上这 5 个指标各个单项表现和总分表现，都能够进入世界的前 20 位。除了自然环境及可持续性，其他 4 个方面进入前 10 位。

2 全球城市的五大指标

- 根据科技创新文化的以人为本特征和指标的设计原则，不仅要构建城市科技创新的短期竞争力，而且要努力构建城市发展的"源头"，从长期尺度上为城市发展注入源源不断的动力。

- 人造环境是指人为建设的城市基础设施质量即交通可达性、宜居性这两个方面。具体包括交通可达性和便利性、市政管网和设施质量和服务水平、城市安全与安保、医疗设施、健康保健设施、住房租金、商业娱乐设施的便利性等。

- 随着可持续发展理念在全球越来越多地被人们所接受，这项指标在近5年来逐渐增加了城市韧性（自然灾害风险）、能源效率和绿色能源比例等反映城市可持续性的内容，共同组成"自然环境与可持续性"大类指标。

2.1 经济影响力

GPCI 关于经济维度的考虑比较全面，包含了 6 个指标组，包括：市场大小、市场吸引力、经济活力、人力资本、商业环境、法制与风险。采用该指标的主要数据都可以在公开的数据中进行查询，其中在"人力资源稳定性"的指标上，采用了调查问卷的形式进行获取数据。

表6 GPCI关于经济的指标体系

功能	指标组	指标
经济	市场大小	名义国内生产总值
		人均国内生产总值
	市场吸引力	（国内生产总值）增长率
		经济自由度
	经济活力	证券交易所中上市股票市场总值
		世界300强企业
	人力资本	从业者总人数
		为商务企业服务的从业者总数
	商业环境	薪金水平
		确保人力资源稳定的难易程度
		每个办公地点的办公面积
	法制与风险	企业法人税率
		政治、经济、商业风险水平

资料来源：2014 Global Power City Index。

COO榜单中的经济影响力二级指标主要包括全球500强公司总部在目标城市的数量、金融和商业服务的雇佣量、外国直接投资的吸引度、生产力以及GDP增长率5个三级指标。

表7 COO关于经济影响力专项的指标

COO二级指标	三级指标
经济影响力	全球500强公司总部数量
	金融和商业服务雇佣量
	外国直接投资的吸引度
	生产力
	GDP增长率

资料来源：2014 City of Opportunity。

这是最具代表性的GaWC世界城市排名，其城市经济的指标主要考量城市的跨国公司总部位置、跨国公司企业规模，考察该城市的全球网络关联度。截至2014年6月，该报告显示香港仍是跨国企业进入中国乃至亚太地区的首选。

2.2 科技创新实力

在GPCI中对于科技研发的关注指标组主要包括三个方面,即学术资源、研究背景和研究成就,三个指标组所占的权重相同,共有8个单项指标对其进行支撑,其中除了对外国研究者的吸引度一个指标通过问卷调查完成外,其他指标均可通过数据提供方进行查证。在2014年全球40个城市GPCI综合排名中,上海和北京分别位居第15名和第14名,经济相关指标表现较好,但在环境方面表现较差,上海第37名,北京第40名。

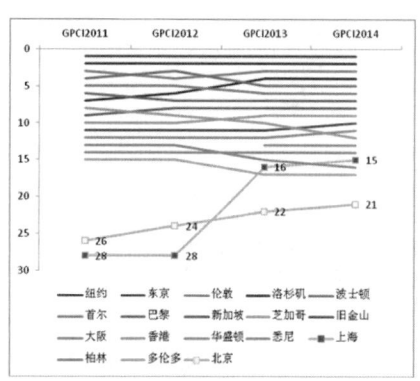

图1 GPCI 历年城市科技创新实力排名
资料来源：2011, 2012, 2013, 2014 Global Power City Index。

在科技研发方面,上海位居第15名,北京第21名。从历年GPCI公布的科技创新排名上看,上海近两年来有了大幅提升,由2010年第28名,已经上升到了2014年的第15名。标志着上海科研整体实力的增强(图1)。

表8 GPCI 关于科技创新的指标体系

科技研发 R&D	学术资源 33.3%	研究者数量	目标城市研究人员聘用数量,UNSECO 数据
		世界前200名大学数量	目标城市拥有世界时代高等教育大学排行前200名大学数量,时代杂志高等教育世界大学排名
	研究背景 33.3%	数学和科学学习表现	目标城市数学和科学测试平均成绩,OECD 测评数据
		外国研究者吸引度	1 希望长期居住和工作的外国人数量 2 在目标城市有居住或工作经历的外国人数量
		研究经费投入	目标城市科研资金投入,UNSECO 提供
	研究成果 33.3%	工业财产权注册数量	目标城市过去8年人均工业产权(专利)拥有数量
		高等研究奖获得者数量	五大国际科研奖项获得者数量(诺贝尔奖、巴尔赞奖、克劳福德奖等)
		研究者交流机会	目标城市举办学术会议数量,"Conference Alerts"

资料来源：2014 Global Power City Index。

城市的发展不仅需要知识的集聚和运用,而且越来越强调创新。普华永道COO关于科技创新的指标主要集中在智力资本创新以及技术成熟度两个方面,它认为较好的人力资源和较好的硬件技术支撑是构成科技创新竞争力的主要因素,创新型的城市应该具备创新能力强,科技支撑引领作用突出,经济社会发展水平高,区域辐射带动作用显著等特点。排在前10名的城市中,7个是英语语系国家。在当今英语全球化的年代,这个特征意义重大。这一结果同时彰显了教育和创新本身的价值,这是改变世界最重要的工具(图2、图3)。

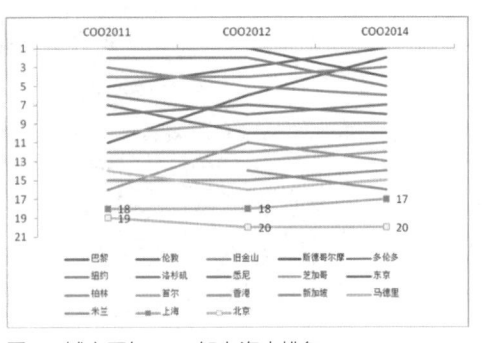

图 2 城市历年 COO 智力资本排名
资料来源：2011, 2012, 2014 City of Opportunity。

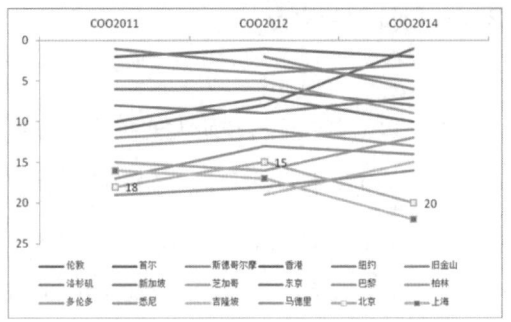

图 3 城市历年技术成熟度排名
资料来源：2011，2012，2014 City of Opportunity。

表 9 COO 中科技创新的指标体系

科技创新实力	智力资本和创新							
	公共图书馆	数学/科学技术成就	文化程度	高学历人群比例	世界大学排名	创新城市指数	知识产权保护	创业环境
	技术成熟度							
	互联网接入比例		宽带质量和速度		数字经济实力		软件发展水平	

资料来源：2014 City of Opportunity。

在经济学人 GCCI 竞争力指数中对科技创新竞争力的衡量主要体现在人力资本上，关于人力资本的指标体系如下表所示。其中教育质量占据 33.3% 的权重，体现了该报告对于城市教育程度的重视程度，同时人口增长率和外国人雇佣量占据 12.5% 的权重，体现了人力资源尤其是国际人才的雇佣量成为影响城市创新实力的重要因素。创新氛围占据了 25% 的权重，整个城市具有的推进创新、鼓励创新的城市氛围对于推动全民创新具有重要影响。

表 10 GCCI 中人力资本的指标体系

	指标	数据
人力资本指标	人口增长率	年人口增长率（含迁入人口）
	工作人群数量	工作年龄段（15—64 岁）人口占总人口比例
	创新氛围	市民创新激情、创业选择和失败忧虑问卷调查
	教育质量	公立与民办教育水平及接受度问卷调查
	卫生保健质量	公共和私人卫生保健水平及非处方药品供给
	外国人雇佣量	移民政策、雇佣本地人与外国人的规则情况问卷

资料来源：2014 Global City Competitiveness Index。

科尔尼 GCI 报告选择了国外出生人口比例、大学质量、国际学校数量、留学生数量以及本地人大学学历数量作为衡量城市竞争力的主要指标。通过衡量可能影响某一城市商业活动、人力资本和创新这三方面的因素，评估每个城市的未来潜在的变化程度。这三个方面将驱动一个城市吸引、保留并生成创意流、资本流和人力流的能力。上海的地位相对稳定，2014年上升了3位。

表11　GCI报告中人力资本的指标

	国外出生人口比例
	大学质量
人力资本指标	国际学校数量
	留学生数量
	本地人大学学历数量

资料来源：2014 Global City Index。

另外关于科技创新的指标体系还包括2-Thinknow的创新城市指数，以及爱立信发布的网络城市报告。在2-ThinkNow的指标体系中有关于人力基础的内容，具体指标主要包括：发展创新的软件和硬件设施，如交通、大学、商业、风投、办公空间、政府执行力以及技术支撑等，以更广泛的视角评估人力基础的支撑条件。上海在2014年的评比体系中位于第35位。由于创新城市指数更加强调科技创新，旧金山-圣何塞（硅谷所在地）和波士顿名列前茅也就不足为奇了，但全球城市纽约、伦敦和巴黎也都名列前茅。

这些报告对于科技创新的关注指标均有不同的定义和解释。科技创新文化是一个由多层次、多要素构成的复杂系统，涉及影响科技创新的文化、制度等社会环境，从基础研究到应用研究、开发研究再到成果转移的完整过程和多种特征要素的集合，最大限度地体现以人为本的思想。根据科技创新文化的以人为本特征和指标的设计原则，不仅要构建城市科技创新的短期竞争力，而且要努力构建城市发展的"源头"，从长期尺度上为城市发展注入源源不断的动力。

2.3　多元文化活力与全球治理参与度

"全球实力城市指数（GPCI）"中，"文化交流"这一指标占整体评价的15%。文化交流中使用的二级指标包括潮流趋势、文化资源、旅游设施、旅游吸引力和交流量这五项；并且每个二级指标均选取了相应的三级指标进行评价。

表 12 "文化交流"指标排名

一级指标	二级指标	三级指标
文化交流	潮流趋势	国际会议召开的数量
		世界级大型文化活动的数量
		影视贸易价值及相关的服务
	文化资源	创新活动环境
		世界遗产遗址的数量（100 公里范围区域）
		文化、历史和传统相互交融的机会
	旅游设施	剧院和音乐厅的数量
		博物馆的数量
		体育馆的数量
	旅游吸引力	高级酒店的客房数
		酒店数量
		购物吸引力的选择性
		餐厅的选择性
	交流数量	外国居民的数量
		国外游客数量
		国际学生数量

资料来源：2014 Global Power City Index。

美国智库"AT Kearney"每隔两年发布科尔尼全球城市指数（GCI），包含 5 个领域的 26 个指标。归结起来表现在五个方面：商务活动、人力资本、信息交换、文化体验及政治参与。其中，"文化体验"指标占 15% 的权重，GCI 选取了 6 个二级指标对"文化体验"进行了评价，包括举办重大体育活动的数量、博物馆的数量、表演艺术的选址、国际游客的数量、姐妹城市的数量及多元化的美食展现。

表 13 "文化体验"二级指标

文化体验	主办重大体育活动的数量
	博物馆的数量
	表演艺术的选址
	国际游客的数量
	姐妹城市的数量
	多元化的美食展现

资料来源：2014 Global City Index。

GCI 选取了 5 个二级指标对"政治参与"进行了评价,包括从事国际研究的当地机构、智库的数量、国际组织的数量、政治会议的数量,以及领馆和使馆数量。

表 14 "政治参与"二级指标

	从事国际研究的当地机构
	智库的数量
政治参与	国际组织的数量
	政治会议的数量
	领馆及使馆的数量

资料来源:2014 Global City Index。

2012 年,《经济学人》"全球城市竞争力指数(GCCI)",从 8 个方面评价了城市的竞争力指数,其中"全球感召力"这一项占 20% 权重。"全球感召力"选取了多个指标进行多元文化活力的评价,包括财富 500 强企业数量(20%)、国际航班频率(20%)、国际会议的数量(20%)、高等教育全球领导力(20%)、全球影响力的智库(20%)这 5 类。其中"全球影响力的智库"这一指标作出了城市政治参与度的评价。

表 15 "全球感召力"指标分类及权重

	财富 500 强企业数量 -20%
	国际航班频率 -20%
全球感召力 20%	国际会议的数量 -20%
	高等教育全球领导力 -20%
	全球影响力的智库 -20%

资料来源:2014 Global City Competitiveness Index。

2.4 城市人造环境

人造环境是指人为建设的城市基础设施质量即交通可达性、宜居性这两个方面。具体包括交通可达性和便利性、市政管网和设施质量和服务水平、城市安全与安保、医疗设施、健康保健设施、住房租金、商业娱乐设施的便利性等。

"全球实力城市指数(GPCI)"中,"便捷性"这一指标占综合排名中的 15%,使用的二级指标包括国际运输网络、国际运输基础建设、市内交通服务和交通便捷性这 4 项;并且每个二级指标均选取了相应的三级指标进行评价。

表16 "便捷性"指标

一级指标	二级指标	三级指标
便捷性	国际运输网络	国际航线直达城市数
		国际货运航线直达城市数
	国际运输基础建设	国际航线旅客数量
		飞机跑道数量
	市内交通服务	轨道交通站密度
		公共交通准时性与覆盖程度
		往返上班（学）便利性
	交通便捷性	市中心至机场所需时间
		交通事故死亡人数
		出租车价格

资料来源：2014 Global Power City Index。

2012年，经济学人"全球城市竞争力指数（GCCI）"从8个方面评价了城市的竞争力，其中"物质资本"这一项占10%权重。"物质资本"选取了3个指标进行评价，包括基础设施质量（42.9%）、公共交通质量（14.3%）和通信设施质量（42.9%）。

表17 "物质资本"指标

物质资本-10%	基础设施质量-42.9%
	公共交通质量-14.3%
	通信设施质量-42.9%

资料来源：2012 Global City Competitiveness Index。

"全球实力城市指数（GPCI）"中，"宜居程度"这一指标占综合排名中的20%，使用的二级指标包括工作环境、生活成本、安全、生活环境和生活设施这五项内容。

表18 "宜居程度"指标 - 2014 GPCI

一级指标	二级指标	三级指标
宜居程度	工作环境	完全失业率
		总劳动时间
		职工生活幸福度
	生活成本	平均房租
		物价水准

续表

一级指标	二级指标	三级指标
宜居程度	安全	杀人事件率
		灾害脆弱程度
	生活环境	60岁以上期望寿命
		社会设施的完备
		居民中医生数量
	生活设施	人口密度
		外国人口中国际学校数量
		便利店的数量
		餐馆的数量

资料来源：2014 Global Power City Index。

2015年，凯迪斯ARCADIS的"全球可持续城市指数"中"社会生活质量"这一级指标中，选取的相应二级指标包括健康、房价、工作与生活平衡和绿地。

表19 "社会"二级指标及三级指标明细 – 2015 SCI

一级指标	二级指标及三级评价指标
社会（33.3%）	交通基础设施（3.7%）
	依赖率（3.7%）
	平等性（3.7%）
	文化素质（3.7%）
	教育（3.7%）
	工作与生活平衡（3.7%） 雇员平均工作时间/年
	健康（3.7%） 平均寿命
	绿地（3.7%） 市区绿地面积的百分比
	房价（3.7%） 居住房的购买价格

资料来源：2015 Sustainable City Index。

2.5 自然环境与可持续性

为了区别于"人造环境"，各个报告在一级指标中通常都标明为"自然环境"（Natural Environment）。随着可持续发展理念在全球越来越多地为人所接受，这项指标在近5年来逐渐增加了城市韧性（自然灾害风险）、能源效率和绿色能源比例等反映城市可持续性的内容，共同组成"自然环境与可持续性"大类指标。

"全球实力城市指数（GPCI）"中，"环境"这一指标占 11% 的比重，其中"环境"指标使用的二级指标包括生态、污染和自然环境这三项内容。

表 20　"自然环境与可持续性"指标 - 2014 GPCI

一级指标	二级指标	三级指标
环境	生态	取得 ISO14001 认证的企业数
		可再生能源使用率
		资源回收率
	污染	二氧化碳排放量
		悬浮颗粒物浓度
		二氧化硫浓度与二氧化氮浓度
	自然环境	水质
		绿地覆盖率
		气温舒适度

资料来源：2014 Global Power City Index。

经济学人"全球城市竞争力指数（GCCI）"，从 8 个方面评价了城市的竞争力指数，其中"环境和自然风险"这一项占 5% 权重。

表 21　"环境和自然风险"指标分类及权重 - 2012 GCCI

环境和自然风险 -5%	自然灾害风险 -33.3%
	环境治理 -66.7%

资料来源：2012 Global City Competitiveness Index。

2015 年，凯迪斯 ARCADIS 的"可持续城市指数"中"环境与可持续性"这一级指标选取的相应二级指标包括能源使用和再生、自然灾害发生情况、空气污染、温室气体排放、固体废弃物管理及饮用水和卫生设备这 6 项内容。

表 22　"环境"二级指标及三级指标明细 – 2015 SCI

一级指标	二级指标及三级评价指标
环境（33.3%）	能源消耗量与可再生能源量（5.55%）
	自然灾害发生情量（5.55%）
	空气污染（5.55%） 悬浮颗粒物浓度
	温室气体排放（5.55%） 二氧化碳总排放量

续表

一级指标	二级指标及三级评价指标
环境（33.3%）	固体废弃物处理（5.55%） 固体废弃物填埋/再利用/堆肥的比例
	饮用水和城市卫生设施（5.55%）

资料来源：2015 Sustainable Cities Index。

3 上海如何建成"卓越的全球城市"

● 上海将来如要成为卓越的全球城市，就同时评估自身在五个一级指标中的排名并根据不同的发展阶段分别调整五个一级指标的权重，评估总排名并协同发展。分别研究每个一级指标的支撑指标和数据，探讨优化每个一级指标的发展理念。

● 未来上海的城市建设将是以人的需求为出发点，以人的感受为中心，并将这一理念切实贯穿城市的日常管理以及每一项具体的规划设计、实施项目之中，使上海首先成为一个充满人文关怀的城市。

3.1 上海作为全球城市的对标尺度

对城市的划分标准而言有两种模式，一种是按照城市人口规模划分，根据人口统计研究所（DEMOGRAPHIA）每年发布的《世界建成区人口与面积统计报告》，2015年全球范围内人口超过1000万的城市或都市区一共有34个，人口超过500万的一共有75个。另一种是按照城市综合影响力来划分，也就是我们常说的"全球城市"，这些城市在全球经济政治和文化网络中都是重要节点并具有极大影响力。"最佳城市"可以分为综合实力最佳和单项表现最佳。即使是综合实力最佳的排名，也可以从不同的角度进行综合，所选择的单项指标以及各个单项指标的权重也不同。从城市综合影响力和市民生活质量的维度来考虑。其中，人口超过1000万，同时又在GPCI/COO等综合性城市排名中进入前30位的，有东京、纽约、首尔、巴黎、北京、上海、洛杉矶、莫斯科、大阪、曼谷等城市；人口超过500万，同时又在GPCI/COO等综合性城市排名中进入前30位的，还有英国伦敦、新加坡、中国香港、加拿大多伦多、美国芝加哥等城市。

上海的目标是成为"卓越的全球城市"，从上海目前所处的时空特征、中国具备的经济潜力看，其实上海已经是全球城市或已初步具备了成为伟大的全球城市的物质条件。根据一些公认的全球城市评估模型，上海已作为中国的代表性城市参与全球城市竞争排名,同时从历年全球城市不同维度排名的动态变化中,也不难判断上海在当前全球城市体系中的坐标和影响力。结合这些全球城市评估模型,能帮助我们理解在不同的考评维度,不同的对象群体关注下,什么是好的或适宜的伟大的全球城市,以及在未来的几十年或更长的时间里,如何把握上海建设新时代全球城市的发展方向,优化城市发展内涵,以强化新时代特征下的全球资源配置与影响力,使上海逐渐成长为新时代的全球城市、单极或多极共存体系中的引领性全球城市。

3.2 金融发展水平是上海建设全球城市的核心指标

作为长三角的经济中心城市,在改革开放以来,特别是20世纪90年代浦东开发开放之后,上海经济的持续高速的增长,对长江三角洲地区的发展起到了举足轻重的作用。目前,上海作为长江三角洲的核心城市,正在向着建设现代化国际大都市的目标迈进,同时也肩负着面向世界,服务全国,联动"长三角"的重任,在全国经济建设和社会发展中具有十分重要的地位和作用。在这个土地面积仅占全国0.06%、人口占全国1%的城市里,完成的财政收入占全国的八分之一,港口货物吞吐量占全国的十一分之一,进出口商品总额占全国的四分之一。

从现有的经济规模来看,上海的GDP总量、人均GDP、全社会固定资产总额、实际利用外资总额、地方财政收入等主要经济指标均位列长江三角洲所有城市首位,产业的聚集程度也明显领先于长江三角洲的其他城市,成为长江三角洲城市发展的核心区和制高点。同时因为上海的龙头带领作用,长三角地区其他城市发展也进入快速轨道,GDP的增长、吸引外资和产业革新方面成为全国的佼佼者。除了在经济上起带头作用,上海在长江三角洲的核心地位还具体体现在:长江三角洲的交通枢纽、资源配置中心、文化交流中心以及创新源头。

通过研究各个国际智库关于世界主要城市经济影响力的排名报告,城市经济影响力的单项排名,我们认为评价城市经济影响力的三大核心指标是:经济规模(GDP总量和增速指标、贸易额与航运量、人均GDP等)、人力资源(金融与商业从业者数量)和经济活力与经商环境(金融成熟度、全球500强公司、薪金水平、基础设施等)。

在2014年GPCI中,可以清楚发现上海近年来在经济中心建设方面所取得的重要成就。上海在40个对标城市中排名第7位,在经济单项指标的排名上,上海在人力资源、市场吸引力和经济活力方面比较占优势,分别位居第2位、第10位和第10位。但在市场大小上上海排名第24位,这是因为虽然上海在国内生产总值上比较占优势,但在人均

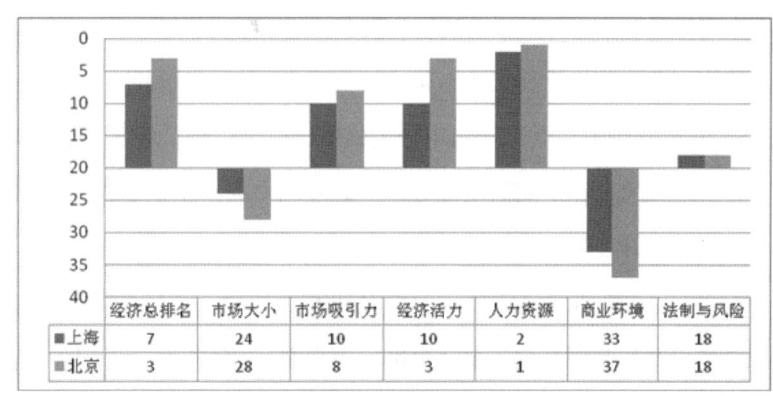

图4 上海、北京在GPCI经济维度的排名（40个城市，中间值为20名）
资料来源：2014 Global Power City Index。

生产总值上不占优势。从长远来看，随着国家经济实力的增强，上海必定在这个指标上不断提升。商业环境仍是上海发展的短板，在40个城市中排名第33位，考虑的两个指标主要是确定人力资源稳定性的难易程度以及办公面积上的缺乏优势，上海应在员工福利上进行提高，提高对于吸引人才并留住人才的能力，在办公面积上，由于上海市庞大的人口以及有限的建成面积，在这个指标上进行提升的空间不大（图4）。

根据最具代表性的全球城市GaWC世界城市排名，上海仅有1家全球城市GaWc175公司总部，但上海已经从2000年的第31位，上升到2012年的第6位，达到世界城市的第二个层级阿尔法+（Alpha+）。这表明，作为长三角区域的门户城市，上海是高端生产性服务业跨国公司分支机构的聚集地，内向度远远高于外向度，但与中国香港、新加坡相比仍存在明显差距。截至2014年6月，外商在上海累计设立跨国公司地区总部470家，而香港的跨国公司总部数量为1379家，香港仍是跨国企业进入中国乃至亚太地区的首选。

此外，上海跨国公司企业还存在规模偏小的问题。虽然跨国企业规模不能简单等同于网络联系度，但随着中国企业走向世界，经济发展模式从外资推动向内需拉动和出口导向转变，上海的网络平台地位也将受到严峻的挑战。

3.3 夯实科研基础，吸引人力资源

在GPCI科技研发的第一个维度研究资源上，上海在40个城市中排名第25位，其中在研究者数量上排名第15名，与GPCI科技研发总排名一致，但在世界前200名大学的数量上，上海位于第29名，这成为影响上海科学与发展排名提升的重要短板。

在GPCI科技研发的第二个维度研究背景上，从数学和科学学习表现、外国研究者吸引程度及研究经费投入3个单项指标看，上海的研究环境整体上还是很好的，在40个

城市中排名第 5 名，其中尤其是在数学和科学学习表现上在 40 个城市中排名首位；在外国研究者吸引程度上排名第 9 位，体现了上海对国际人才的接受程度比较高；在研究经费投入上，上海在 40 个城市中排名第 20 位。与北京相比，上海的高校数量较少，在科研经费投入上，在上海的企业对科学研发的投入占据了更大的比重。总体来讲上海的科研环境比较好，有利于科技创新的发展。

在 GPCI 科研发展的第三个维度研究成果上，从工业财产权注册数量、高等研究获得者数量及研究者交流机会 3 个单项指标看，上海在 40 个城市中排名第 22 位，落后于整个科技研发维度的排名（第 15 位），体现了上海在研究成果上还需要继续加强（图 5）。

在普华永道 COO 报告中，上海市在数学、科学成就上表现最好，在 30 个城市中排名第 1 位，在高学历人群比例以及创新城市指数上比较占优势，在 30 个城市中分别位于第 15 位及第 14 位，与智力成本与创新的总排名第 17 位比较吻合。在教育程度及创业环境上较差，影响了整个智力成本与创新的总排名提升。这表明上海在汇聚了高等教育比例群体的同时，也吸引了规模较大的受教育程度较低的群体（图 6）。

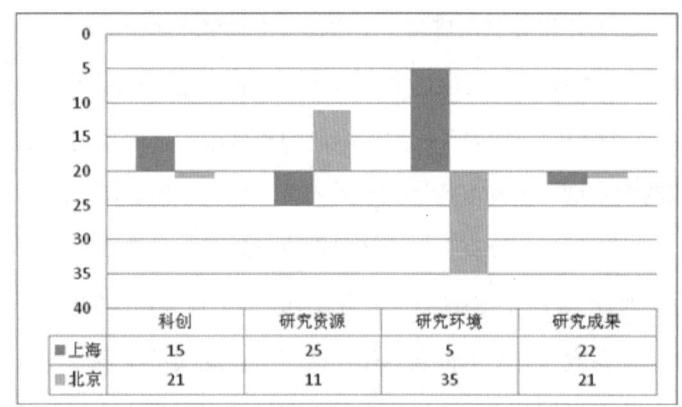

图 5　上海、北京在 GPCI 科技研发单项排名（40 个城市，中间值为 20）
资料来源：2014 Global Power City Index。

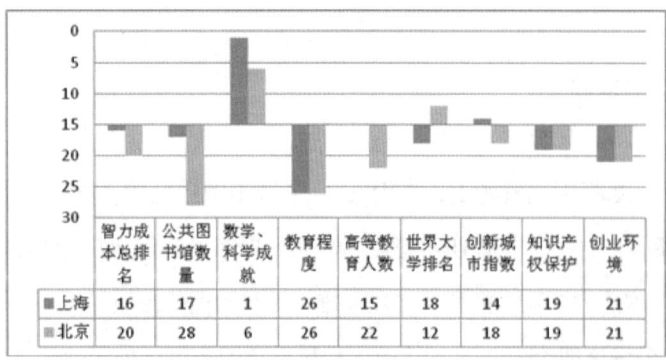

图 6　上海、北京智力资本及各单项排名
资料来源：2014 City of Opportunity。

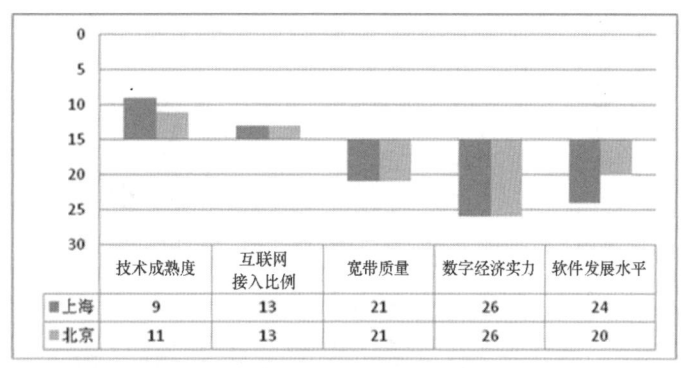

图7 上海、北京在COO2014技术成熟度及其单项排名
资料来源：2014 City of Opportunity。

普华永道在关于技术成熟度这一个维度上，综合使用互联网接入比例、宽带质量、数字经济实力、软件发展水平应用4个指标，以评判一个城市在技术硬件方面对于科研创新的支撑能力。上海在技术成熟度上在30个城市中排名第22位，其中在互联网接入比例上，上海的成绩比较好，在30个城市中排名第13位，宽带质量上排名第21位，与技术成熟度的总排名比较一致，但在数字经济实力、软件发展水平方面排名比较靠后，位于第26位和第24位。普华永道同样在《2012—2016年全球娱乐及媒体行业展望》报告中指出，"未来5年，移动互联网将成为数字消费的关键驱动因素，到2016年全球接入用户数量将达到29亿，其中将近10亿来自中国"。数字经济和软件行业的发展，不仅可以带动经济的增长，同时也带动整个科创行业的发展。技术让发达城市与发展中城市同台竞技，技术颠覆了传统经济影响力和竞争力模式（图7）。

上海在经济学人智库EIU全球城市竞争力指数人力资本分类上排名第60位，综合排名第43位。应该说上海凭借在经济实力以及城市基础设施建设方面的成就，提升了整个城市的综合竞争力，在为吸引外来人才以及构建本地科技创新环境上提供了很好的基础和资源整合。在2014GCCI中上海的人力资本排名第60位，这正是上海下一步需要着力提升的方面，通过吸引人才、留住人才，来推动整个城市的发展。

3.4 打造文化都市，参与全球治理

包容性和多样性的文化，能够吸引各方人才，并推动全民创新创业。未来30年的上海，需要建立具有包容性和多样性、可持续发展的价值观。在全球化时代，文化对一座城市的功能不仅体现在商业形式的创意产业，它的根本贡献是使城市具有独特的魅力和创新的氛围，从而能够吸引海内外的精英人才，以及那些试图雇佣他们的企业。而这些在全球化的知识经济时代，是创新和经济持续发展的引擎。

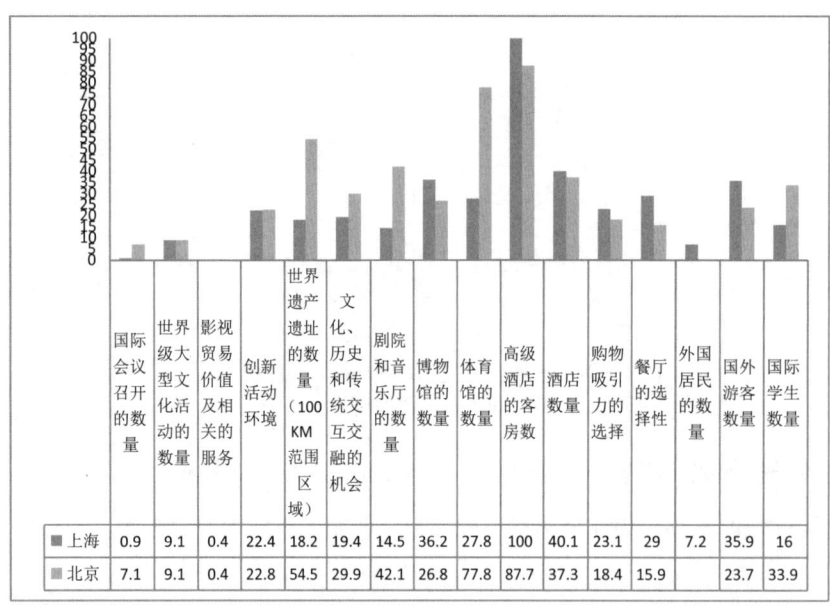

图8 上海&北京"文化交流"指标得分比较(满分100分)
资料来源：2014 Global Power City Index。

未来上海的城市建设将是以人的需求为出发点，以人的感受为中心，并将这一理念切实贯穿城市的日常管理以及每一项具体的规划设计、实施项目之中，使之首先成为一个充满人文关怀的城市。

从目前来看，上海在GPCI的"文化交流"指标中表现并不理想。在三级指标排行榜中，"国际会议召开的数量""影视贸易价值及相关的服务""剧院和音乐厅的数量"这三项均分比较低，分别排在第36位、第31位和第33位，而最好的则是"高级酒店的客房数"，排第1位，同时"酒店数量"也很多，排名第5位（图8）。

以普华永道COO报告中的"城市门户"作为基础对比指标，上海从2012年的第4名降至2014年的第10名，但仍超过了综合排名（第20位）。报告中，从酒店房间、国际旅客、出入境人数、机场到中心商务区的路径、排名前百的机场和正点航班数6个指标分析了文化多样性这一项指标，其中除了正点航班数的排名较差[第29名(倒数第2)]，其他指标的排名均在前10，并且房间酒店数量第1名。在城市政治参与度方面，COO选取了"国际交流会议数量"作为指标评价城市的政治参与度，上海排名第16位（图9）。

美国智库"AT Kearney"每隔两年发布科尔尼全球城市指数（Global Cities Index，GCI），"文化体验"指标占15%的权重，上海从2008年的第35名升至2014年的第20名，但仍处于较后段的位置。同时可以看出，北京在"文化体验"的排名一直比上海靠前。此外，"政治参与"指标占10%的权重，上海从2008年的第18名降至2014年的第32名，滑落很大。而北京在"政治参与"的排名则一直处于前段位置，2014年获得第10名。

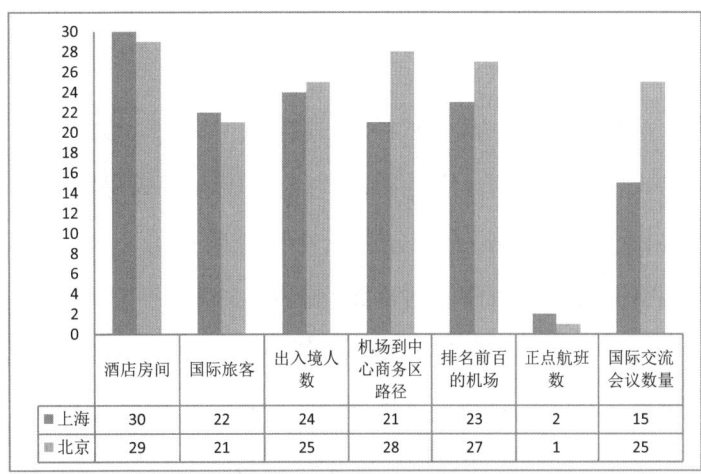

图9 上海 & 北京"城市门户"指标得分比较（满分30分）
资料来源：2014 City of Opportunity。

表23 "城市门户"城市排名

排名	城市	排名	城市	排名	城市
1	伦敦	11	吉隆坡	21	约翰内斯堡
2	北京	12	首尔	22	芝加哥
3	新加坡	13	悉尼	23	米兰
4	香港	14	柏林	24	墨西哥城
5	东京	15	伊斯坦布尔	25	圣保罗
6	马德里	16	旧金山	26	布宜诺斯艾利斯
7	巴黎	17	洛杉矶	27	雅加达
8	迪拜	18	多伦多	28	孟买
9	纽约	19	莫斯科	29	里约
10	上海	20	斯德哥尔摩	30	内罗毕

资料来源：2014 City of Opportunity。

表24 "政治参与"城市排名

排名	城市	排名	城市	排名	城市	排名	城市
1	华盛顿	11	莫斯科	21	洛杉矶	31	伊斯坦布尔
2	布鲁塞尔	12	柏林	22	芝加哥	32	上海
3	纽约	13	墨西哥城	23	巴塞罗那	33	波士顿
4	巴黎	14	布宜诺斯艾利斯	24	蒙特利尔	34	旧金山
5	日内瓦	15	首尔	25	亚特兰大	35	迈阿密
6	伦敦	16	马德里	26	曼谷	36	苏黎世
7	维也纳	17	香港	27	悉尼	37	休斯顿
8	东京	18	斯德哥尔摩	28	法兰克福	38	台北
9	罗马	19	多伦多	29	迪拜	39	孟买
10	北京	20	新加坡	30	圣保罗	40	慕尼黑

资料来源：2014 Global City Index。

3.5 加强环境建设，提升宜居质量

上海作为长三角地区的门户，其交通便利性和城市宜居性总体占优，但仍有不足。在 GPCI 关于交通可达性的指标上，上海在"国际货物航线直达城市数""飞机跑道数量"和"出租车价格"这三项得分较高，分别排第 6 名、第 8 名和第 7 名，而最糟糕的则是"市中心至机场所需时间"相对较长，排名第 32 名。

2014 年普华永道 COO 报告排行榜中前 10 位的城市依次是伦敦、纽约、新加坡、多伦多、旧金山、巴黎、斯哥德尔摩、香港、悉尼、芝加哥，上海处于第 20 位。其中在"交通和社会基础设施建设"这一项指标中，上海排名第 17 位，位于综合排名（第 20 位）之前。报告中，从公共交通系统、轨道交通覆盖范围、公共交通费用、有营业牌照的正规出租车、公共休闲用地和住房条件 6 个指标分析了"交通和社会基础设施建设"这一项指标，其中上海轨道交通覆盖范围排名最差（第 23 名），公共交通费用和公共休闲用地两项排名相对靠前，均处于第 11 名（图 10、图 11）。

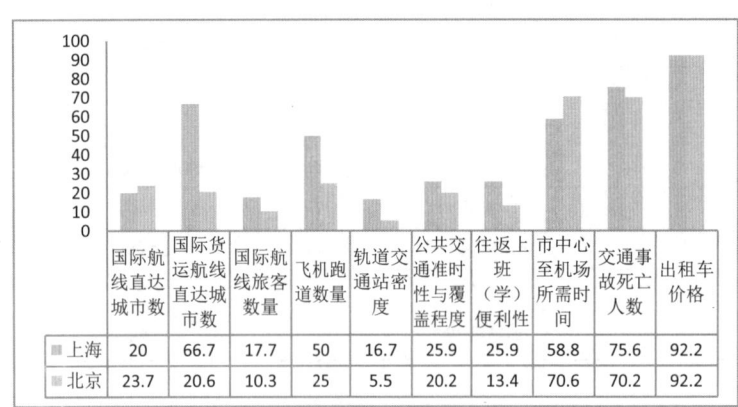

图 11　上海 & 北京"便捷性"指标得分比较（满分 100 分）
资料来源：2014 Global Power City Index。

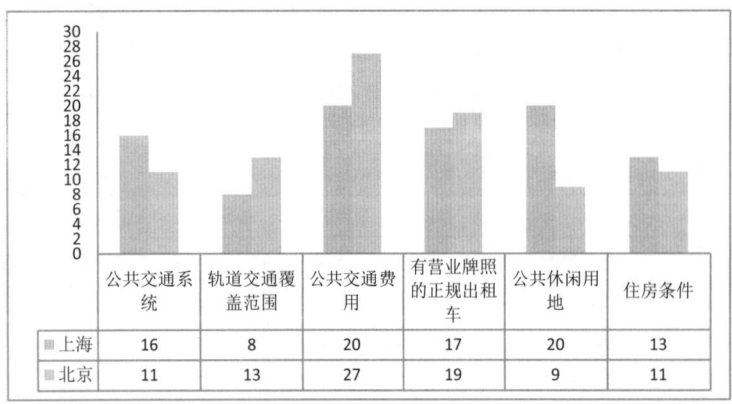

图 12　上海 & 北京"交通和社会基础设施建设"指标得分比较（满分 30 分）
资料来源：2014 City of Opportunity。

2012年，经济学人"全球城市竞争力指数（GCCI）"从8个方面评价了城市的竞争力指数，上海综合排名第43名，其中"物质资本"这一项占10%权重。同时，上海在GCCI中获得81.3分，排名第32名，处于后段位置。"物质资本"选取了基础设施质量（42.9%），公共交通质量（14.3%）和通信设施质量（42.9%）这3项指标进行评价。

表25 "物质资本"城市排名

排名	城市	排名	城市	排名	城市	排名	城市	排名	城市
1	阿姆斯特丹	11	悉尼	21	纽约	31	吉隆坡		
2	香港	12	维也纳	22	芝加哥	32	上海		
3	新加坡	13	苏黎世	23	伦敦	33	北京		
4	斯德哥尔摩	14	波士顿	24	米兰	34	莫斯科		
5	东京	15	马德里	25	台北	35	曼谷		
6	温哥华	16	大阪	26	旧金山	36	圣保罗		
7	巴塞罗那	17	巴黎	27	福冈	37	伊斯坦布尔		
8	哥本哈根	18	柏林	28	洛杉矶	38	墨西哥城		
9	法兰克福	19	华盛顿	29	首尔	39	孟买		
10	日内瓦	20	布鲁塞尔	30	多伦多	40	开罗		

资料来源：2012 Global City Competitiveness Index。

从宜居性来说，相比其他城市，上海在健康、安全、治安方面都处于靠前位置，薄弱点在于"工作环境"与"生活环境"。根据GPCI 2014年的数据在40个全球城市中，上海排在第19位（综合总排名第15名）。从各项的三级指标中，可以看出上海在"生活成本"和"安全"这两项指标得分较高，"平均房租"和"物价水平"很低，且犯罪率很少；然而"工作环境"与"生活环境"则相对较差，同时在"生活设施"方面，虽然人口密度很高（第35名），但国际学校的数量（第7名）、便利店的数量（第5名）、餐馆的数量（第7名）这三项指标的名次均比较靠前。

表27 上海"宜居程度"指标排名 - 2014 GPCI

一级指标	二级指标	三级指标	上海三级指标排名
宜居程度（第19名）	工作环境	完全失业率	10
		总劳动时间	23
		职工生活幸福度	23

续表

一级指标	二级指标	三级指标	上海三级指标排名
宜居程度（第19名）	生活成本	平均房租	5
		物价水准	6
	安全	杀人事件率	4
		灾害脆弱程度	12
	生活环境	60岁以上期望寿命	33
		社会设施的完备	36
		居民中医生数量	35
	生活设施	人口密度	35
		外国人口中国际学校数量	7
		便利店的数量	5
		餐馆的数量	7

资料来源：2014 Global Power City Index。

在普华永道公布的COO报告中，选取了医院及床位数、医疗体系服务水平、养老服务、犯罪率和行政环境5个指标分析了"卫生保健与发全"这一项指标，其中上海的行政环境最差（第25名），医院及床位数也相对紧张（第21名），治安排名相对靠前，处于第10名，表明上海拥有相对安全的治安环境（图13）。

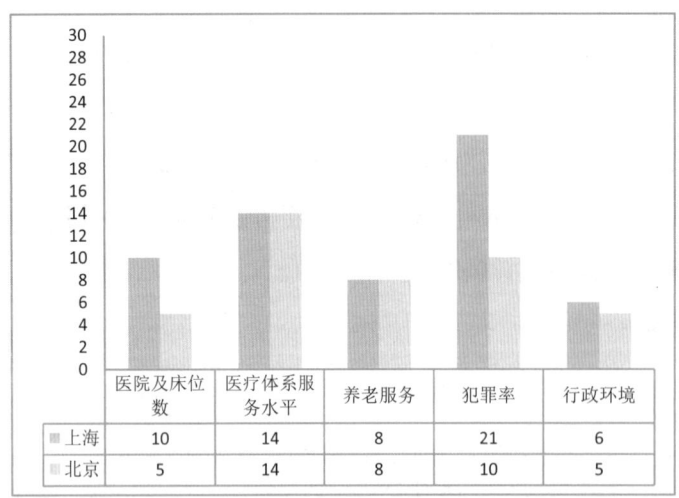

图13 上海 & 北京"卫生保健与安全"指标得分比较（满分30分）
资料来源：2014 City of Opportunity。

- 城市有机更新的三个维度　伍江
- 上海城市有机更新进行时　俞斯佳
- 从空间扩张到功能转型：上海城市的更新再造　王伟强
- 城市"微更新"刍议：兼及公共政策、建筑学反思与城市原真性　李彦伯
- 上海石库门里弄的存废　刘刚

三

城市更新
Urban Regeneration

城市有机更新的三个维度 *

伍江 **

引言

过去40年中国的城市发展取得了伟大的成就，但也因为粗放发展和快速城市化产生了诸多问题。我国"十四五"规划及党的二十大报告中都强调了实施城市更新行动。这是我国为全面建成社会主义现代化强国、实现中国梦和中华民族伟大复兴的目标，针对当前城市发展提出的新形势和新要求，不仅为后续进一步提升城市发展质量，而且为"十四五"及此后一个时期完善城市工作明确任务指明方向[1]。

新时期的城市更新行动是转变城市开发建设方式、提升城市发展品质、优化城市结构调整等的重要推手，在推动经济和社会持续健康发展和满足人民群众日益增长的对美好生活向往和需求方面具有重要意义[2-4]。实施城市更新行动在总体目标上强调持续建设绿色城市、宜居城市、人文城市、智慧城市、韧性城市，不断提升人民生活品质、城市人居环境和城市竞争力，最终探索出一条具有中国特色社会主义的城市发展道路[5]。

---

* 本文原载于：《中国科学：技术科学》期刊，2023，5。
** 伍江，同济大学建筑与城市规划学院长聘教授，wujiang@tongji.edu.cn

城市发展模式向更可持续方向转型是一个全球共同面临的问题。在过去半个世纪里，伴随着全球城市化进程，发展中国家的快速城市化同样面临着诸多挑战。我们所提出的城市发展模式是对 2016 年 10 月联合国第三次人类居住大会《新城市议程》中提出的包容发展、绿色发展、韧性发展和有序发展的回应。因而，中国对当代城市发展诸多问题的回应和城市发展模式的及时转型，也具有了重要的全球意义。

1 城市有机更新

城市如同一个生命体，具有内在的和活跃的代谢活动，即城市持续不断地更新活动。这本来就是城市与生俱来的生命常态，也是城市的生命力之所在。一般来说，一个生命体在其初步形成阶段会经过一个快速生长期，表现为一种"日新月异"的现象。但大部分生命体经过这个快速生长期之后，就会进入更为常态化的平稳维持阶段。在这一阶段，活跃的生命活动多表现为细胞层面的新陈代谢，往往在不知不觉中发生。对城市而言，这种细胞层面的生命代谢活动就是微观层面的、小尺度的、持续发生的且常常不易引人注意的"渐变"。这种"渐变"表现在城市基本空间单元内功能（宜居、宜业、宜学、宜养、宜游等）和城市空间品质（人性化、精细化、艺术化等）的不断提升，以及遵循城市因具有经济、地理、气候、生态、文化等不同发展演化特征形成的空间形态和运行逻辑[6]，称为"有机更新"。

在客观规律上，增量型发展阶段是城市发展的早期建设阶段，而存量型发展阶段是城市发展的维护和提升阶段[7]。在中国已经持续了多年的大规模旧城改造和快速城市扩张是城市生命体生长初期（指快速工业化所带来的快速城镇化）的特殊阶段的特殊状态。城市发展到一定阶段就会进入"成年期"，也就是更为常态化的发展阶段，即从粗放式的增量发展阶段走向精细化的存量发展和有机更新阶段[8]。这种发展状态面临着快速生长期遗留的诸如空间资源紧缺[9]、公私利益平衡欠缺、城市文脉破坏严重[10]、城市人居健康堪忧等一系列复杂的城市问题，所以，我们需要及时转变发展观念与发展模式，通过系统化、渐进式的城市更新方式来拉动经济发展、实现空间优化、改善人居环境、保护城市文化和历史文脉及保留社区网络等多元目标。这一阶段的城市建设活动不应再继续表现为大拆大建、大规模的快速改造建设[11]，而是更多地以提升城市品质为目标、小规模渐进式的"有机更新"模式。

城市"有机更新"的发展模式更加强调城市品质的持续提升而不仅是空间形象的不断改变。具体来说，"有机更新"具备如下特征：相较于唯经济论更加注重多元协同、相较于物质建设更加注重人性关怀、相较于量的扩张更加注重质的提升、相较于粗放管理更加注重精细治理、相较于刚性思维更加注重弹性思维[11]。在"有机更新"视角下,对城市更新的认识和理解,逐渐从"单一物质更新目标"转变为"多目标"的全方位综合改善[12]。2014年,在上海举办的"亚洲城市论坛"上,笔者提出了"城市更新"的基本定义:"城市更新既是制度的建构过程,又是优化城市空间资源配置和实现土地价值、实现资本循环的综合发展过程。"因此,城市有机更新更强调通过持续不间断的更新行动,不仅改善物质空间环境品质和保护文化遗产,而且修复城市生态系统、保育社会网络、激发社会活力[10]。可以说,城市有机更新的过程也是城市活力不断被激发的过程。

城市是一个复杂的巨系统,存在极为复杂多变的城市发展需求,而且具有高度不确定性。城市更新最核心的问题是要在不确定性中锚定确定性,即守住5条基本发展底线(土地资源、生态宜居、历史人文、公平公正和公共安全)。具体来说,守住土地资源底线意味着,在城市发展中需要正视资源局限的问题,在保障耕地安全与生态安全的前提下,更集约地利用已有建成环境。守住生态宜居底线意味着,在城市发展与建设中,从以往的外延型和资源消耗型发展模式(以生产要素和投资驱动为特征)转向创新型和存量型城市发展新模式(以创新和财富驱动为特征)[7]。守住历史人文底线意味着,在城市发展和更新中加强制度顶层设计,需要超越建筑单体和街巷街区的保护范畴,延伸至城镇格局乃至历史地段的保护,从而实现对人文景观和自然景观等蕴含整体社会文化身份空间载体的整体更新保护[8]。守住社会正义底线意味着,寻求政府、社会、市场(开发商)和居民多方利益的均衡,从而实现公众利益保障机制的公平化和法治化[9]。守住公共安全底线意味着,通过推进智慧管理机制不仅可以应对来自大自然和各种人为灾害的公共安全挑战,而且可以在空间资源以及硬件设施等方面做好预测和准备。有机更新强调在5条底线约束下,不仅兼顾资源、生态、安全、社会、历史的限制,而且倡导新型的、常态化的、可持续的城市发展新模式。

在顺应城市发展规律的基础上,城市有机更新强调通过在不同层次上不断提升城市经济能级、激发城市生产力和创造力,通过完善城市功能的方式提升城市公共空间品质和服务能力,通过挖掘与保护城市历史文化遗产的方式推动文化繁荣与文化创新,通过持续保障城市公平正义和化解城市冲突的方式来维护社会和谐发展,以及通过坚持绿色可持续发展的方式来保障城市的有序、安全和韧性。城市有机更新也相应针对社会治理模式转型提出了更高的要求[12]。由此,规划师、建筑师所进行的传统规划设计工作只是打造高品质生活空间的起点,为了实现城市有机更新的目标,需要将传统的建设前的规划设计工作延伸至城市开发、管理、运维等全过程,对设计对象全生命周期的发展进行预判,并对发展过程中可能遇到的各种问题进行思考和回应。

2 城市有机更新的三个维度

作为生命有机体的城市在保障其持续生命活力的过程中,各个局部和各个阶段必须是整体的和连续的,不可割裂也不可中断。因此,城市有机更新理论特别强调更新改造过程中,各要素不仅在空间发展上的相互连接(具有整体性特征),而且在时间演化上的持续渐进(具有连贯性特征)。由此,对城市更新的理解就必须从具体的、单一的工程项目,拓展到更加丰富和复杂的各相关要素之间关系的把握。在诸多相关关系中,新旧关系最为突出。因为所有更新活动都是针对既有的城市空间对象,更新过程的整体性和连续性主要体现在如何处理新与旧的关系上。这就构成了有机更新最重要的一个维度,即处理新旧关系的不同策略或不同类型的维度。作为有机生命体的城市在其整体生命体征的新陈代谢过程中即更新过程中,存在着诸如细胞层面、器官层面和肢体层面等不同的尺度层次,对应到城市中存在着小微空间、街区社区和成片区域等不同层次的维度,因而城市更新也必然成为具备不同尺度和不同意义的更新过程。作为生命有机体的城市在其持续更新中还有一个极为重要的维度,即城市对于其功能持续改进的需求和对更高品质空间不断追求,这决定了城市的更新活动不可能是简单的单循环过程,而是一个周而复始、持续不断的过程。对应到城市有机更新中,体现在更新不仅局限在传统的规划设计工作,而且需要从政策设计、规划设计、工程实施到管理运维的全生命周期,由此形成本文所述城市有机更新的三个重要维度。

2.1 类型维度——旧而新生、新旧共生、新而再生

基于时间发展上渐进性和空间发展上整体性的特征,有机更新在城市空间中集中体现在新建空间与既有建成环境之间的关系上,具体包括完全尊重历史的及旧的部分的更新、加入部分新增的新旧交替的更新,以及新生之后继续推动的持续更新三种类型。我们将这三种类型概括为旧而新生、新旧共生和新而再生。

一是旧而新生,此类更新强调对城市中历史元素(包括建筑遗产和既有城市空间肌理与布局等方面)的尊重。城市有机更新通过对空间的更新、功能的更新、产权的更新、技术的更新等具体操作方法与手段,将更新前衰败消极的空间重新转化融入城市发展中,使其获得新的生命和活力。例如,上海的春阳里,通过对居住建筑的更新,实现旧

改造前

改造后

图 1　类型维度中旧而新生的典型案例（民生码头八万吨筒仓改造前后对比）
照片来源：改造前来自万科集团，改造后来自苏圣亮。

建筑空间适应新的生活形态的方式；上海的民生码头筒仓，通过在已经丧失原有使用功能的旧厂房中增加新的交通和展览空间的方式，使其能够承载新的城市功能（图1）。

二是新旧共生，此类更新强调在充分尊重历史记忆的基础上，新增建筑、公共空间或设施，不仅要体现对既有历史环境的尊重，又要在新时代的表达中呈现出不同介入程度及与既有空间的并置、共存和共生关系。例如，上海的解放日报社采用在院落中加建的方式植入新功能，既完整保护和呈现了历史住宅的原本风貌，又解决了新的功能需求。又如，上海杨浦滨江的公共空间更新，将旧的封闭工业生产和运输空间改造成向市民开放的城市公共空间，旧码头、旧船坞和旧厂房成为市民休闲活动的绝佳配景，与当前新的城市公共生活相得益彰（图2）。

三是新而再生，此类更新强调，经过"旧而新生"和"新旧共生"改造的历史空间，依然需要根据实际情况和需求的变化进行持续的改造和更新，只有通过推陈出新、不断更新迭代的更新改造过程，城市才能够持续保持发展活力。例如，上海外滩隧道改造建设就是在综合考虑满足新时期滨水公共空间需求、历史空间尺度需求和城市景观需求的基础上，对已经改造过的城市公共空间进行持续改善和更新，以适应新时期的新需求。又如，针对上海陆家嘴地区存在的宏大尺度（高耸地标建筑物和过低建筑密度）、城市空间形态不明（高层建筑没有积极地定义街道和广场）、多样性缺失（79%为办公功能）、步行环境品质低下（道路两侧缺乏活力）等问题，同济大学蔡永洁教授课题组通过"城市细胞修补术"（空间加密）的实验性设计，在基本不拆除既有建筑的前提下，通过以城市空间紧凑性和丰富性为目标的城市空间重构的方式探索了空间的城市性特征转型[13]（图3）。

图2 类型维度中新旧共生的典型案例（上海解放日报社改造项目）
图片来源：章勇摄。

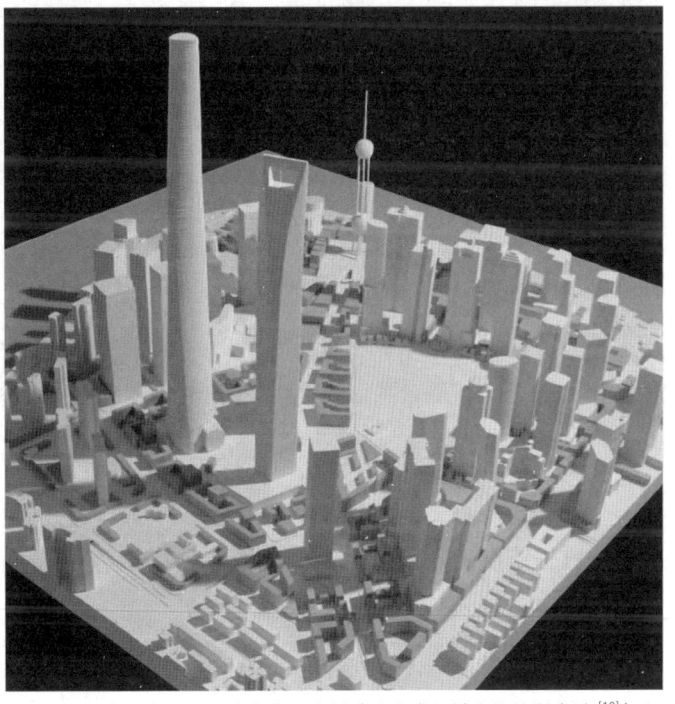

图3 类型维度中新而再生的典型案例（陆家嘴再城市化教学实验[13]）

2.2 层次维度——区域层次、街区层次、小微层次

城市有机更新强调对既有建成环境的尊重，所以针对区域、街区、小微层次的有机更新，会有不同的影响作用、发生特征和运作需求。针对城市发展过程中面临的不同层次的更新问题和更新策略，城市有机更新在层次维度上可以分为区域层次、街区社区层次和小微层次。

首先，在大尺度区域层次上，通过实施具有战略性和引导性的城市有机更新，形成高能级、具有辐射效应甚至溢出效应的"更新节点"，从而实现整个片区各个组成部分要素的联动反应，并带动整个区域的空间品质提升和活力增强。区域层次的城市有机更新，往往通过自上而下的方式成片区、成规模地推进。典型案例包括纽约布鲁克林的多米诺糖厂改造。该项目在场地北端设计了历史步道，并在步道上集中放置了超过30件工厂大型机械，希望通过历史步道作为辐射节点带动区域的整体提升。

其次，在中尺度街区和社区层次上，城市有机更新更强调对城市空间肌理的保护性延续及通过功能混合带来的活力提升。一方面，对传统的空间肌理和人性尺度的保护有助于保留街区的空间使用方式和集体记忆；另一方面，通过在土地管理中缩小用地规模，增加功能的多样性和混合性的方式，激发场地所容纳活动和事件的多样性和丰富性。

最后，在小微尺度层次上，城市有机更新强调通过对高频性节点的更新改造，引发触媒式或自发性的空间品质的提升或空间使用方式的改变。不同于区域层次维度上普遍采用的自上而下方式，小微层次多通过自下而上的方式实现。希望通过更有针对性和与市民日常生活密切相关空间问题的解决，不仅能够提升空间品质和激发空间活力，增强市民的参与意识和共治共建共享精神，而且可以增加空间的"市井气"和"烟火味"。典型案例就是上海自2016年开始推行的"社区空间微更新计划"。该计划旨在通过小规模、微介入、参与式的公共空间更新，提升社区公共空间品质和提高市民的公众参与意识，激发后续的、更大范围的小微空间更新。

2.3 过程维度——政策、规划、设计、实施、管理、运维全周期

在城市化早期，城市更新与建设项目只关注从规划、拆除、设计到建设完工的一次性过程。在新时期新常态下，城市有机更新不再满足于"一次性"的"大拆大建"，更强调对空间品质和生活品质的不断提高，并将宏观指引——对城市空间品质提升不断作出界定和讨论，与微观把控——对城市空间品质提升的具体事项的确定和安排整合起来

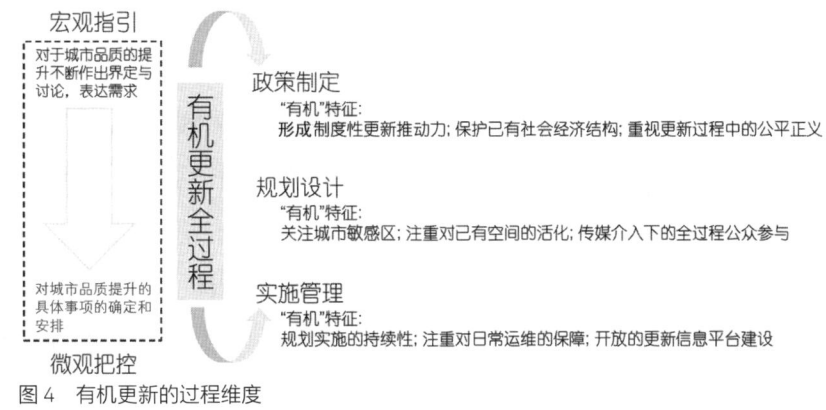

图4 有机更新的过程维度

（图4）。这意味着城市更新是一个不断循环往复的全周期过程的城市发展行为和状态，包括制度设计、规划实施和管理运维等从前端到后端的各个环节。

在政策制定方面，城市有机更新强调形成制度性的更新推动力，保护已有的社会经济结构，重视更新过程中的公平正义。一是尊重已有的社会经济结构，通过为原住民提供过渡性生活服务的方式来维持原有社会邻里结构，由此避免居民异地动迁过程中造成的邻里关系解构和社区文化溃散等问题；二是通过在规划设计层面推进社区营造来推进社区生活多元融合，由此形成集生态、艺术与社区生活为一体的共生生态；三是关注更新过程中的公平正义，通过确立"居民自愿、政府主导、多方支持"的原则，不仅在资金筹措上做到协商和政府补贴，而且在实施程序上做到公正公平、公开透明。典型案例是哥伦比亚麦德林城市更新过程中制定的"城市整合计划"。在该计划中，政府联合企业、NGO和高校等机构，动员社会要素和社区积极参与关键片区的选择及更新，并作为长期介入的责任人而非追求短期成效的参与者，提供有效且稳定的资金支持为建立社区关系和推行该计划提供保障。在规划设计方面，城市有机更新强调小规模和渐进式的更新方式，并尤其关注对城市敏感区的保留、保护与修复，对衰败低效空间场所的活化与再利用，以及传媒介入下的全过程公众参与。首先，城市有机更新相较普适性区域更关注典型性

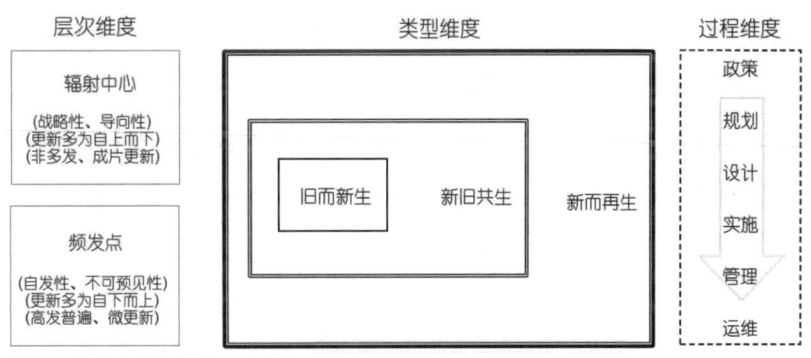

图5 城市有机更新的三个维度

区域的重点控制。因为典型性区域往往是城市中的敏感区也是更新后的活力点和辐射节点，会对整个系统产生更深远、更广泛的影响。其次，城市有机更新强调在建成环境的更新中，不仅需要尊重既有城市空间现状，而且需要探索既有建成空间尤其是衰败低效空间如何通过适应性新功能的植入满足空间再生的需求。最后，城市有机更新强调引入大众传媒和社交媒体呈现公众参与的全过程。因为媒体可以作为公众了解有机更新应对新目标和新需求的触角与收集器，不同参与主体对城市空间品质提升诉求的表达、城市品质提升的内在动力机制都可以通过有机更新中的媒介活动来实现，从而引起公众和全社会对城市有机更新探索与实践的关注。

在实施管理方面，城市有机更新不仅关注规划实施，而且注重构建保障日常运管维和建设开放信息的平台。不同于传统的一蹴而就的城市更新项目，城市有机更新强调持续性、不间断的常态化过程。由此，如何推行具有连续性的规划实施、构建具有保障性的日常运维和开放性的更新信息平台是核心。因为城市有机更新的过程是"划一管理"难以完成的，需要给城市的自发性活动和自组织行为预留余地并做好规划引导。新技术信息平台的建设为城市有机更新的以下方面创造了条件：广泛的公众参与、持续的规划实施监督、高效的信息发布以及易于推广和传播的公众教育。其次，城市有机更新在协调新建空间与既有建成环境之间关系时，导则与平台起着非常重要的作用，具体体现在导则与平台可以：①突破以机动车交通为核心的传统规划局限，搭建涵盖街道空间全部建成环境要素的、基于多部门协同管理的全要素精细化规划设计方法；②弥补传统空间规划难以统协普遍性与多样性的不足，通过建立"总则—通则—分册"的规划技术框架，架构一整套从总体原则到控制导则，再到具体实施的完整技术模式；③解决以往多元主体规划决策情境下思想不统一、信息不对称、依据不充分的困境，打造"总规划师"制度主导下由基础信息库和规划信息库共同构成的多元协同规划平台。

在理解类型维度、层次维度和过程维度的基础上，城市有机更新可以：①通过提高可达性、便利性、尺度感、文化认同感、城市街道生活等方面使城市更加人性化；②通过加强城市公共开放空间规划建设、城市步行和慢行空间建设、城市"活体细胞"和"烟火气"等方式增强城市活力；③通过优化和提升城市空间建设标准、健全城市防灾设施体系、提高城市抗击各类灾害的能力、加强城市应对各类环境变化、建立健全城市紧急状态应对机制等方式提高城市韧性；④通过加强土地的保水性与透水性、恢复城市生态水系、加强城市生态空间的系统性和网络性、兼顾城市生态空间的集中与均布、城市周边的生态绿地和城市中心区的公共绿地等方式进一步提高城市的可持续发展能力。

3 路径探索

城市有机更新为我国存量和减量背景下的城市发展提供了方向，但在实践中需要考虑当前制度建设和工程制度上的三大瓶颈：①现行城市规划技术法规（尤其是控制性详细规划），仅强调对新增建设的管控作用，对具有保护价值的空间要素的整体统筹考虑不足。②我国城市空间因为不同年代建成环境的叠加呈现出要素种类繁多、建成空间关系复杂等现象，再加上城市管理部门掌握的基础资料不健全且缺乏系统性。这些既不利于为改造建设活动提供动态、三维、完整和精准的建成环境基础信息，又缺乏为新规划设计建设方案提供足够应对复杂建成环境的决策支撑。③既有法定规划技术方法过于强调对城市建设在数值（密度、高度、容积率）上的管控，而忽视城市更新在微观上、小尺度、精细化的管控方法。这些都成为常态化有机更新需要面临的困难和瓶颈。

为了突破以上瓶颈，为新常态城市有机更新提供具有综合性和全局性的实现途径，需要准确检测和模拟既有的建成环境、新建空间的改造设计方案，以及改造建设过程。在此基础上，精细化管理涉及全周期多要素协同空间规划、全要素数字孪生信息获取与决策支撑，以及多维度紧约束精细化工程实施[14]。

第一，全周期多要素协同空间规划提出了全要素精细化规划技术方法，并通过该方法将保护与更新的建成环境要素融合起来。相较传统控制性详细规划中仅对增量导向的新开发建设的控制引导提出技术指标体系（难以适应城市存量保护更新常态的要求）的局限，全周期多要素协同空间规划提出多层级精细化规划技术方法（由控制性规划、控制图则和全要素规划导则构成），以解决现有规划管控对大规模建设有效、对小微尺度存量改造无效的瓶颈。

第二，全要素数字孪生信息获取与决策支撑强调建立一套高清感知系统（包括建成环境 3D 信息采集、智能化管理、可视化辅助应用、市民行为感知等），以期为推进有机更新提供精细化的信息来源和数据支撑。以此解决在日益复杂的城区建成环境中，传统人工手段和 2D 图纸静态空间的信息收集与管理费时费力、效率低下且精度不高，难以满足当下动态发展的城市规划设计建设与管理决策要求的难题。

第三，多维度紧约束精细化工程实施强调精细化、综合性的施工和环境整治技术体系的构建，推动在最小影响与干预下，提升建成环境的功能和品质，以此解决传统粗放式的更新施工方式容易破坏既有城区高密度建成环境中的文化遗产、生态环境等难题。

4 结语

城市像一个生命体，城市更新活动像城市生命体的新陈代谢，是贯穿整个生命发展周期的常态化、持续、渐进式的发展模式。城市有机更新旨在遵循城市基本发展规律的条件下，在完善重大城市功能和提升城市经济能级所需的空间结构调整和建设活动之外，实现更为常态化的"细胞层面"和"针灸式"空间整治和改善，不仅持续提高城市空间品质，而且积极应对城市在资源、环境、生态、历史人文和持续运维方面综合性、系统性的发展要求。唯有在尊重城市发展规律及加深对有机更新三个维度理解的基础上，在城市发展中守住生态宜居、历史人文、土地资源、公共安全和公平公正底线，充分考虑到有机更新层次维度、类型维度和过程维度的存在空间，城市的生命力才会愈加旺盛，城市空间才会越来越有活力。

参考文献

[1] 王蒙徽.实施城市更新行动[J].城市勘测.2021（1）：5-7.

[2] 李建波，张京祥.中西方城市更新演化比较研究[J].城市问题.2003（5）：68-71.

[3] 丁凡，伍江.城市更新相关概念的演进及在当今的现实意义[J].城市规划学刊.2017（6）：87-95.

[4] 董玛力，陈田，王丽艳.西方城市更新发展历程和政策演变[J].人文地理.2009（5）：42-46.

[5] 伍江.城市空间的人民性[J].建筑实践.2021（10）：6-13.

[6] 郑时龄.上海的城市更新与历史建筑保护[J].中国科学院院刊.2017（32）：690-695.

[7] 周俭，阎树鑫，万智英.关于完善上海城市更新体系的思考[J].城市规划学刊.2019（1）：20-26.

[8] 郑时龄.关于上海城市更新的思考[J].建筑实践.2019（7）：8-11.

[9] 段进.城市设计，塑造高艺术品质的国土空间[N].中国自然资源报.2021-4-26（001）.

[10] 常青.过去的未来：关于建成遗产问题的批判性认知与实践[J].建筑学报，2018（4）：8-12.

[11] 庄少勤."新常态"下的上海土地集约节约利用[J].上海国土资源.2015（36）：1-8.

[12] 唐燕.强化制度建设，推进城市更新——从简单物质改造转向综合的社会治理[J].环境经济.2020（13）：39-43.

[13] 蔡永洁，许凯，张溱，等.新城改造中的城市细胞修补术——陆家嘴再城市化的教学实验[J].城市设计.2018（1）：64-73.

[14] 伍江.城市有机更新与精细化管理[J].时代建筑.2021（4）：6-11.

上海城市有机更新进行时

俞斯佳[*]

1 上海城市更新历程与类别

1.1 上海城市更新的发展阶段

上海城市更新一直在进行中,上海原来的旧区改造、新区建设已经有城市更新的意向在里面,只是表现方式和侧重点有所不同,具体可以分为以下几个阶段(图1)。

1. 20 世纪 80 年代

20 世纪 80 年代左右,上海进入改革开放之后,城市更新主要是以改善居住条件为目标的旧城改造。当时有大量的危棚简屋、棚户、危房等,这些住宅改造和基础设施完善是当时城市更新的主要内容。

2. 20 世纪 90 年代

进入 90 年代之后,随着浦东的开发开放,追求以经济增长为目标的新区建设是当时主导的城市更新模式,浦东的建设基本以推倒重建为主,对过去的街道和环境保留很少,

---

[*] 俞斯佳,教授级高级工程师,上海现代城市更新研究院院长,13901871982@163.com

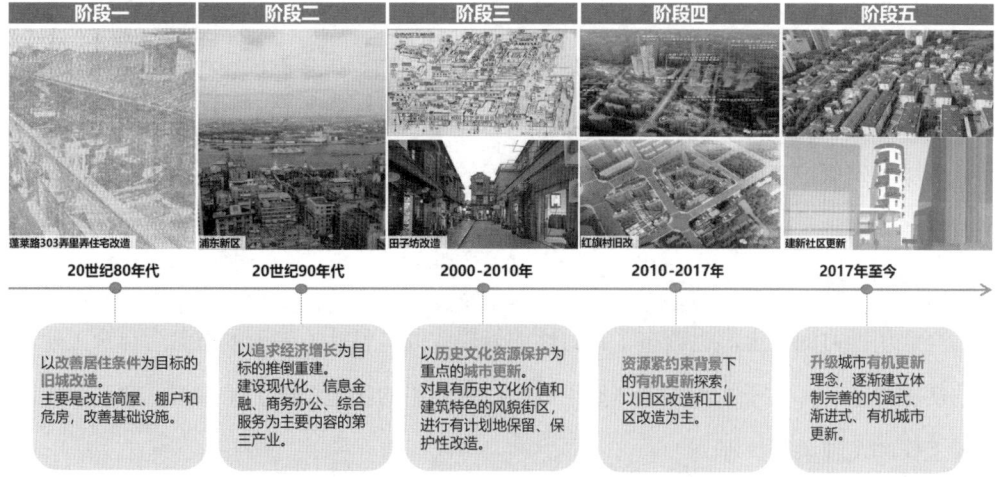

图1　上海城市更新的发展阶段和代表案例

一方面是当时觉得这个区域没有具有较高历史底蕴的东西，另一方面是城市的肌理不够有特点。浦东新区完全是新建的城区，包括已经建设完成的陆家嘴、花木、金桥等5~6个大型功能区。

3. 2000—2010 年

进入新世纪之后，城市更新理念有显著转变，注重了城市历史和文化底蕴。当时无论是政府还是市场，都逐渐选择一些有历史价值的特色街区进行保护性改造，新天地、田子坊、八号桥等都是当时的产物。

4. 2010—2017 年

这一时期上海进入土地发展瓶颈，土地的级差效应在中心城区越来越凸显，过去中心城区产业类、仓储类用地逐渐成为土地价值的洼地，推动了大量的工业区转型，变成创意园区，但工业的性质没有完全改变。

5. 2017 年至今

2017年上海城市更新开始进入成熟的发展轨道，开始推广城市有机更新的概念，城市更新体制机制开始逐渐完善，内涵式、渐进式、小规模的城市更新理念得到认同，拉开了上海城市更新的大幕。

1.2 上海城市更新的类型

在过去城市更新研究中，城市更新类型主要从用地性质划分为商业商办、历史街区、产业用地和公共服务设施四类。在研究过程中我们又增加了旧住房综合改造和城中村改造两类。推进城市更新过程中，上海市政府也针对性地出台一些适用的法规政策。

1. 历史文化街区

历史文化街区更新的条例法规比较清晰，除了《上海市优秀近代建筑保护管理办法》之外，还出台了《上海市中心城历史文化风貌区范围划示》《上海市历史文化风貌区和优秀历史建筑保护条例》，之后又增加了不同的风貌区、历史街坊、风貌道路等细化的一些管理要求。

2. 产业用地

产业用地方面，上海也颁布了针对性的管控政策，包括《关于本市盘活存量工业用地的实施办法》《关于本市推进产业用地高质量利用的实施细则》《本市低效产业用地处置工作的实施意见》等。

3. 城中村、旧住房改造

在城中村和旧住房改造过程中，也颁布了不少政策法规，涵盖了城中村改造，特别是城市中心区一些城中村的改造，以及如何与市场结合、与企业诉求进行联动等。也有一些国有企业参与进来，尝试保留城中村股权的模式。在老旧住房的改造过程中，政策主要集中在基础设施完善方面，如加装电梯。此外，还涉及门禁里弄的打通以及公共服务设施的配套等。

更新类型及相关配套政策详见表1。

表1 上海城市更新类型

类型	主导方式	配套政策	更新方法	案例实践
商业、商办更新	政府和企业协作平台 原权利人自主更新 联动开发机制 融资途径探索	《上海市城市更新实施办法》 《上海市城市更新规划土地实施细则》	盘活存量 提升能级 空间品质提升	徐家汇西亚宾馆 第一百货商业中心
历史文化街区更新	社会资本为主 政府协助或合作 社会资本视情况引入	《上海市优秀近代建筑保护管理办法》 《上海市历史文化风貌区和优秀历史建筑保护条例》 《上海市中心城历史文化风貌区范围划示》	文化引领 业态转型升级 物质优化	黄浦区179号街坊 上海新天地
产业用地更新	政府主导、多方合作 政府、业主、市场单方主导	《关于本市盘活存量工业用地的实施办法》 《关于本市推进产业用地高质量利用的实施细则》 《本市低效产业用地处置工作的实施意见》	用地性质转型升级 公共空间功能提升	上生·新所 上海浦东船厂
旧区改造城中村改造	政府主导 市场和半市场化 社会资本投资或第三方公益基金引入	《上海市土地储备办法》 《上海市国有土地上房屋征收与补偿实施细则》 《关于本市开展"城中村"地块改造的实施意见》 《上海市旧住房拆除重建项目实施管理办法》 《上海市城市更新中心旧区改造项目实施管理暂行办法》	用地性质转换 空间品质提升	田子坊 红旗村

续表

类型	主导方式	配套政策	更新方法	案例实践
旧住房综合改造社区微更新	政府、企业和社区居民三方合作（pps模式）	《上海市旧住房综合改造管理办法》《关于进一步做好本市既有多层住宅加装电梯工作的若干意见》1+3+X	原址拆除重建 增补公共服务设施 公共空间品质改善 居民公众参与	远龙公寓 杨浦区武川路222号 永嘉路口袋公园
公共服务设施更新	政府主导	《上海市城市更新实施办法》《上海市城市更新规划土地实施细则》《关于本市全面推进土地资源高质量利用的若干意见》	公共空间品质提升 物质优化 文化引领	上海市第一人民医院 徐家汇体育公园

1.3 上海城市更新的代表案例

1. 商业、商办更新

（1）徐家汇西亚宾馆

徐家汇西亚宾馆又名 T20 大厦，是当时城市更新的首批试点项目之一，具有重要的实践意义。T20 大厦位于徐家汇副中心核心区域，政府对其改造提出了三个附加要求：一是由于基地较小，停车问题难以解决，政府要求增加社会停车位；二是增加绿化，主要以垂直绿化和平台绿化为主；三是通过 T20 的改造，增加一条连接徐家汇商圈的天桥，作为一个交通枢纽，使之与汇金百货和美罗城相连，形成一个完整的空中步行系统。为了更好地推进 T20 更新改造，政府对整个规划进行了调整，并对其进行容积率的奖励。

更新改造后的 T20 上半部分主要由办公区域组成，下半部分是公共停车区域、平台绿化和空中连廊（图2）。这些元素共同形成了一个有机、复合的建筑群体。通过容积

图2 改造后的 T20 大厦
图片来源：网络公开资源。

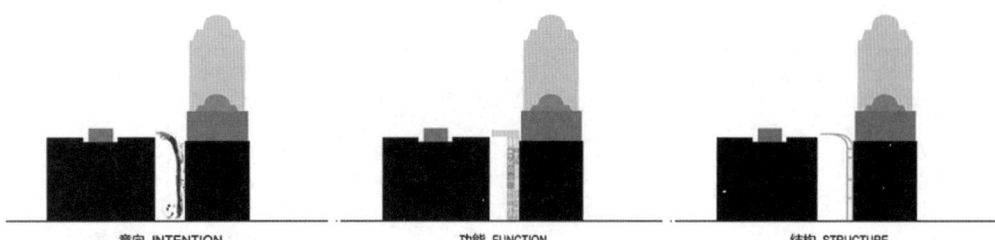

图3 构筑物推演过程
图片来源：原作工作室。

率的奖励，T20 的改造实现了空间和停车设施的改善，并增加了绿化。对规划周边条件研判上，T20 改造对周边环境的影响在可控范围内。

（2）第一百货商业中心

第一百货店位于南京东路步行街上，在过去一段时间内，百联集团考虑在老楼和新楼之间建造一座空中连廊，并将其全部封闭作为建筑之间的连接体。在沟通过程中，我们发现这一举措可能会对历史建筑造成破坏，因此建议放弃这一方案。这个空间在南京路和六合路之间的一个非常难得的"灰空间"入口，可以建造一座构筑物，将这个空间限定起来，作为南京东路步行街与周边支路的商业延伸，既保持商业氛围，又可以有效使用。

最终，同济大学章明教授设计了一座艺术性的构筑物（图3），这座构筑物在老旧建筑之间形成了一个有趣的灰空间，室内外交融，打造更好的商业氛围，这也是基于历史建筑保护的城市更新。

2. 历史文化街区更新

（1）黄浦区 179 号街坊

黄浦区 179 号街坊又名中央商场，位于南京东路步行街与外滩风貌区两大商业旅游中心的核心位置。拥有美伦大楼、新康大厦、华侨大楼、中央商厦等多栋历史建筑和著名的十字街。在改造过程中，中央商场保留和修复了周边许多历史建筑和十字街，同时拆除了违章建筑，更新成为融高端商业、金融办公为一体的多元复合 24 小时活力街区。这个更新工作进行了近 20 年，目前整体展现效果不错。

（2）上海新天地

新天地核心区是保留原有石库门建筑风貌的城市街区，很多建筑经过翻新和翻修，周边也增加了一些新型建筑。新天地在更新改造过程中设计手法纯熟，新旧建筑有机融合，形成完整的历史风貌街区。为了保护整个石库门里弄，采用了容积率转移的方式来保留这一历史街区。

3.产业用地更新

（1）上生·新所

上生·新所历史悠久，曾是一个生物研究所，后来转变为产业用地。由于其历史底蕴深厚，万科非常重视该地块的城市更新，将其打造成为出名的城市更新范例。上生·新所在更新过程中，大量新兴功能被植入，并对过去的建筑进行修复，使其焕然一新（图4）。

更新后这些老建筑成为网红打卡点，政府在这些老建筑更新中发挥了主导作用，但更多的是企业参与，只有负责任的企业才能对历史遗产进行良好的维护和升级。上生·新所的更新案例也用自身实践证明了这一点。

（2）上海浦东船厂1862

1862年建成的浦东船厂地处上海浦东陆家嘴金融中心区，现在已经发展成为文化产

图4 上生·新所改造对比图

图5 浦东船厂保留厂房
图片来源：网络公共资源。

业功能与配套商业功能集合的重点开发区域，区域内部大部分都是新建建筑，但在江边保留了一栋将近8000m²的厂房（图5）。在原本的规划中，这个厂房本来不准备保留，但实地调研后发现它具有重要的历史价值，能够展现浦东船厂的历史痕迹。因此，对原规划设计方案进行优化，保留船坞和大厂房，并将其改造成一个艺术商业综合体。在保留的过程中，也给予业主方一些奖励措施，例如在建筑审批过程中这个大厂房计算建筑面积，但不计算容积率，这对业主方来说是很大的支持。

4. 旧区改造、城中村改造

（1）田子坊

与其他几个项目都是政府主导、由上而下推动不同，田子坊改造一开始就是自下而上的更新模式。之前田子坊与日月光地块联合进行更新改造，但田子坊之前已经形成一个比较活跃的创意园区氛围，因此许多文人和艺术家都联名写信希望田子坊能够保留，最终政府认为这种自发的城市更新机制非常可贵，因此对原来的出让地块进行调整，将田子坊的建筑量转移到日月光地块里，北侧地块则完整保留，除了一些商铺之外，还有大量艺术家工作室，非常符合创意园区的特点。当然，现在田子坊过于热闹，受网红效应和市场价值影响，艺术家都搬走了，使田子坊变成了一个单纯的商业区。

（2）红旗村

红旗村是城中村改造中非常成功的一个项目。位于真如副中心的核心位置，当时为了做好这个城中村改造项目，政府专门出台一些政策给予支持。红旗村由市一级的国企光明集团牵头，城中村里的集体资产被注资作为股权，与光明集团和其他高科技公司合作。这种方法在过去的上海并不常见，但在广州和深圳等地比较普遍。近年来，上海也逐步开始推进这种做法。

5. 旧住房综合改造、社区微更新

（1）远龙公寓

远龙公寓电梯加装项目是上海市首个电梯加装项目。在该项目的初期阶段不仅面临着土地规划上的难题，还有居民不同的诉求。例如，住在低楼层的居民不愿意加装电梯，因为可能会带来噪声、遮挡光线等问题。虽然高楼层的居民对电梯加装的需求很强烈，但实际开展工作却非常困难。如今，逐渐形成了共识，整体的加装电梯机制也比较完善。例如，1-2层的居民可以不出钱，甚至可以得到补贴；而高楼层的居民则需要出一定的费用，根据楼层高度的不同而有所差异，以此来形成一种平衡机制。

（2）杨浦区武川路222号

杨浦区武川路222号项目是对旧住房进行原拆原建的改造。对项目进行原地拆除重建，增加建筑密度和容量，从而改善住房条件。从整个建筑项目的设计来看，它虽然较为粗糙，但是尝试了一种城市更新的新模式，即政府支持、政府主导、居民合作以改善旧住区的老旧住房和危房居住环境。

（3）永嘉路口袋公园

在城市更新过程中，一些有条件的地方做了基础设施的配套、环境的改善，如永嘉路口袋公园。永嘉路口袋公园地块面积不大，只有几百平方米，但充分利用原来的老旧建筑设施，以及部分违章建筑拆除后形成的空地。在这个空地中，设计师非常克制地建造了一个方方正正的庭院，围绕庭院的三面建造一个围廊（图6）。虽然围廊很简单，但使用效果非常好，极大地丰富了居民社区生活。白天，许多孩子和老人在这里玩耍，傍晚时分，许多年轻人下班回来在这里休息。未来的双休日，这里可能更加热闹，一些社区集市也可以在这里举办。

6. 公共服务设施更新

徐家汇体育公园

徐家汇体育公园的更新是上海比较具代表性的市级设施更新案例。徐家汇体育公园原来包括上海体育馆、上海游泳馆和上海体育场，但这些区域都是封闭式的，仅在比赛

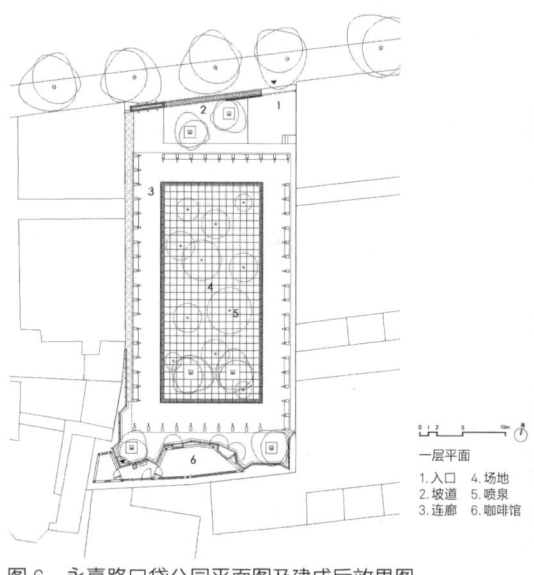

图6 永嘉路口袋公园平面图及建成后效果图
图片来源：作者自摄。

时使用。经过全面改造后，徐家汇体育公园变成了一个没有围墙、对全社会开放的体育公园，公园绿化平台下面的覆土建筑物改造成了训练场，而上部则形成了一个非常开放的公共空间。

2 国内外城市更新类比

2.1 国外城市更新类比

1. 纽约更新历程

纽约的城市更新经历了几个不同的阶段（表2）。第一阶段是20世纪50年代到60年代，主要进行大规模的拆迁和建设，特别是在战后纽约经历了贫民窟清除计划等政府主导的城市更新行动；第二阶段是到20世纪70年代到90年代，人文意识开始觉醒，历史和环境也开始受到更多的关注。这时候，社区花园运动、绿手指运动等文化、人文层面的运动开始推动城市更新。政府主导和市场运作开始相互结合，许多名人也开始参与其中。第三阶段是从上世纪末到新世纪，纽约又开始了新一轮的城市更新运动。此时，市场成为主导力量，社会组织也开始参与街区的更新和重点项目的系统化推进，代表了新的欧美地区城市更新的方式，即公众参与从旁观者和参与者到主导者的转变，让市场主体发挥更大的作用，保护和开发模式也发生了很大的变化。

表2 纽约城市更新历程一览表

日期	阶段	议题	主体	导向性	治理	单元
1949-1974	"联邦推土机"	贫民窟清除计划	联邦/州政府	政府主导	《国家住宅法案》等条款	大地块
1970-1990	更新治理	①拯救中央车站运动 ②社区花园运动 ③绿手指运动	政府、开发商	政府主导 市场运作	税收融资政策区激励性区划	政策区
1992-2000	新自由主义更新	①兴建住房计划 ②EZ（赋权区划）③社区更新	政府、开发商、社会组织	市场主导	基于社区的规划，容积率调控技术、社区土地信托	小社区

高线公园

从管理实施的机制角度来看，高线公园项目的重要性不在于其设计和开发的成功，而在于其实施机制，尤其是实施主体的重要性。在该项目中，非政府组织"高线之友"发挥了重要作用，他们呼吁保护历史文化遗产，如将用于货运的铁路保护起来，并与政府部门和市场主体密切合作。"高线之友"还作为第三方机构筹措资金，协调周边土地关系，参与项目开发。由于站在第三方立场，高线之友更容易获得各方认同，实现多方利益的平衡和共赢。相比之下，纽约政府想改造该区域，但最终被周边企业和居民否决。因此，高线之友取代了纽约政府成为实施主体，推进了该项目的更新改造（图7）。

2. 东京更新历程

东京的城市更新历程相对来说比较简单，不像其他城市一样频繁出台具体的政策法规，而且即便出台了不同的政策和法规，也保持连贯性（表3）。东京的城市更新项目涉及公共利益时的解决方式之一就是奖励容积率，甚至在东京都，奖励容积率的情况也

图7 高线公园更新前后对比图
图片来源：网络公开资源。

不少见。只要有更新意愿，并且经济利益和公共利益能够平衡，都可以获得奖励。

东京的城市更新推进模式需要进行土地准备，然后根据规划来进行各种利益的平衡，在平衡各种利益的情况下，寻找公共利益的边界。

表3 东京更新历程一览表

	特定街区	高度利用地区	综合设计	再开发促进区等指定的地区规划	城市再生特别地区
年份	1961	1969	1970	1988	2002
法律	《城市规划法》	《城市规划法》	《建筑基准法》	《城市规划法》	《城市再生特别措施法》
对象	原则上针对城市基础设施完善的街区	促进细分化基地整合	基地共同化	低效未利用道路以及工厂、铁路等城市基础设施或建筑物	城市再生紧急建设地区，城市重点区域
目的	建筑形态健全，增加有效空地	基地整合，多用于市区再开发项目	增加公共开放空间	转型，一体化建设	土地合理、健全、高效利用
规模要求	①街区面积3000m²以上 ②容积率7以上	区域面积5000m²以上	基地面积500m²以上	区域面积10000m²以上	区域面积5000m²以上
规制放宽	容积率、斜线限制	容积率、斜线限制、建筑密度	容积率、斜线限制	容积率、斜线限制、建筑密度、日照规制	容积率、斜线限制、日照规制
容积率上限（办公、商业等）	市中心300% 一般中心地区250% 复合市区区域175%	市中心300% 一般中心地区250% 复合市区区域200%			无上限
容积率上限（居住）	市中心 一般中心地区400% 复合市区区域400%	市中心 一般中心地区450% 复合市区区域400%	市中心 一般中心地区400% 复合市区区域400%	市中心 一般中心地区500% 复合市区区域500%	无上限

日本桥三井大厦

原来的三井大厦由三栋历史建筑组成。在更新改造后，要建设一个超高层建筑，因此政府对其进行了限定：一是要求历史建筑仍然保持原汁原味；二是虽然可以在大厦内设置酒店和办公室，但必须包含公益性内容。因此，大厦内设有一个公益性美术馆，向公众开放。在这个基础上，开发商会获得容积率的奖励，但政府会通过第三方机构核算其经济平衡点和利益平衡，以确保公共设施的公平共享（图8）。

3.纽约、东京和上海城市更新类比

对比纽约、东京和上海城市更新，可以发现东京的政府和企业之间基本上是算账谈判的关系。相对来说，纽约的情况比较多元化，政府、民间社会机构和开发商都在发挥作用。而上海目前基本上以政府主导为主，市场上或第三方机构的参与相对较少，但是现在这种情况正在逐步改变，开始出现更多双管齐下的情况（表4）。

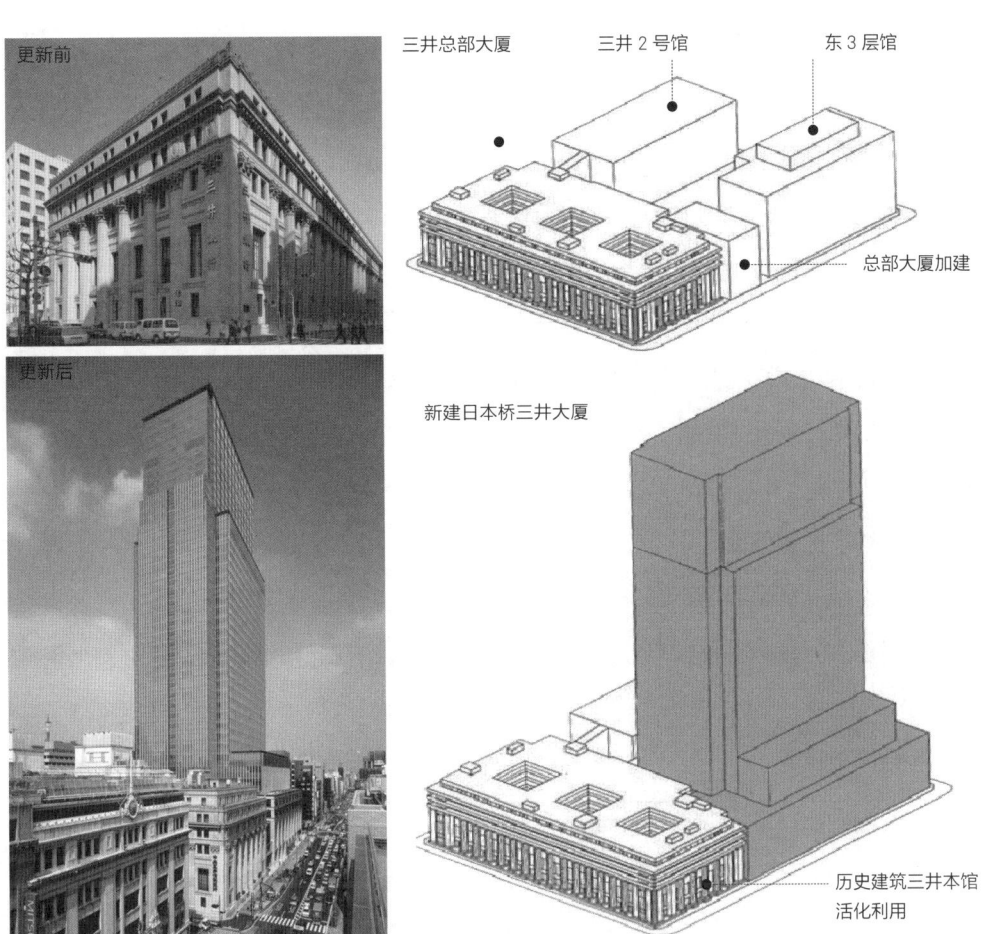

图8 日本桥三井大厦更新前后对比图
图片来源：《东京城市更新经验，城市再开发重大案例研究》。

表4 纽约、东京、上海城市更新类比

内容	纽约	东京	上海
城市更新定义	在城市成熟的基础上以提升城市综合竞争力为主要目的的建设活动	轨道交通发展引领城市结构更新	对建成区城市空间形态和功能进行可持续改善的建设活动
管理机构	市议会	东京都政府	城市更新领导办公室
治理政策（最新）	纽约《城市宪章》	《都市再生特别措施法》	《上海市城市更新实施办法》
治理主体	政府、开发商、社会组织多元协调	政府、私营企业、土地业主	政府引导，政府-市场双向并举
优势	多主体合作，有效推动城市更新进程	法规先行，完善的城市更新制度	目标明确，公共要素提升社会功能
发展模式	经济引导性开发	TOD导向性开发	项目引导性开发

2.2 国内城市更新类比

1. 广州城市更新历程

广州在 20 年前就开始了"三旧"改造计划,这个计划对广州尤其是中心城区的更新至关重要,也是城市更新建设迈出的重要一步。广州市也出台了许多政策,包括三旧改造文件,以及城市更新的各种实施办法等,这些政策和办法的总称是"1+3+N"。在广州的城市更新中,除了一些大区域外,还包括像 CBD 核心区的中轴线的集中开发。此外,还有许多微更新的多元主体参与改造模式,如永庆坊,也是近几年来比较成功的一个改造案例。

2. 深圳城市更新历程

深圳市也是一个城市更新的先行者,更多的城市更新是基于其原来的旧工业区和城中村。深圳是中国最早出台城市更新地方性法规的地方,在城市更新的过程中,也积累了丰富的实践经验,尤其在集体产权和私人产权合作方面,具有很高的适用性(表 5)。

表 5 深圳城市更新历程

重要阶段	政策特点	主要内容
2009 年颁布《深圳市城市更新办法》(简称"211 号文件")	系统化、全面性覆盖深圳全市各类旧区	提出了多种改造模式:综合整治、拆除重建、功能改变;规划编制方面,引入了城市更新单元规划编制制度,是涵盖范围界定、空间控制、利益平衡、实施计划的综合性规划;改造方面,首次明确了业主可以作为更新实施改造主体,自行改造,不一定需要由市场来参与
2012 年颁布《深圳市城市更新办法实施细则》(简称"1 号文件")	补充实施方法	针对综合整治、拆除重建、功能改变三类改造模式提出了更加具体的实施细则;针对城市更新实施过程中的各种问题,深圳通过《关于加强和改进城市更新实施工作的暂行措施》进行补充优化
2016 年颁布《深圳市人民政府关于施行城市更新工作改革的决定》(简称"288 号文件");2016 年修改《深圳市城市更新办法》(简称"290 号文件");2016 年颁布《关于加强和改进城市更新实施工作的暂行措施》(简称"38 号文件")	强区放权,差异化城市更新单元管理	罗湖区城市更新改革试点成果在全市推广,将市级城市更新计划审批权、城市更新行政职权等下放至各区;提出创新实施机制、简化地价体系、提升公共服务设施水平、拓展筹建保障性住房渠道、试点重点城市更新单元开发等内容,使城市更新工作增速提效;提出了"政府主导、自上而下"的重点更新单元方式,由政府部门组织开展重点更新单元,保障城市重点产业发展,落实重大基础设施,原则上需要整体实施

深圳在城中村改造方面走在了上海之前。例如,握手楼是深圳城中村改造的一个代表性案例,握手楼被改造成人才公寓。由于握手楼不符合城市日照间距、消防等多方面的要求,因此在上海审批过程中会面临一些瓶颈,如果再改造必须拆除重建。但是现在深圳呈现的柠檬公寓,利用原来的城中村握手楼的格局,进行公共空间的连通和配套设施的植入,把 29 栋的城中村握手楼改造成共享的人才公寓。整体改造过程中,政府租赁

改造后的公寓并给予了一定的补贴，鼓励企业进行改造。通过多种方式，深圳在城市更新方面取得了突破性进展。

3.广州、深圳、上海城市更新类比

从广州、深圳和上海的实施情况来看是比较相似的。在操作过程中，广州和深圳相对而言更早开始，它们更多地关注城中村和老旧住区的改造。而深圳则更多地关注改造老工业区。相比之下，在多元主体操作的过程中，上海起步较晚（表6）。

表6 广州、深圳、上海城市更新对比

	广州	深圳	上海
城市更新的定义	盘活利用低效存量建设用地	按照规定程序进行综合整治、功能改变或者拆除重建的活动	对建成区城市空间形态和功能进行可持续改善的建设活动
核心政策特点	开放市场到政府主导 政府主导，市场运作	以《深圳市城市更新办法》为核心 政府引导，市场运作	政府引导下的减量增效 政府引导，双向并举
管理机构	城市更新局	规划和国土资源委员会	城市更新领导办公室
规划体系	"1+3+N"	"1+N"	项目试点推动城市更新
更新范围	"三旧"改造、棚户区改造、危破旧房改造	城市建成区内的旧工业区、旧商业区、旧住宅区、城中村等	建成区内按照市政府规定程序认可的城市更新地区，如旧工业区、旧区、城中村等
更新方式	全面改造、微改造	综合整治、功能改变、拆除重建	项目试点主导
运作实施	审批控制，政府收储	审批控制，多主体申报	审批控制，试点示范项目
更新计划	由市级层面确定中长期规划，再确定城市更新片区策划方案，划定城市更新片区	由市级层面制定专项规划，落实到法定图则，再划定城市更新单元	直接依据控制性详细规划的范围制定区域评估报告，依据区域评估报告编制城市更新实施计划
特色创新	数据调查（标图建库）、专家论证、协商审议	保障性住房、公服配套、创新产业用房、公益用地	用地性质互换、公共要素清单、社区规划师、全生命周期管理

上海城市更新的特点与其他城市有所不同，因此在最初研究上海城市更新时，提出了四个目标，分别是着眼短板修补和问题治理、历史人文和生态修复、注重城市品质和功能创造以及关注公众参与和共建共治。

3 上海城市有机更新实践

3.1 老城厢实践

也是园

也是园这个案例目前还未实施，但它非常有趣，当时团队花费了大量心思来构思这个项目。这个项目位于上海老城厢区域，历史上有一个私家园林，该园林的名称就是也

是园（图9）。

我们的愿望是将其打造成为一个活生生的老城厢博物馆，因此提出了一些理念，包括充满活力的街巷、传承传统基因及保留民居特色等。

在项目开展过程中，第一个方面是深入研究了这个区域的历史脉络，不仅道路系统极为复杂，而且路名也非常有意思。在老城厢中，许多路名因为后来的开发建设和改造而消失，笔者还是找到了一些保留下来的路名，并将它们整理出来。这些路名都有着自己的故事和历史渊源。例如，先棉祠路是因为它旁边有一个先棉祠；上海老字号乔家栅点心从这里发源的，所以这条路就叫乔家路；蓬莱路因为蓬莱道院而得名，成为历史文化中不可或缺的一部分。研究这些街巷并揭示它与历史文化之间的联系是非常有趣的。许多业态和文化设施都与这些重要的历史道路紧密相连。可惜的是，这些有趣的街道现在越来越少了。除此之外，笔者还发现了一条弯弯曲曲的路，它串联了整个区域的很多历史古迹和文化设施。这条路被称为乔家路，它是上海市区内最后一块带有浓重江南小镇特色的区域。在这条路上，我们可以看到明清民国到现代各种风格的建筑，每栋建筑都有其独特的元素和风格，这些老字号和道路都是在这个区域慢慢生长起来的。设计过程中非常刻意地保留了许多历史文化道路和市井商业道路以及许多老的餐饮和传统业态，使它们与现代生活充分结合。那个地方是烟火气非常浓郁的区域，所以在设计过程中刻意保留了大量的内部通道、市井商业道路等，尽可能把一些老的餐饮、传统的业态和现代的生活充分结合。

第二个方面笔者想传承"也是园"的精神。这个区域的园林已经灭失了，遗迹不存，仅有地名在。这个园林特别小，当年的主人说，虽然园林小，他也是个园，"也是园"的名字由此而来。在老城厢的这个区域中，私家古典园林的密度非常高。现在能看到的一些园林可能就是城隍庙、豫园、文庙这些，当时的很多著名的园林在之后建设过程当中都已经灭失了，包括露香园、日涉园、梓园等。当时很多上海的文人，特别喜欢在老城厢建设私家园林，但此地的私家园林和苏杭一带的私家园林还有所不同。随着西学东渐，很多私家园林变成学堂，变成戏场，演变成一个公共场所。这是笔者当时找到的唯一一张

图9 也是园项目区位

也是园

图 10 也是园复刻图
图片来源：清末《申江胜景图》。

复刻的图（图10），可以看到当中有一个荷花池，很多文人在这里举办书会、戏曲演出等文化交流活动。

研究这个案例似一头乱麻，但大家可以看到这一头乱麻当中有点像老城厢的道路网格（图11），在这个网格当中有大大小小的公共空间，形似一个系统，而这些园林场所便如同公共空间或者公共建筑，作为节点存在。

通过计算，这个区域的公共建筑密度非常高，笔者准备做五分钟生活圈。所以最初构思希望把它作为一种密度高、尺度

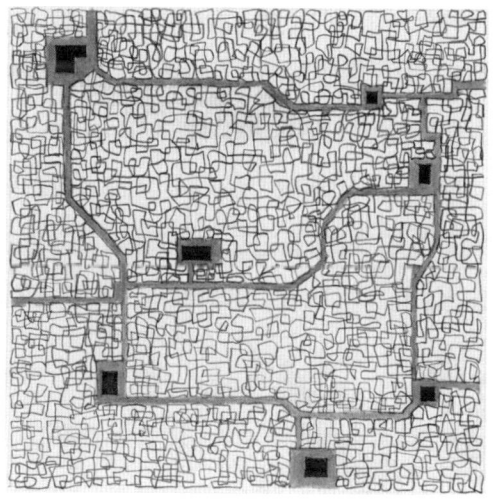

图 11 也是园"一头乱麻"

小、非常紧凑、有烟火气的区域。也是园不一定是完整的开放式园林，也可以是休闲绿地，或者地下空间的绿化，屋顶的平台绿化等。既然是也是园，那么各种造园手法都是园。

原来的老城厢建筑中融入了大量的公共空间，并与商业流线有机地整合，形成了五分钟生活圈。我们致力于建立建筑住宅和商业配套融合的街区，我们保留了部分历史建筑风貌，也拆除重建了部分。新的建筑可以呈现出一种新的风格，但是它的尺度应该与历史建筑相融合。因此，我们做了大量的小尺度功能融合的模型，这些模型涉及建筑和办公、建筑和商业、建筑和创意等不同领域，这是一个逐步演绎的过程。

我们在做这个方案的时候，进行了大量的研究，基本上都是针对3～4层不同功能的配比。当然，这个方案也受到了一些质疑，因为它很难符合现行的建筑规范，包括建筑间距、道路宽度、消防转弯半径等。但是老城厢历史风貌区应该有特殊的建筑法规来支持它。例如在苏州的许多园区中，都有新的建筑法规来支持历史建筑的保护性更新，但是上海在这方面的工作还不够成熟。

3.2 建筑实践

华东电力大楼

第二个项目是华东电力大楼的改造。这座大楼原本是一座办公楼，后来被业主方改造成酒店，还对大楼改造提出了很多要求。但是，当时有一些争议，因为虽然这座楼不是历史建筑，但是它建于20世纪80年代，是当时十大新建筑之一，有一定的影响力。当时有人建议保留这座有意义的新建筑，包括其特色之处，如与周边历史建筑相融合的褐色面砖、斜坡顶和三角窗等。当时，很多人担心这座楼会被拆除重建，因此很多同济大学的教授联名写信，呼吁保留这座楼。最终，华东设计院负责改造工作，保留了原有的特色，进行局部改动以适应不同的业态和功能。现在，大楼的形态和格局基本上没有大的改变，呼应了过去的建筑风貌。这个案例说明在城市更新过程中，对于现有的既有建筑和新建筑的改造需要有一些人文情怀在其中。

3.3 社区实践

建新社区

建新社区位于徐汇区天平街道，非常具有典型性。这个街坊很大，将近十公顷，包括了商品房、老式里弄、部队用房、内部用房、老旧小区、直管公房等所有的建筑类型和住宅类型（图12）。虽然这里不像徐汇区其他社区有大量花园洋房，但是典型性非常强。

然而，这个社区存在很多问题，一是社区内部缺乏联系。社区内设置三个物业管理公司，每个公司都设置了大量围墙、铁栏杆、门禁等，阻挡了社区内部道路连通，形成的都是断头路，因此社区内部交通不便、可达性差。二是社区形象不佳。不像衡复风貌区其他社区有很多标志性的历史建筑和地标性的街道，建新社区主要由联排的老旧公房和石库门组成。三是缺乏空间。社区建筑密度高，公共活动空间紧张，同时缺乏停车位等服务性设施。

1. 交通系统连通，增设健身步道

针对内部交通不畅，我们选择了十几个点位进行打通，包括围墙和门禁（图13）。在最终的实施方案中，拆除部分门禁，打破围墙，目前有5～6个

图12 建新社区建筑类型分布图

图13 左：现状门禁分布示意图，右：解除门禁实现路径贯通示意图

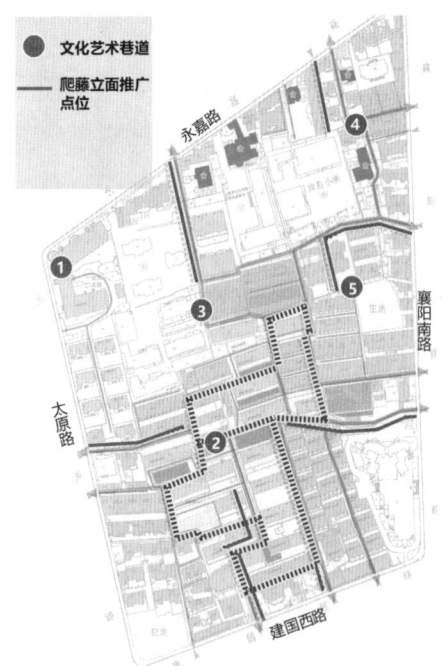 

图 14 文化艺术巷道及爬藤推广点位示意图   图 15 口袋公园分布示意图

门禁已经开放，围墙还在逐步拆除中。一旦围墙打通、门禁打开并且内部交通畅通后，可以在社区建设一条长达 700m 的健身步道，目前这个步道项目正在实施。

2. 塑造社区 IP

针对形象不佳的问题，在两个方向上设计植入一些艺术 IP（图 14）。一个方面是增加一些墙绘和涂鸦，目前已经做了一部分工作。等到内部交通和通道完全完成后，再与居民合作，深入打造这些墙绘和艺术元素。另一个方面是增加绿植，该区域已经有一个非常好的绿植示范案例，就是在太原路和永嘉路路口，有一座建筑被绿藤爬满，虽然这座建筑本身很丑陋，但因为绿藤的装饰，成为网红打卡地，成为区域中比较有趣的建筑语言。

3. 释放公共绿地

针对该区域公共空间少的弱点，设计建造了三个口袋公园（图 15），其中一个已经建成，另外两个在和居民和周边业主沟通后慢慢实施。这些公园利用了原来的废弃场地和物业用房。我们将物业用房移走，将小型绿地和周边健身广场整合成一个公园，一个有动线的小广场，可以与内部漫步路线相连。这个口袋公园也逐步鼓励居民自己参与，通过连廊将这两个公园连接起来。未来，我们可以在这里种植农作物，体验邻里互动。

4. 激活社区广场

有些重要入口也逐步进行一些处理，重点整治了两个入口。一个是建国西路入口，

图 16　建国西路入口，左：整治前，右：整治后

图 17　太原路入口，左：整治前，右：整治后

这个入口现在是个公厕，形象恶劣，在整治过程中保留了公厕功能（图 16）。另外一个入口是太原路上的入口，这个入口标志性弱，材质多而杂乱，物业用房也比较凌乱，计划改造成比较有趣的一个入口（图 17）。

5. 垃圾房调整归并

对垃圾房进行集中的清点，发现这个区域中垃圾房共有 13 处。因为各个物业之间相互分割，有些围墙和门禁不连贯，到每个垃圾房距离都比较远，随着我们把门禁打通、围墙拆除，内部街巷连通之后可以减少垃圾房的数量，对垃圾房服务半径进行测算，发现可以取消四个垃圾房。垃圾房的取消对环境有很大的改善，原有垃圾房的位置可以做一些公共性的空间和设施（图 18）。拆除其中一个改造成跑步驿站，当然也考虑集中晾晒的区域。这个社区中部分建筑朝向非常差，有些基本没有阳光，停车和晾晒空间需要综合考虑，所以设计了集中晾晒的区域。

6. 加装电梯评估

在这个区域提升改造当中，认真研究了每栋楼加装电梯的可能性，真正具备加装电梯条件的并不多，社区里只有三栋楼（图 19）。具备加装条件的可能性还有一些，但需要对周边的绿化、道路进行调整之后才能加装电梯。那么还有一些像图中深色的楼栋，在加装电梯过程中会有比较大的调整，涉及管线甚至影响消防通道，加装难度会非常大。

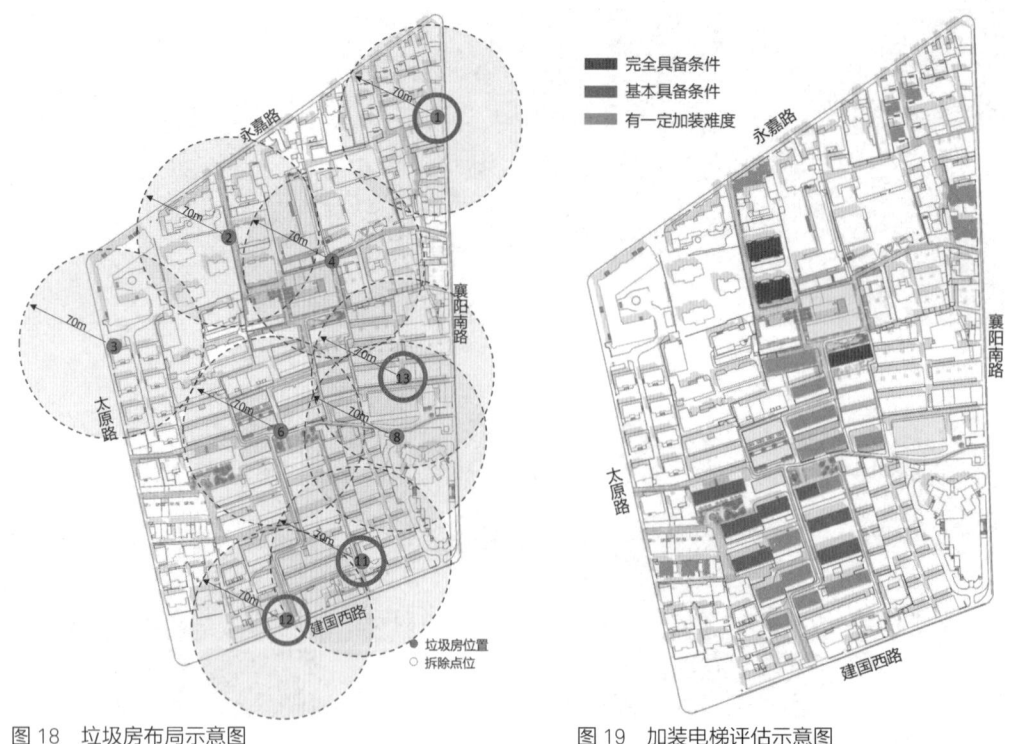

图 18 垃圾房布局示意图

图 19 加装电梯评估示意图

图 20 建国西路立面及出入口优化方案，上：现状，下：优化后

图21 永嘉路立面优化方案，上：现状，下：优化后

7. 沿街立面优化

建国西路在整治过程中通过统一立面语言，优化出入口，整治建筑立面（图20）。但在现场调研工作时，居民经常质疑改造目的，他们认为立面的统一只是为了好看。但事实上我们希望将整个更新过程系统化，这个协调过程既有趣又辛苦。形成干净利落的外立面非常困难，比如有些空调会没有合适的放置位置，设置雨棚可以为步行者遮风挡雨，但是采光会受到影响。大量难以预料的困难需要进行协调解决。永嘉路则激活锯齿状空间，优化立面围墙，采用篱笆编织的墙面，取代了原本的围墙（图21）。

除了这些更新之外，我们还需要进行三处建筑的拆除重建（图22）。然而，每个项

图22 建新社区较差质量建筑分布示意图

目的难度都非常大，因为在重建之后建筑间距会发生大的改变，满足不了日照要求。改造中也需要与旁边的产权并丘，操作起来非常困难。

21号这栋楼是一个菜市场，我们计划在其上面建造建筑、住宅，但与现行法规存在冲突，为了实现整个街区的城市更新和机制上的利益平衡，需要对三个地块都进行综合性改造。在保证现有住户面积不减少的情况下，增加容量、住宅套数和功能性空间。项目还在实施过程中，我们尽力在突破瓶颈，消除误解，推进城市更新的机制化运营。

这些改造计划都是在保证现有住户面积不减少的情况下进行的，同时还会增加配套设施和停车位，以满足小区居民的需求。我们相信这些改造计划的实施，将为小区居民带来更好的居住环境和更多的便利设施。当然，这个方案也面临着巨大的瓶颈。在研究、讨论和审批过程中，规划、房管和交通等部门都提出了大量批评意见。他们认为这个方案不可行，因为下面是菜市场，上面不能建设住宅，产权关系和产证问题也需要解决。

总而言之，整体建筑的改造和更新可以获得一些增量，这个增量有三个使用方向。第一个方向是用于回迁安置房，希望可以改善居民居住条件，适当增加一些面积。原则上，增加面积不超过 $6 \sim 7m^2$。第二个方向是增加原来缺少的社区配套。第三个方向是作为人才公寓，由区里统一调配。此外，如果有商品房，我们也会将其收益作为城市更新基金。

4 总结

上海已经正式出台了《上海市城市更新条例》（以下简称《条例》），《条例》的出台具有非常强的现实意义，在《条例》制定过程中，有很多具有开创性的举措。

一是《条例》践行了人民城市理念，在《条例》制定过程中，非常注重公众、专家和政府的诉求。政府、专家和公众各司其职又兼容并蓄。

二是《条例》提出了一个新的概念——"统筹主体"，明确了在多元化模式下城市更新的主体责任。因为统筹主体是在区域层面进行统筹，它不仅是一个利益平衡的主体，更是一个系统整合的主体，还是与政府和社会对接的主体。政府建议第一批的统筹主体以市属国企为主。但无论如何，这个主体的提出明确了它对该区域城市更新的主体责任。它先要进行资产归集统一，资金平衡测算，所有这些都由统筹主体来做，这在上海城市更新过程中迈出了很大一步。

三是在《条例》中，我们看到了一些标准放宽的迹象，特别是针对老旧小区的改造，这是一条非常重要的路线，它采用了留改拆并举的方式进行实验和探索。《条例》中提到的关于消防问题、车道宽度问题、间距问题及退界问题都有针对性的调整，这非常难得。

四是多渠道的项目获取方式，激发了市场主体参与城市更新的积极性。过去，基本只有一种方式来获取土地和项目，即参加土地市场的招拍挂。而现在，在城市更新中有多种不同的获取方式。例如，自主更新，也可以寻找合作开发，甚至可以通过其他金融平台来运作。此外，政府也可以直接供地，如果有产业、功能、资源、品牌和知名度，符合政府的要求，政府也可以和你直接合作。这种方式与过去市场上的招标方式不同。在这个过程中还需要积累经验。虽然《条例》已经出台，但实施细则、指导方式以及操作路径的设计还不够完善。因此，在实践中，需要不断修正和完善，上海的城市更新案例为政策的丰富和修正提供了广阔空间。

　　五是，我们总结现阶段的城市更新的四个特点。首先，零星成为常态。现在城市更新的项目不再是大面积的开发和大片区的建设，而是越来越多的零星项目。这些小项目中包含了各种复杂的问题，因此政府、设计单位和开发单位都需要适应这种转变，学会处理零星项目。其次，设计提升价值。设计在城市更新中变得越来越重要，一些好的设计可以化腐朽为神奇，真正的设计能够提升城市更新的物业和空间价值。再次，主体回归多元。城市更新模式越来越多元化，不再是单一的政府主导，而是政府、企业和第三方共同参与。之前提到的新华街道就是一个多元主体共同参与的城市更新案例。最后一个特点是增量反哺公益。从土地规划的角度来看，增量是城市更新的一个重要因素。除了功能性的升级和更新，土地和建筑的增量也非常关键，但是这种增量应该优先回馈公益设施和社区配套。除此之外，如果还有剩余的增量，应该用于商业性运营以平衡城市更新的资金投入。

参考文献

[1] 同济大学建筑与城市空间研究所,株式会社日本设计.东京城市更新经验:城市再开发重大案例研究[M].上海:同济大学出版社,2019.

从空间扩张到功能转型*
——上海城市的更新再造

王伟强**

引言

  城市发展是在长期的渐进性与短期的突变性中交互演进的,而上海近现代的发展却表现出十分活跃的突变性。新中国成立以来,尤其是改革开放以来,上海的城市发展翻天覆地,城市功能定位经历了"多功能消费型城市""单一功能的工业城市""国际经济、金融、贸易中心""卓越的全球城市"等多次转变;城市空间结构从过去的单中心向多中心、区域一体化结构的不断优化。这种演进既受国内外政治经济发展的影响,也是城市自身的各种社会力量相互作用的空间反映。

  考察这种演进可以有多种学术视角,如历史学侧重于历史与社会变革的进程关系;政治经济学侧重分析政府管治、市场化及全球化过程,以及各利益团体的作用。本文从规划学科史的视角,通过分析上海各时期编制的城市总体规划的演化,来考察城市发展演进的规律,利用总体规划编制的技术理性特征,来客观反映社会发展进程。城市总体规划,是对一定时期内城市性质、发展目标、发展规模、土地利用、空间布局以及各项

---

* 本文原载于:《中国科学:技术科学》期刊,2021,5。
** 王伟强,同济大学建筑与城市规划学院教授,中国城市规划学会理事,wwq@tongji.edu.cn

建设的综合部署和实施措施,是我国的法定规划,与国民经济和社会发展规划等其他上位规划紧密相扣。城市总体规划既包含对既往建设的总结,还有对未来发展的预测,也是城市建设和管理的依据。由此可见,回顾上海各阶段编制的城市总体规划,能够系统地梳理城市发展、扩张、转型的演进过程,以及社会经济变革和政府治理愿景。

通过分析上海 1959 年、1986 年、2001 年及 2017 年四个重要历史阶段编制的城市总体规划,可以看出上海这个曾经的远东金融中心、消费城市,经历了社会主义改造及改革开放,成为轻工业生产性城市、重化工业城市以及金融中心、贸易中心、文化中心、航运中心的扩张过程,及至提出"卓越的全球城市"和"内涵式发展方式"的宏大转型。在这快速扩张与转型背后,是各阶段政治变革与社会演进过程的彰显。

1 扩张

抛开 20 世纪 40 年代民国政府编制的"大上海都市计划",以及 1953 年由苏联专家穆欣主持编制的脱离实际过于理想化规划,上海真正意义上的扩张,始于 1959 年。

1.1 1959 年上海城市总体规划:从消费城市转向生产城市

新中国成立后,在计划经济主导下,上海按照中央政府的统一部署,本着"先生产、再生活"的原则发展工业。在此背景下,上海的城市职能由一个多功能的外向型经济中心城市转变成单一功能的内向型生产中心城市,逐渐成为中国的重要工业基地和财政支柱。为支持上海发展,1959 年国务院调整区划,将江苏省的嘉定、上海、松江等 10 个县划归上海,辖区面积从 606.18km² 扩大为 6185km²,为上海转型提供了空间保障。1959 年,由建设部上海规划工作组指导编制了上海市城市总体规划,规划确定在妥善全面地安排生产和保证人们日益增长的需要的基础上,工业进一步向高、精、大、尖的

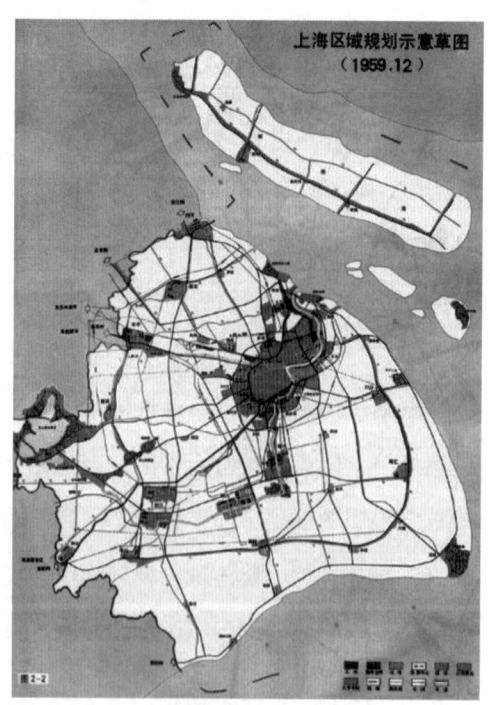

图 1 1959 年上海区域规划示意草图
资料来源:上海城市规划志。

方向发展。规划提出的城市建设方针是：逐步改造旧市区，严格控制近郊工业区，有计划地发展卫星城镇，并首次将规划范围扩大至全市域（图1）。

这一版的总体规划，是上海发展百年的一次重要的扩张。其积极意义在于：①调整区划，解决了城市发展面临的空间制约，作为城市快速发展时期空间拓展的制度性安排，也为未来上海都市圈空间结构的形成奠定了初步基础；②重点调整了工业布局，新开辟八个工业区；③提出疏解中心城人口，建设卫星城，首次提出吴泾、闵行、安亭、嘉定、松江五个卫星城，并编制"卫星城规划"；④要求逐步改造旧市区，对控制旧市区的盲目发展和有计划地建设郊区城镇发挥了积极作用。这些举措是上海空间扩张的一次重大飞跃。

1.2 1986年上海总体城市规划：过渡时期的迷茫

为了从以轻工业为主导，向石油石化、钢铁等重化工业的发展转型，上海自20世纪70年代始建设了宝山钢铁、金山石化两大产业基地和相应的宝山、金山两个卫星城，引导上海向杭州湾和长江南岸两翼发展，从过去以单一工业主导的内向型生产性城市逐步转变为多功能的外向型经济中心城市。尤其是为了城市布局扩张和优化，破解基础设施和住房建设的急迫性约束，上海编制了1986年城市总体规划。

延续了1959年提出的建设卫星城的构想，本次总体规划为上海逐步改变单一中心的城市布局、建设中心城和卫星城提供了指引，强化了"疏解城市人口与功能""形成多心多核的城市功能结构"的要求。城市定位上提出上海是"我国最重要的工业基地之一，也是全国最大的港口、贸易中心、科技中心和重要的金融中心、信息中心、文化中心"。空间布局上提出"改造和建设中心城，积极开发浦东地区；充实和发展卫星城，有步骤地向杭州湾北口南岸两翼展开"。首次明确了"上海中心城—卫星城—郊区小城镇—农村小集镇"

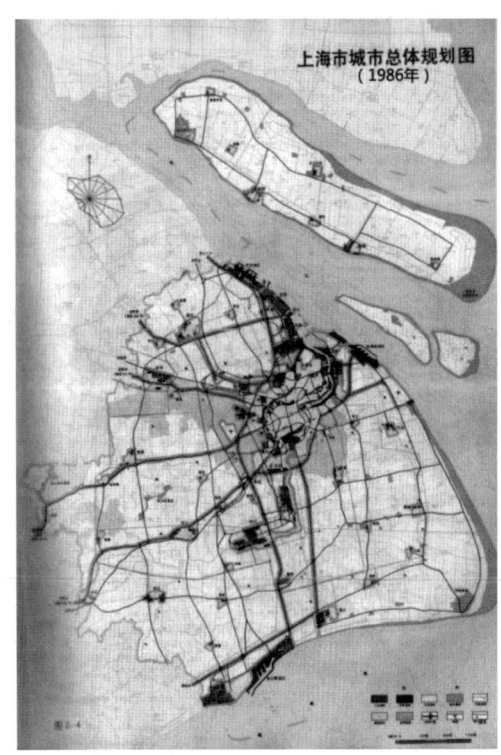

图2 1986年上海市城市总体规划方案
资料来源：上海市城市规划建筑管理局。

的城镇体系等级结构，形成功能相对独立平衡，多层次的公共活动中心体系（图2）。

1990年，国务院宣布开发开放浦东。1992年的《浦东新区总体规划》提出，通过浦东新区开发，带动浦西的改造，恢复和再造上海作为全国经济中心城市的功能，为上海建设成为国际经济、金融、贸易中心之一奠定基础。自此，上海的城市空间布局由南北"两翼展开"再添"东进序曲"。

总体来看，1986版总体规划的成就在于：①延续了1959年提出的核心思想，逐步改变单一中心的城市布局、建设中心城和卫星城；②建设金山石化和宝山钢铁两大产业基地和金山卫、吴淞—宝山两个卫星城，城市空间格局完成南北两翼起飞的布局结构；③这是一个从计划经济向市场模式过渡的重要转型期成果，提出了开发浦东的概念，并出台1992年《浦东新区总体规划》，为总规打了补丁，也掀开了面向21世纪上海发展序幕。

1.3 2001年上海城市总体规划：全球城市的愿景

围绕建设交通工程、调整工业布局、改造危棚简屋三大重点，上海加快了大规模城市建设的步伐，中心城集聚、辐射功能得到进一步加强，郊区经济实力明显提高，逐步从传统的工商业城市转向国际经济中心城市的发展格局。2001年城市总体规划在延续1986年的"多心开敞"理念下，进一步强调了新时期上海将推进浦东新区的功能开发。

2001年，国务院批复了《上海市城市总体规划（1999—2020年）》。明确以外环线以内地区作为中心城区范围，人口控制在800万人，也是上海市城镇体系的主体并首次提出规划11个新城，形成"中心城—新城—中心镇—集镇"组成的多层次城镇体系和由沿海发展轴，沪宁、沪杭发展轴和市域各级城镇等组成的"多核、多轴"市域空间布局结构，以及"多心、开敞"的中心城区空间布局结构，结构得到进一步优化（图3）。

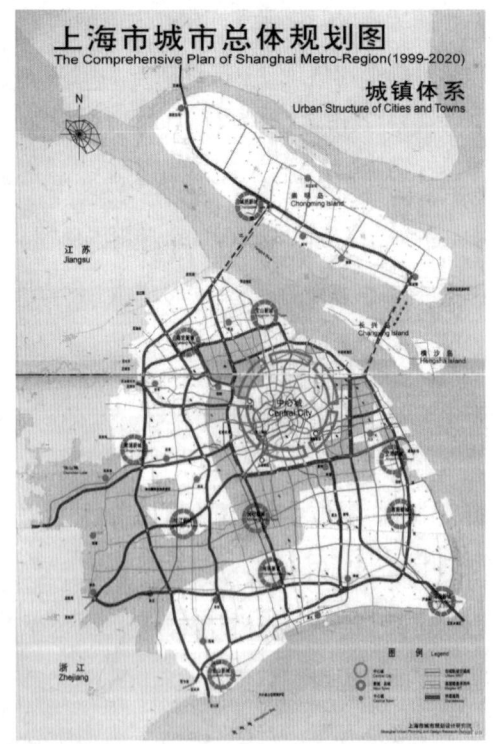

图3 2001年上海市城镇体系规划图
资料来源：网络公开资源。

2001年总体规划突出表现为：①从长三角区域整体协调发展出发，构建发展上海都市圈的初步框架，初步形成区域一体化思想，服务全国；②完善城市空间布局结构和城镇体系，强调城乡均衡发展；③进一步强化浦东开发战略的推进，坐实上海国际经济、金融、贸易和航运中心的地位；④建设了洋山深水港、虹桥综合交通枢纽、城市轨道交通网络等一批大型基础设施，提升了城市形象和国际竞争力。

2 转型

考察各版总体规划，不难发现不管各时代困难如何，一个共同的规律均是通过做大增量解决各时期发展的问题。无论是人口规模的扩大、用地规模的扩张、区域职能定位的集聚、功能业态的提升，通过扩张、做大来化解矛盾、壮大自己，尤以新城和新区建设成就显著。但是，当2014年上海开始着手研究编制新一轮城市总体规划，也就是所称的"上海2035"之时，通过梳理家底，赫然发现上海辖区的6340km^2中，建设用地已超50%，用地结构不合理、多项发展指标已临近"天花板"，生态环境、基本农田、水资源、建设用地面临全面困境。因此，转变发展思路刻不容缓。以土地约束条件求发展，"存量发展""减量发展""逆生长"等新观念应运而生。

随之，先后有2015年5月的上海市政府发布《上海市城市更新实施办法》、2017年11月的上海市规划和国土资源管理局印发《上海市城市更新规划土地实施细则》、2017年12月的国务院批复原则同意《上海市城市总体规划（2017—2035年）》（简称"上海2035"）、2021年8月上海市人大常委会通过了《上海市城市更新条例》，这些文件共同的指向都要求实现"从增量发展、向存量更新"的模式转变。这反映出"上海2035"编制前所面临的矛盾与以往完全不同，既是一次城市发展的转型，也需要一次思想观念的转变。

2.1 "上海2035"总体规划：卓越的全球城市愿景

2017年12月5日国务院原则批复《上海市城市总体规划（2017—2035年）》，规划明确了上海的城市性质：我国的直辖市之一，长江三角洲世界级城市群的核心城市，国际经济、金融、贸易、航运、科技创新中心和文化大都市，国家历史文化名城，并将建设成为卓越的全球城市、具有世界影响力的社会主义现代化国际大都市。同时，规划还阐述了上海的发展目标愿景，即：卓越的全球城市，令人向往的创新之城、人文之城、生态之城,具有影响力的社会主义国际化大都市。"创新、人文、生态"进一步深化了"卓越的全球城市"的内涵,充分地体现了上海作为创新发展的先行者,坚持生态环境保护的基本国策,彰显人性化与城市特色魅力。

在空间体系方面,"上海2035"以更开阔的视野和更高的定位,聚焦区域和市域范围谋划了上海未来发展的战略框架。通过强化在生态保护、设施共享、城镇布局、产业发展、港口资源、河口海岸空间利用等方面的统筹力度,逐步形成东部沿海战略协同区、杭州湾北岸战略协同区、长江口战略协同区和环淀山湖战略协同区四个近沪战略协同区,全面推动区域协同发展。市域范围内,提出通过构建生活圈网络,优化城乡体系和多中心公共活动体系,形成"一主、两轴、四翼,多廊、多核、多圈"的市域总体结构,打造全球城市核心区。规划以生态基底为硬约束,构筑"双环、九廊、十区"的生态空间体系。规划提出发展引领长三角世界级城市群,构建大上海都市圈(图4、图5)。

"上海2035"具有划时代的意义:①上海战略目标定位于"建设卓越的全球城市",这种人文向量的追求涵盖了经济、社会、政治等多方面,体现出上海趋向成熟的发展姿态;②从"增量发展"转向"存量更新"、要"减量增长"、要"有机更新",这是城市发展转型的要求,对空间品质、生活品质和发展质量的追求;③在发展目标上,从过去的追求经济效益、空间形象,转向追求公共服务、社会、文化、环境综合价值;④在

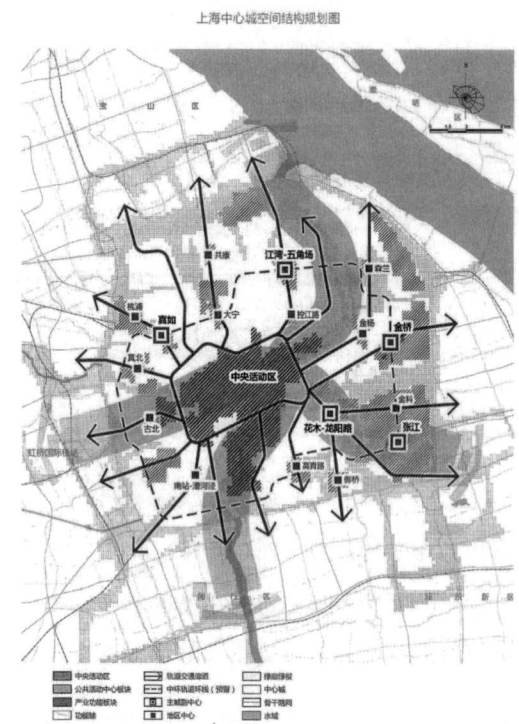

图4 上海中心城空间结构规划
资料来源:《上海市总体规划(2017—2035年)》。

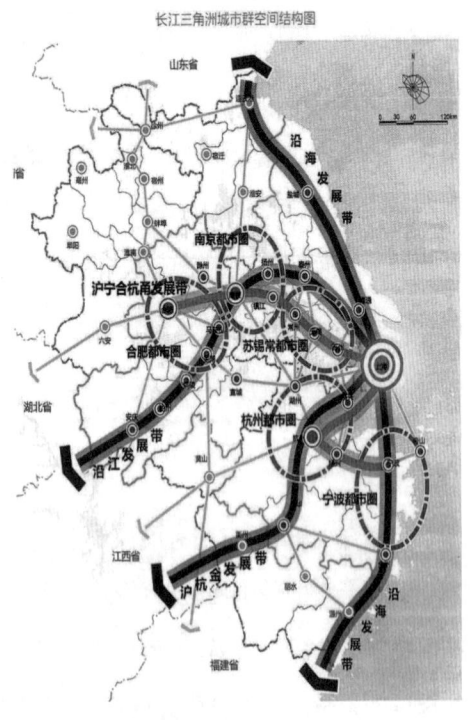

图5 长江三角洲城市群空间结构图
资料来源:《上海市总体规划(2017—2035年)》。

发展方式上，从过去强调政府与市场的合力主导，转向政府、市场、社会公众力量结合，强调要精细化制度设计，协同进化的治理。

最值得关注的是，也是标志着上海发展模式转变的是，"上海2035"提出将以"底线约束、内涵发展、弹性适应"的发展思维，牢牢守住"人口规模、建设用地、生态环境、城市安全"四条底线，实现内涵发展和弹性适应，被称为"开启了城市更新的时代"。

2.2 内涵式的发展模式——城市更新

城市更新是对不适应社会发展需要的建成环境进行的干预，是以土地再开发为核心的一种经济活动，也是以社会关系重构为契机的社会建设，更是政府管治、公众参与的社会治理，具有多重目标性。它需要对空间、时间和政策作出系统安排。

其实，城市更新与城市扩张如影随形。无论是旧中国资本在外滩多轮的迭代开发，或是新中国拆除旧格局、建设工业城市，改革开放后中心城区"退二进三""旧区改造"，都属于更新改造活动。然而对标全球城市时，我们会发现发达的城市建设更具有一种文化姿态，采取延续和修补的逻辑，"在城市上建造城市"，突出保留各个时代的拼贴痕迹及文化特征，无疑值得我们在资源环境紧约束，对社会、文化、环境日益重视之际学习借鉴。回顾上海近些年城市更新实践，可以看到在以基础设施为导向、以历史风貌保护为导向和以社区营造为导向的城市更新领域成就显然。

1. 以基础设施为导向的城市更新——外滩地区综合改造工程

外滩是上海城市建设的精髓所在，但受制于交通及防汛排涝等问题，从20世纪50年代至今，外滩经历了两次大型改造。20世纪90年代初，外滩改造注重交通和防汛功能，打造了以千年一遇防洪标准的箱体防汛墙，拓宽了中山东一路成双向十车道。虽说改造后的外滩景观更加壮阔，但滨水岸线也因此变成了被车辆环绕的孤岛。2007年的外滩综合改造工程，则立足于把外滩打造为具有国际水准的一流滨水空间，建成环境友好的城市漫步客厅，既可欣赏"万国建筑博览"，又能领略陆家嘴的繁华璀璨。国际征集选用了哈佛大学克里格教授的方案，克里格教授曾主持波士顿"大开挖（Big Dig）"项目，他的设计充分利用外滩内弯曲线增加空间深度，有利于景观的逐次展开；更能结合滨水区城市CBD，立足于提升城市竞争力的发展愿景，把一项交通与景观改造工程，转化为"城市思维"逻辑的延伸与城市问题的系统化解决。

上海于2007年4月启动了外滩地区的综合改造工程，改造滨水区、修复外白渡桥、新建外滩隧道以及公交枢纽和地下空间开发等六大项目。其中，外滩隧道的"大开挖"

图 6　外滩地区综合改造工程
资料来源：外滩地区综合改造工程设计报告。

是改造的核心，新建的隧道为双向六车道，将外滩70%的过境交通分流引入地下，地面仅保留双向四车道给到达交通，地面所释放出的空间成为步行者的乐园，真正转变为以人为本。这些措施扩大了城市公共活动空间，增加了广场、绿地和多种活动服务设施，激发了外滩滨水地区公共空间的活力（图6）。

外滩地区综合改造工程的"大开挖"，无疑与波士顿"大开挖"计划具有异曲同工之妙，也自然被认为是克里格教授倡导的"城市思维"在上海的延伸。但是，上海的外滩改造从开工到竣工，不仅严格控制预算，整个施工周期仅有33个月，仅凭这一点就足够波士顿汗颜。

2. 以历史风貌保护为导向的城市更新——外滩源地区更新改造

外滩地区综合改造工程，尤其是外滩隧道大开挖项目、滨水景观改造项目顺利实施形成触媒效应，以全局性、系统性激活了外滩地区的整体发展，为外滩源项目改造实施、外滩历史风貌区的保护打开了新局面。

外滩源位于黄浦江和苏州河交会处，是上海城市近代化的起点和商业文明的起源，拥有原英国领事馆及领事官邸、益丰洋行、亚洲文会等十四幢优秀历史建筑，成为集历史文化、金融商务、旅游休闲于一体的标志性区域。自2002年常青院士开展保护性研究，随后市政府开展国际方案征集，采用意大利格力高蒂事务所方案力求重现风貌、重塑功能，挖掘历史地段的人文价值。同时，郑时龄院士带领团队与外方合作，完成了各历史建筑的测绘和控制图则，并从历史考证、修缮方法、材料选用等给予指导，取得较好的成效（图7）。

外滩源历史建筑的修缮修旧如旧，遵循历史的原真性，设计保留了圆明园路上的历

图7 外滩源地区保护更新规划
资料来源：外滩源地区保护更新规划报告。

史建筑及外滩源整体地块的沿街风貌，以使建筑充满活力而又不改变原有的区域风貌。城市原有肌理也被保留下来，与新的设计融合一体，同时打造了苏州河水岸、外滩源33号花园等公共空间，成为"经典黄浦"的新地标。

3. 以社区营造为导向的城市更新——老旧小区的更新改造

2020年7月，国务院办公厅印发《关于全面推进城镇老旧小区改造工作的指导意见》明确2020年新开工改造城镇老旧小区3.9万个。这里所说的"老旧小区"通常是指自1950年代之后，由政府、单位出资建设的职工住宅居住区，或称之为工人新村，也包含或混杂有各时期历史建筑的老旧社区。与新建商品房相比，老旧社区建设标准低、质量差、户型小，养护不足，社会矛盾突出，早已呈破败相、跟不上时代的发展，是上海城市更新中的痛点和难点。

早在1999年上海就开始对老旧小区开展"平改坡工程"，后来还延伸出节能改造、"九小工程"、适老化改造等一系列更新工作。2015年5月上海发布《上海城市更新实施办法》与《中共上海市委上海市政府关于进一步创新社会治理加强基层建设的意见》等文件，并同步出台街道体制改革、居民区治理体系完善等6项配套文件，将政府权力下放到街道层面及扶持社会组织参与社区更新等机制，推动了上海社区规划与更新的发展。

在社区更新实践方面上海也涌现出一些优秀案例。曹杨新村是上海市政府于1951年建设的新中国第一个工人新村，它见证了新中国成立后上海住宅发展的整个过程。曹杨新村的规划采用了"邻里单位"的规划理论，总体布局自由活泼，规划结构则采用了"街坊—街坊群—新村"层级清晰的组织模式，道路分级分类，住宅成组成团，打破行列式布局的单调，将原有地貌中河浜水系组织在环形绿地系统中，并打造核心区公共服务体系，迄今仍被称赞。为迎接举办2021年上海城市空间艺术季，曹杨新村开展了一系列更新改造，包括曹杨一村优秀历史建筑的修缮改造、桂巷路步行街、百禧公园等公共绿地系统的环境提升，提高公共服务水平，从过去的"邻里单位"到现在的"15分钟社区生活圈",创造"宜居、宜业、宜学、宜养、宜游"新型社区(图8)。

如果说曹杨新村体现出一种"自上而下"的行政意志,那么田子坊的更新改造则可以称为"自下而上"的社会实践。田子坊社区内主要是里弄住宅,其中,早年为安排知识青年回乡就业,上海鼓励街道创办了一批街道工厂,形成工业、居住混合的模式。至90年代实施"退二进三",空置的厂房吸引了大批艺术家入驻,形成了创意产业园的雏形。厂房供不应求后,艺术家们又外溢至周边居民区,而逐渐形成了一个新型的活跃社区。田子坊的更新改造,并不在政府计划之中,完全是居民自主更新,而后政府再加以规范和引导。所以,田子坊早

图8 2021城市空间艺术季曹杨一天招贴画
资料来源:上海城市空间艺术季网站。

期更新没有规划图,边界也是随市场变化而动态调整,"鲜活生长"。这当中虽然存在"居改非""改变土地用途"等一系列问题,但在原卢湾区政府和人大考察研究后,通过统一的规范和管理,将民间自发的无序发展经营,引导至体制化管理体系中,并对基础设施升级改造。2005年,被上海市政府授予第一批创意产业园区,园区内业态丰富、企业来源遍布世界各地,成为上海的新名片。

3 结语

回顾各个历史时期的上海城市总体规划,可以看到上海的城市发展经历着从增量式的城市扩张向内涵式的城市更新的历史演进。1959年规划是将上海定位于中国的重要的工业基地;改革开放以后1986年规划,主要奠定了城市复兴的基础;2001年规划,则是以国际化为背景,为上海发展的重点确立方向,提出了"四个中心"的功能定位;在初步建构起国际化大都市的空间框架后,"上海2035"突出强调了文化向量,要把上海打造成"卓越的全球城市"这一宏伟的目标,并确立了"存量更新""提升品质""有机更新"的未来发展方式。

但是,应该指出,由于长期来我们习惯于大拆大建、扩张式发展,对于"存量更新""有机更新"还有诸多不适,在思想观念,尤其制度建设上遇到瓶颈,还需要我们在组织机制上,从"政府主导、自上而下"转变为"政府引导、多元参与";在资金筹措上,从"政府财政拨款"转变为"多元主体市场化投融资";在制度法规上,从"规章限制严格"转向"激励制度创新";在工作方法上,从"目标导向规划"转变为"问题导向规划"。

"城市是有机的,城市更新只有进行时,没有完成时。"

参考文献

[1] 郑时龄.上海近现代建筑风格[M].上海：同济大学出版社，2020.

[2] 郑时龄.建筑批评学[M].北京：中国建筑工业出版社，2001.

[3] 上海城市规划志编纂委员会.上海城市规划志[M].上海：上海社会科学院出版社，1999.

[4] 上海市城市规划建筑管理局.上海市城市规划设计研究院.上海城市总体规划方案（1986年国务院批复）[R].1986.

[5] 上海市人民政府.上海市城市总体规划（2017-2035年）[M].上海：上海科学技术出版社，2018.

[6] 常青.大都会从这里开始：上海南京路外滩段研究[M].上海：同济大学出版社，2005.

[7] 陈宪.上海都市圈发展报告·第一辑：空间结构[M].上海：格致出版社，2021.

[8] 王伟强.和谐城市的塑造——关于城市空间形态演变的政治经济学实证分析[M].北京：中国建筑工业出版社，2005.

[9] 郑时龄.上海的建筑文化遗产保护及其反思[J].建筑遗产，2016（10）：10-23.

[10] 孙施文.城市中心与城市公共空间——上海浦东陆家嘴地区建设的规划评论[J].城市规划，2006（08）：66.

[11] 孙施文，周宇.上海田子坊地区更新机制研究[J].城市规划学刊，2015（05）：39-45.

[12] 熊鲁霞，黄吉铭.改革开放后上海城市总体规划回顾与展望[J].城市规划学刊，2012（02）：97-100.

[13] 邵辛生.上海浦东新区总体规划初探[J].城市规划，1992（06）：11-15.

[14] 李金昌.现代化城市与经济、技术和环保政策——向上海总体规划进言[J].城市规划，1984（05）：38-41.

[15] 史玉雪，柴锡贤.控制是为了更好地发展——略论上海总体规划的战略思想[J].城市规划，1985（01）：7-10.

[16] 本刊编辑部.专家视角：《上海市城市总体规划（2017—2035年）》解读[J].上海城市规划，2018（02）：14.

[17] 程蓉.以提品质促实施为导向的上海15分钟社区生活圈的规划和实践[J].上海城市规划，2018（02）：84-88.

[18] 上海市城市规划和国土资源管理局，上海市城市规划设计研究院.城市有机更新——上海在行动[R].2015.

城市"微更新"刍议 *
——兼及公共政策、建筑学反思与城市原真性

李彦伯 **

若精神觊觎真理，则将自毁；而一旦与尘世结合，则将丰沃。

——马克斯·雅各布

引言

单从字面意思上理解，城市空间"微更新"意味着既有别于城市建设模式，又在相对于既有城市更新模式较小的尺度上出现的、更新服务指向较为有限的使用群体的、较易组织实施的、（或许还意味着）低成本与短周期的更新模式。

"微更新"的"微"具体而微，不虚无缥缈。建筑学早已从人类亲力亲为搭建自己居所的身体实践走远，演变出了巨大的专业、行业和学科，伴随着建筑规模与被服务人群的不断扩大，建筑的设计与建造距离真正的使用者越来越远，设计与建造行为也因为行业的不断分工，发展出了专业而抽象的交流语言。在这样的语境下，"微更新"的提出代表了一种对宏大叙事的反作用。贴近空间使用者的更新行为暗示了较少的抽象成分，

---

* 本文原载于：《时代建筑》期刊，2016，7。
** 李彦伯，同济大学建筑与城市规划学院副教授，Liyanbo@tongji.edu.cn

转而更多地体现出日常性特征。

"微更新"的"微",见微知著,不可小觑。社会在不断发展,从这层意义上说,任何城市建成环境自建成那天开始就已经过时。而对多数建成环境来说,其物理空间的格局受到材料、结构特性的制约,无法完成像"新陈代谢派"理想中建筑主体的永续更新,因此要使建筑与城市空间能够不断刷新自我,满足使用需求,局部的调整与更新似乎成了必然的要求。具体的"微更新"项目可能是针对某个个案,这种"微调"的模式更像是在绘图或建模时使用的"图层"命令。这样的图层化更新模式已经超越了其自身有限的项目尺度,有潜力成为在城市空间上影响范围更广且更贴近建筑学本源的型范。

1 "报春花"

1.1 政策环境

在"新常态"下,经济的发展增速放缓,经济结构优化调整与产业升级,还需要寻求新的发展动力,由原来的依赖于资本注入和生产资料消耗的发展转变成依靠创新发展,从而向可持续的发展状态转化。城镇化经过多年的迅猛发展,目前的现实是一方面房地产开发存量与产能过剩,另一方面住房分配不平衡的状态仍然未能更好解决,这样的不平衡促进了反思与变革。

正在编制中的《上海市城市总体规划(2021—2040年)》明确提出要转变规划理念、转变土地资源利用方式,强调要落实最严格的耕地保护制度和最严格的节约用地制度,以土地利用方式转变倒逼城市发展转型(表1)。这已经清晰表明了从资源底线角度定位,城市的发展重心已经由增量向存量转化。这里所谓的"存量",自然就包括城市既有建成环境。

城市经历漫长的发展过程,人居环境发生了巨大的变化。以上海为例,从开埠之后开始兴建的里弄街区,到应新中国工业建设之需大量建造的工人新村,再到改革开放后涌现出的商品房小区等,种类繁多、参差不齐。国家发展新趋势下需要进行的供给侧结构性改革,正要求对现有空间,尤其是较早建设的、地处城市中心区的那些无法满足当今城市生活需求的人居环境进行品质升级,为其使用者提供更好的服务与体验。

1.2 行业内涵的微妙变化

2015年,《中共中央、国务院关于进一步加强城市规划建设管理工作的若干意见》

的出台使建筑行业"压力倍增"。在城市发展模式转变、基础建设投资放缓的同时，正提示了整个行业从管理体系到业务定位的转变，相关文件更预示了建筑实践的专业门槛降低，执业资格将比以往任何时候更开放的事实。建筑设计与建造实践，正以前所未有的姿态，迈向社会范围的潜在参与群体。这意味着一种对传统建筑学去专业化的空间实践倾向，进而将导向某种"极端"多样性。

这将至少带来两方面的转变。一方面是设计行业所面对的市场及服务对象，大尺度的政府厅堂馆所与大规模的地产开发有所降温，伴随的是基层社区改善与社会私人业主小型项目的大量涌现，这终将在很大程度上改变设计实践的性质。"社区建筑师""社区规划师"等以往只有在国外案例中出现的名号即将成为城市更新实践中的必需配置。另一方面，"不止建筑师才能设计和建造"，如果这样的行业壁垒真被改变，建造便不再是一项用以保证少数人生计的"秘密"技能，对城市空间迭代的主导与选择权就回到了从"无知之幕"后被解放的、更广泛的群体手中。建造活动在伦理上也就由某种仅由精英决断的被动接受，转变为更加大众化的主动选择。这将大大改变设计行业的生态与内涵，而将其引向更广泛的竞争，进而从深层倒推教育形态的变革。

表1 上海新一轮城市总体规划要点一览

土地集约利用	实现建设用地规划总量"零增长" 建立健全"三线"引导和管控制度
生态安全底线	不同生态用地保护类型得以确定 限定边界，遏制城市无序蔓延
优化人口布局	适度提高交通网络容量，为后续发展留有余地 优化产业结构完善公共政策、加强社会管理，实现人口规模适度可控
提升文化环境	强化小微空间精细化规划管理 建设具有全球影响力文化城市

1.3 社会的深层发展

经历了数十年的城市基础建设，城市的总体空间结构基本完成，空间量的累积趋近于饱和状态，新建空间形象与历史街区风貌也基本稳定。然而，社会是一直处在发展进程中的，除去因人们的生活方式不断改变而给空间提出要求之外，既有空间的品质也需要得到实质性优化。

城市发展不可能永远停留在新建的、硬件的、形式化的操作，它需要不断进入指向内涵的、贴近人群的、更加精细化的领域。作为人居环境，一种居住与生活的载体，城市不可避免地需要展现出适应性特征。"当它呈现出完美时，我们快乐地接受；当它出现困难时，我们则会尽力地作出调整，及时消除困难，若困难不能被消除，则城市的结构终将会在未来的某一刻被粉碎掉。"为避免城市结构革命性"粉碎"的代价（尽管在城市建设中我们已经经历很多这样的悲剧），"及时消除困难"，关注的议题自然有必要引向使用者在场的、日常的、生活化的问题。

作为对工业化与全球化进程的反思，一种地缘性的、以社群与社区为中心的城市更新及可持续社区发展模式呼之欲出。

2 新模式、新基因

2.1 低门槛

在增量发展的语境下，任何一个项目的投资都是一项宏大且"奢侈"的工程。城市发展项目无论在规模、造价、项目周期，还是从设计到施工的过程组织、审批管理等各方面，都因其专业性和复杂性而形成了高高的行业门槛。因此，在建设项目频繁上马的时代，即使建设项目如雨后春笋一般，它们还是因"兴师动众"而缺少日常性价值。而在存量城市空间"微更新"中，随着项目规模、体量微观化，项目代价变小，单一项目可操作甚至可修正的空间反而有机会变大。

单一项目的投资额降低、周期缩短、牵涉实施人员减少，这不仅是量的变化，更是质的变化。项目的适应性特点、更低的风险，甚至未来可商榷的余地，从根本上改变了项目的属性。这暗示了一种实践导向的"临时"状态——任何改动都是满足或试图满足现时需求的"临时"动作，不但在远期可供改进，在实施过程中也可修正，甚至建成后的撤销代价都变得微观化。因此，"微更新"项目在一定意义上是允许试错的，这鼓励了实验和创新，并为城市带来更多不断更新与注入活力的可能性。

通过这样低门槛的、持续不断的"微更新"，城市将以空间与社会织补的方式逐渐完善自身。

2.2 广参与

城市是复杂的社会混合体，如果说自上而下的规划或者使用者缺席的建筑设计尚能依照理想（而不是以人性化或可接受度为标准）的模型来摆弄空间，那么城市"微更新"因各个项目具体到地、到点、到人及其面对的业主（使用者）从较集中的机构与个人扩展到更广的社会层面，而无法再通过代议制推断需求与"草率"处理。

这类"微更新"活动不一定是具体的建筑设计项目（及其所体现出的综合性特征），它们是包括创意、建造、制作、服务、管理和运营等在内的一系列策略的整合，其运作所需的知识早已超出和颠覆了传统行业所需及教育所传授的"专业技能"。因此，对于规划师与建筑师而言，尽管面对的仍然是相同的"城市空间"对象，城市"微更新"却成了有些陌生的领域。这一方面有助于消除专业壁垒，即便是经验丰富的建筑师或规划师也不能独立应对所有问题，提醒与敦促建筑师"不要用无力造成改变的方法去改变事物"，转而寻求更广泛的合作；另一方面项目自身固有的综合性特征，结合以人为本的更新导向与地缘性基因，天然地为在地居民、基层政府、社会组织、艺术机构，甚至资本方等打开了参与的入口。专业的饭碗变成了开放的网络。

2.3 多合作

事实上，城市空间"微更新"以前虽未被明确提出，但一直有本质上类似的实践。物业公司对管辖物业的维护与居民自发对居所的修补自不待言。地方政府亦制定"历史建筑轮修机制"，由房管部门运作，每八年对历史建筑进行一次修缮。修缮主要涉及历史建筑公共部位，如屋面、立面、公用厨卫、晒台以及楼梯间等，这一修缮计划由财政部门规定单价标准，优秀历史建筑的单价标准还会相应提高。然而这样的机制存在先天的缺陷，首先是大规模的修缮行为，容易演变成单一设计方案的大量复制，无视甚至破坏了各不相同的个体项目的文化性与独特性。其次是该类工程规模大，一旦上马需要多标段同时启动，这会给管理与质控造成困难，影响修缮的效果，使用者满意度也不甚理想，得不到有效的反馈与回应。最重要的是，虽然政府已经持续投入巨额资金进行修缮工作，但由于它指向的是广大的"面"而不是"微"更新，因而形成了难以背负又无法摆脱的沉重负担。

传统修缮的欠佳效果，向"微更新"释放了重要信号，不但需要控制规模与精细化操作，更需要社会力量的介入。政府的财政补贴不应是城市更新的主体资金来源，政府的角色应更多地转向城市经营与城市服务，设计政策、搭建平台、促动合作，引导社会关注与投入。

城市"微更新"需要跨学科、跨社群的合作。

3 对"正统建筑学"的反启示

3.1 重实践

一个显然存在但容易被忽略的事实是:尽管先有建筑,再有建筑学,先有实践,再有理论,但建筑学一直在理论发展的作用下被推向深入。建筑学往往成了纯粹的哲学模型,与活着的人及社会的距离越来越远,优雅而孤傲。这一点从众多建筑摄影作品中可以看到,即便是经典的人的居所,在其"定妆照"中,人的形象通常是无法兼容的(在使用过程中也是如此)(图1)。建筑实践与建筑教育是否能走下概念、抽象的神坛,进入世俗的领域?那样的实践活动还算不算建筑学?

正如篇首引用的马克斯·雅各布的话,建筑学进入"微更新"层面并非放弃哲思的茫然实践,反而是回归了建筑学本源——"做"。随着工业化的进程,建筑行业分工不断细化,建筑规模不断扩大,建筑师距离"做"这件事越来越远。建筑设计流程早已进入稳定的(专业)图像交流阶段,从方案进入施工图、建造方按图施工,图像、节点的推敲和交流都更加图像化、抽象化。基于场所与使用者的设计,有助于提示建筑师重新关注具体的物,他们有更多机会从身体及其感受出发,讨论触摸、材料、做法以及基于使用的想象(图2)。

图1 完美的建筑哲学模型,非完美的人居空间
图片来源:Jack E. Boucher. Library of Congress, Prints and Photographs Division, Historic American Buildrugs Survey, HABS: IL L, 47-PLAN.V, 1-9。

图2　帕拉斯玛《思考的手》
图片来源：The Thinking Hands: Existential and Embodied Wisdom in Architecture##，封面。

图3　"设计：为了爱犬"
图片来源：http://www.la-cremene.fr/wp-content/uploads/2013/12/04well-dog-slide-WPNU-jumbo.jpg。

建筑学向具体问题的回归增强了其回应性特征。柯林·罗（Colin Rowe）等在《拼贴城市》中在对"拼贴匠"与工程师进行比较时提到："可以认为工程师向宇宙提问，而'拼贴匠'则是与从人类奋斗中遗存下来的一堆剩余物之间的对话……科学家通过结构创造事件，而'拼贴匠'用事件来创造结构。"毕竟，设计这种行为自身便暗示了对于时间与历史的回应，微观化的城市更新是这样一种回应"剩余物"的"织补"过程，它要求更直接地、贴近地回应现时空间、场所与事件。

3.2　进社会

传统建筑学因其专业技术化与高雅艺术化，逐渐将学科自我封闭。即便谈到"跨界"，最多也就是设计家具、办办展览、写写文章。对日常器物的把玩，也演变为富于"文化意味"的玩赏活动（图3）。

这是无法否认的现实。建筑学将自身定位于象牙塔，耻于面对实际使用者。杂志上的成功案例，从古至今，神庙、宫殿、教堂，即便是那些经典的私人住宅作品，也是低密度的，无论是空间话语还是"定妆照"，都离开了普通社会。我们的当代城市与建筑实践更是如此。管理者、开发商和设计师习惯于把一个地块变成一张白纸再开始设计，更有一些城市建设完成之后仍然只剩一个空壳。既然是鬼城，哪里还有社会（图4）？

即便是最具客户导向意味的地产开发，通过市场调研分析获得的抽象数据、行政审批中用于信息沟通的专业条款、设计团队面对液晶屏幕进行的图纸生产、施工现场旷日

图4 鄂尔多斯
图片来源：http://img.jrjimg.cn/2011/11/20111125103914151。

图5 典型的拆迁施工现场
图片来源：作者自摄。

持久的建设周期造成的"戒严"状态（图5）……在整个设计与建造的过程中，使用者也都不在场。不管是哪个阶级，是花费重金的购房者还是被迫远迁的"流放者"，建筑学都是一个闭环的专业黑箱，他们都被排除在外，没有事实话语权。

但在高密度建成环境中，人始终在那里。对这些区域进行的深入设计有了问题导向的机会，设计需求开始从社会具体问题生发。设计的样式和风格问题开始退居次要位置，具体的人的具体需求开始得到关注（图6）。

图6 上海里弄中的日常图景
图片来源：作者自摄。

3.3 具人性

只消稍微关注文艺复兴时期学科的综合程度,便可以轻易地比较出当代建筑学的局限性。人文主义强调的博雅之士[4],不但造就出一批伟大的艺术巨匠,更在文明史上树立了标杆。反观如今的学科发展,从实践到教育,都体现了科学主义的条线分割,谈论任何学术话题先要离开具体问题去界定学科与范畴,学科和专业培养演变成了职业培训。

空间的塑造是建筑师的本行,但对物的执念一点点将其封闭在了对空间品质、材料表现的强调中。如果建筑师太过偏执于物,便无法像正常人那样思考。

图7 身体-建筑-环境
图片来源:[美]鲁道夫斯基.没有建筑师的建筑:简明非正统建筑导论[M].高军,译.天津:天津大学出版社,2011。

"建筑是居住的机器。"无论如何,机器作为工具,为人所使用。这机器的特殊之处在于,它的尺度决定了它无法把玩于人的掌中,而是反过来包裹了人,成为人造的外界环境。更进一步看,建筑是介于人的身体和自然环境之间的媒介。对内它是自然的延伸,对外它是身体的延伸(图7)。建筑存在的基础是这种居间状态极其巨大的可调适性。自然环境中的例子或许更容易让我们理解,试想在沙漠里建房子,建筑如果不能表现出实质上而非形象上的"植物"属性,它

图8 格伦·马库特的住宅设计
图片来源:Casa en Mount lrvine. #El Croquis##, 163-164.

将不能胜任调适环境的职责，无法为人所用，进而成为一座"死的"房子。

我们说建筑设计应当从场地出发。对于自然环境来说，场地自然是地形、气候、水文、植被等要素，只有仔细回应才能设计出有意义（也有品质）的房子，因为在这种情况下，设计师作为未来使用者的代理人，协助建立人与自然之间的联系（图8）。对城市中的设计而言，这样的回应性逻辑是完全相同的，只是回应的对象更为复杂，在物理条件之外又增加了人和社会的属性。小型化的、贴近人身体尺度的更新，恰恰为我们提供了向建筑学本体回归的路径。

4 结语——原真性之辩

我们经常听到遗产保护领域讨论的"原真性"，诸如"修旧如旧""整旧如故"的主张多是在讲风貌和样式，希望借此助益文化与历史记忆的传承。"原真性"与城市空间的设计者有关系吗？这一问题的答案不仅是肯定的，而且作为巨大的时间凝结物，城市的原真性更是远为复杂。"首先，原真性的诉求意味着我们紧守着某种从不曾改变的永恒的城市理想，这种理想以特定历史时期的文化意向为再现形式，并作为评判都市体验的绝对标准。其次，我们对原真性的心理意象又确实发生着变化，因为每一代人对于城市都有自己的时代经验，时代会塑造身在其中的人对于'归属'的某个街区、社区乃至城市里的房屋、商店与居民的实际看法。最后，思考原真性问题揭示了时间在最广泛意义上的重要性，因为城市居民越来越揪心于在承诺去创造的东西与威胁去灭绝的东西之间寻找一条路，不论这种威胁是来自城市更新或者中产阶层化问题，还是由于战争或者生态灾难。"

城市发展要重视原真性，但显然对城市而言，那种对某个历史时刻封存式的理解又太过狭隘。在城市的原真性语境中，无论是一个空间还是一件物品，都应当是人的、社会的空间与物品，应当不断被赋予生命、活力，才具有意义。因此，城市的原真性从来都不是静止不前的，而是通过不断生产为城市注入生命力，从而保持鲜活。仅仅保留了样貌，而抽离了社会生产与生命活动的城市空间是没有原真性的。"微更新"是具体的经营，是空间的再生与社会的涵养迭代，从本质上来说是自下而上的。"就是这种社会多样性，而不是建筑实体和其使用的多样性，才赋予这个城市以灵魂。"如果我们能够带着一种必要的警惕，避免泥沙俱下的城市运动变体，而是耐心织补、经营，那么"微更新"或许正提供了这样一种可能性，它们不断唤醒并进一步激活城市，以静默的方式悄然实现既是空间，又是社会的"织补更生"。

注释：

1 原文"Uomo UnIversale"，引自：李彦伯. 人文主义的哲学再思与帕拉第奥的建筑理想 [J]. 建筑师，2009（4）：40.

参考文献

[1] 勒. 柯布西耶. 明日之城市 [M]. 李浩，译. 北京：中国建筑工业出版社，2009.

[2] 李彦伯. 古诚新生 [M]. 上海：同济大学出版社. 2015.

[3] 柯林·罗，弗瑞德·科特. 拼贴城市 [M]. 童明，译. 北京：中国建筑工业出版社，2003.

[4] 李彦伯. 人文主义的哲学再思与帕拉第奥的建筑理想 [J]. 建筑师，2009（4）：40.

[5] 莎伦·佐金. 裸城：原真性城市场所的生与死 [M]. 丘兆达，刘蔚. 译. 上海：上海人民出版社，2015.

[6] 理查德·桑内特. 匠人 [M]. 李继宏，译. 上海：上海世纪出版股份有限公司，2015.

[7] 勒·柯布西耶. 走向新建筑 [M]. 陈志华，译. 西安：陕西师范大学出版社，2004.

[8] 李彦伯. 上海里弄街区的价值 [M]. 上海：同济大学出版社，2014.

[9] 罗小未，伍江. 上海弄堂 [M]. 上海：上海人民美术出版社，1997.

[10] 鲁道夫斯基，编著. 没有建筑师的建筑：简明非正统建筑导论 [M]. 高军，译. 天津：天津大学出版社，2011.

[11] Gerry Stoker. Public value management: A new narrative fornetworked governance[J]. American Review of Public Administration，2006.

[12] 诸大建. 可持续发展研究的 3 个关键课题与中国转型发展 [J]. 中国人口、资源与环境，2011（8）：35-39.

[13] 李彦伯，诸大建，王欢明. 新公共服务导向的城市历史街区发展模式选择——基于上海市居民满意度的实证分析. 城市规划，2016（2）. 51-60.

[14] 桂勇. 邻里空间：城市基层的行动、组织与互动 [M]. 上海：上海书店出版社，2008.

上海石库门里弄的存废 *

刘刚 **

引言

1945 年 9 月，美国海军飞机（CVG89）在上海苏州河北岸的航摄（图 1），恰为今天中心城"苏河湾"项目地段留下令人印象深刻的旧影。图中密集的石库门里弄建筑已经在 2010 年后被快速、整街坊的全部拆除，画面中央的"慎余里"被毁更一度成为本地电视、报章和各种社交媒体的标题事件。

近 20 年来，以拆旧建新而闻名的旧区改造中，石库门里弄是消失中的上海城市象征（Shanghai Identity），进而模糊的是对上海凭借快速增长成为现代大都市这一历史进程中的社会和物质聚集方式的理解。石库门里弄作为大众化生活空间，它的形成和变迁是对不同阶段的城市发展目标的回应，同时叠加形成了各自时代的文化景观。

保护石库门里弄的呼吁在 1980 年代已经渐起，但总的来说，不断产生现实冲击、引发广泛公共关注的是在最近 5 年。董家渡（沈宅）、慎余里、建业里、光明村、济南路 185 弄（逸庐）、安庆路街区（成德里）（图 2）等，一串还在增加的名单背后，是更多

---

*　本文原载于：《建筑遗产》第一卷第四期。
**　刘刚，同济大学建筑系副教授，Liugang2@tongji.edu.cn

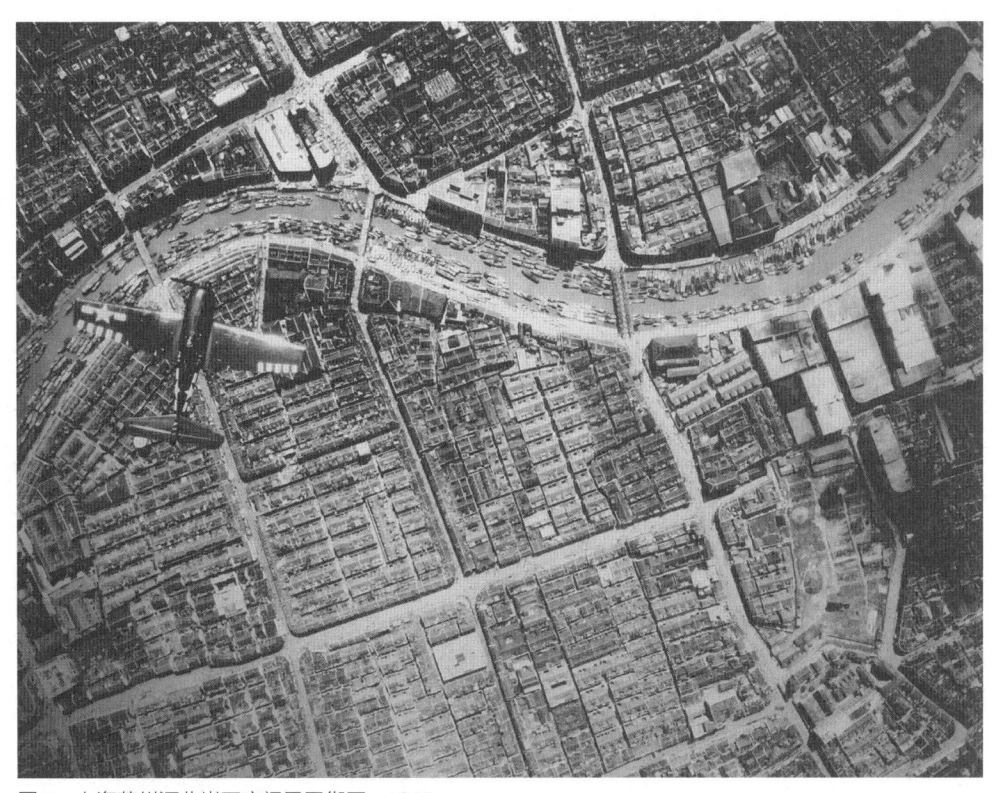

图1 上海苏州河北岸石库门里弄街区，1945
图片来源：美国海军航摄，"Aerial views over Shanghai China, F6F over Wangpoo River"，美国国家档案馆收藏，档案索引号：80-G-417493，1945年9月28日。

图2 上海静安区成德里（安庆路395弄4-9号）建筑群旧改拆迁现场（2016）

图3 上海杨浦区通北路八埭头惟善里旧改拆迁基地公共艺术墙画（2016）

知名或不知名的石库门里弄街坊废墟，它们短暂存在于这座名列过去 20 年发展最快的全球城市中心区域，成为文化、艺术作品争相表现的对象（图 3）。简而言之，"石库门里弄的存废"已成为事关城市发展观念、实践和模式创新的重要议题。

以下将从与此议题相关的六个主要方面展开论述，尝试以石库门里弄的城市空间形态、住房类型和社会空间流变分析为支撑，解析其面临当前城市再开发冲击的主要原因。进而在石库门里弄对上海城市风貌特色的影响、继续作为大众化生活空间的可能性，以及与城市再开发模式转型的关系上展开论述，探讨城市再发展背景中石库门里弄的再生路径和条件。最后尝试提出：作为文化遗产和大众化生活空间的石库门里弄，实现它的再生需要历史遗产保护和其他城市事务在"促进城市社区有机更新发展"这一共同问题上进行协作。

1 石库门里弄的近代城市空间形态特征

作为富有上海特色的城市空间，石库门里弄最突出的特征是基于有机形态的私有小型地块自主开发、居住和其他功能的高度混合，以及超高的建筑和人口密度[1]。在急剧扩张的近代城市化背景下，社会需求—建筑商品—资本投机相互推动导致石库门里弄构造的城市空间呈现出紧凑局促与开放流动并存的格局。以下通过解析一个典型的上海近代石库门里弄街坊的城市空间和建筑类型（图 4），尝试对其七种基本构成要素进行定义[1]。

1.1 沿街市房和小型商业 [2]

"市房"曾经是近代上海建筑类型的常用名词，顾名思义，指的是临近街市的小型商业店面。市房几乎包覆整个街坊的外沿，它除了作为城市商业设施，对于那些因辟筑道路而分割零散的沿街小地块（在城市化之前的乡土地块格局基础上），市房因其尺度和间距的灵活，以及对异形地块开发的形态兼容，客观上提高了土地利用强度。它的商业功能经历了 20 世纪 50 年代末到 20 世纪 70 年代末的基本中断，自 20 世纪 80 年代至今又全面恢复。

1.2 为招租牟利而建造的一般石库门里弄

作为石库门里弄街坊的主要空间内容，亦作为满足土地投资和住房租赁需求而大量

图4 上海典型近代石库门里弄街坊城市空间形态和建筑类型分析图

建造的城市平民住房，它们的开发建造非常重视土地利用效率，建筑密度因此非常高，布局也比较灵活。兼之租界市政和工程管理部门从防火和公共卫生出发，针对石库门里弄的基本设施、间距和高度等进行了严格的法规控制，由此固化了这一住房类型的基本特征。

1.3 为业主自用而建造的石库门里弄公馆

里弄公馆即一种大型的石库门里弄独立住宅。通常由受益于近代城市化发展的殷实人家自有投资、建造及自用（图5），多由城市化之前的旧宅翻建而来，因此与乡土时代的地缘和社会网络保持着特殊关联。此外，作为传世家业，它们不仅工、料远比一般石库门里弄考究，在建筑特征部位的样式选择上亦特别慎重，旨在宣示主家的文化价值观与立场，较之一般石库门里弄出于成本和招租便利的考虑，其样式内涵的文化寓意更为深远。

进一步地，里弄公馆的价值在于它们是私有地块开发的空间和社会核心，在同一地块内的剩余土地上，主家往往会连带开发、建造以出租为目的的一般石库门住房或小型工坊，从而形成私有地块上的"核心—附生"的建筑组团关系，这是在近代上海城市街坊以下层面的空间—社会一体构造的关键特征。所以，石库门里弄公馆建筑集中体现了乡土的地理和社会空间如何向近代建成环境转变，具有特殊重要的城市遗产价值。

图 5　上海市黄浦区肇周路 200 弄 148 号石库门里弄公馆主立面
资料来源：作者自摄。

1.4　街坊内部主要巷道

私有小地块的自主开发模式决定了其必须借助内部巷道来进行街坊空间的次级划分，以解决街坊内部的各个开发单元可达性。这些主要巷道部分继承自乡道交通体系的残留物，或者被填平的小型河道，部分是各个里弄开发单元自组织形成的公共通道网络。它的存在说明了城市空间构成与建成环境历史的密切关联，以及各个开发单元为了提高系统性的用地效率而进行的开发合作。

1.5　公共设施

邻里的公共生活沿袭了江南城镇的传统形式：紧凑、富于娱乐性以及面向基本需求，由此出现小规模的宗教场所、公共浴室和书场等公共设施。但更应注意的是普遍缺乏更具现代意义的公共设施，比如教育和游憩空间等。其原因在于土地资源相对于人口（劳动力）价值的畸高成本，以及城市在公共服务质量、公共投入和社会公平上表现出的制度性局限，且这种状况延续至今。

1.6 里弄工厂及其附属空间

石库门里弄街坊内存在为数不少的从事小型加工制造（以纺织针织最多、少量小五金和日化等）的生产空间，部分利用石库门民居，部分则有专门房屋。后者通常规模略大，及附有简陋的工厂宿舍，并和该地块的土地利用历史相关，往往在城市化之前就已经是生产空间。实证发现，不少里弄公馆在1940年前后亦纷纷演变为包含生产功能的混合空间，显示在土地资源开发殆尽的情况下，人们借助功能混合来进一步提高对空间的剥削强度，与此同时则是普通石库门内不断加强的居住过密化。

1.7 旧乡土时代的民居聚落残余

由于空间使用者（同时作为所有者）的家族内向性和复杂性带来的再开发不便，部分未得翻建的旧乡土民居基本都成为地缘上的孤立组团，其土地利用方式、形态特征和空间质量与周边的城市化建成环境有明显差异，且使用质量持续降低，进而成为功能较混杂，以及被轻视的社会低下阶层聚集的城市空间片段，并进一步地导致再开发价值下降。

基于以上论述可以看到：石库门里弄与城市化之前的自然和社会环境保有密切关联，而集中的近代房地产开发造成极高的建成环境密度，土地和空间的利用达到极致，且大部分住房的设施标准较低、居住舒适度一般，以及缺乏独立的邻里中心和高质量的公共空间。对于探讨石库门里弄存废议题而言，这些被完整继承的城市空间特征共同定义了石库门里弄再生的物质和社会基础，其缺乏空间弹性的密实构成、松散的社区主体性与有限的设施水平等由最初投机开发决定的历史基因则预示了应对发展冲击的先天不足。

2 作为特定住房类型的大规模开发建造终止

石库门里弄的存废是一个当代话题，但是，分析石库门里弄的"废"，合理的起点并不在眼下看到的"拆除"现象，而是早于20世纪30年代初就发生的石库门里弄的大规模开发建造终止。以上海城市扩张和住房类型发展演变为视角，可以观察到开发建造终止的原因，并析出与今日之存废困惑的重要关联。

根据前述，一般石库门里弄房屋的大量性开发建造是为了出租牟利。因此，石库门里弄能够满足彼时的居住需求，并形成对应的城市形态与社会空间；而从整个城市的发展来看，更多类型的居住需求和有更丰厚投资收益的空间形式在持续发生，并刺激产生更多的住房类型。据此，如果石库门拥有另一种历史——伴随着持续建造的持续改良和领域扩张，在更大的城市范围内满足更多样社会阶层的住房需求。那今天的石库门里弄存废之议或是另一种样貌。

但是，就近现代城市发展演变的事实而言，居住空间的使用饱和程度及其持续性超过了一切假设。于是可以观察到，在住房类型开始迅速丰富的20世纪20年代以后，由石库门里弄衍生而来的晚期石库门和新式里弄有效提升了建筑使用质量，但其最初的建成区域却很少发生改良和汰换，而进一步地，在停止开发建造的20世纪30年代初以后，石库门里弄很快成为一种城市固定范围的存在，以及是一种由相同住房类型聚类而成的城市空间特定类型。

伴随着上海的城市规模扩张和城市社会日益复杂，时间序列上递次出现的各种上海现代住房类型产生了城市空间结构意义上的地点归属，住房类型——社会分异——空间区隔逐渐呈现出明确对应的空间图景[3]，于是，在20世纪30年代初的建造终止成为思考其缘何由盛而衰的逻辑起点，而它之后的演变——从空间使用价值的"降"和再开发视角的空间交换价值的"升"——就成为值得探讨的内容[4]。

从使用价值角度：石库门里弄的领域不再扩大、有组织的翻建改造不再发生意味着从20世纪30年代开始，它对城市发展的应对是被动的。而从停止建造后直至20世纪90年代，石库门里弄经历了使用强度极限的不断推高，导致建筑和街坊内部几无再可压缩的空间，合并考虑到30、40年代的艰困时局和50年代后新制度下受限的住房维护投入，石库门里弄中的使用冲突只能不断加剧，生活环境质量日益下降，使用价值则持续降低。

从交换价值角度：随着城市的不断扩张，石库门里弄在存量住房中的规模比重日渐降低，与之对应的却是其城市区位的中心性日益凸显。20世纪90年代以后，在实践政治的支持下，中心城的城市空间再度为土地投机市场所主宰，这种使用价值的降低和区位优势的凸显，带来了再开发吸引力及交换价值的急剧上升，曾在19世纪后半叶的巴黎、20世纪60年代的纽约等世界各地一再上演的现代中心城空间竞争与大规模形变又要发生。

3 石库门里弄的社会空间特征及其流变

从最初到20世纪50年代前，石库门里弄的大部分社会空间是由相互独立的小型私有土地所有者、开发建造者和居住使用者这三者之间的社会关系所定义，这种既分离又联系的关系是一种重要的现代城市特征。这一阶段的石库门里弄社会空间表现为：自由流动的租客是主体人群；大规模需求支撑的空间利用持续饱和；空间流入和流出者之间的社会身份大体一致；由房地产权益决定的空间契约是社会个体间的主要联系。

在此期间，无论外部时局如何、也无论整个上海城市空间内部的社会流动情况如何，都未对石库门里弄里的社会状况造成本质影响，所以其内部的社会空间特征日益自我强化，社会变迁缓慢。1929年后，相继颁布的系列法规又突出了"保护租客、限制退租"的管理规则，加之艰困时局下的移民住房需求旺盛和再开发不易，于是，石库门里弄的再开发被实质性终止，社会空间遂随着物质空间一起固化下来。

20世纪50年代是石库门里弄及其街区经历的第一个历史性转折阶段的开始，政社合一与生活集体化等政治运动对石库门里弄的社会空间造成了重大影响[5]。1958年后，人和地点的关系随着户籍制的建立被全面固定下来，石库门里弄中的人口自由流动被迅速终止。在此期间，虽然新中国成立初期政治运动导致的人口迁出释放了部分空间，但以缺乏居住空间增量为前提，一个由于自然繁衍而造成过度拥挤的空间使用局面必将持续形成。另外值得一提的是，在石库门里弄空间中通过建立基层组织和发展集体生活来建设社会主义新城市的努力始终受到旧时代因素的微妙牵制，政治组织的不够纯粹制约了社会空间重构的完成[6]，因而产生了对里弄社会进行持续改造的需求。

20世纪50年代末开始，随着日常生活被纳入国家计划体制的轨道[6]63，生活必需品进入集中供给，石库门里弄的社会空间里失去了繁荣的沿街商业活动，只留下很少量的、国营的商业设施。对高密度、世俗化的城市空间模式而言，这意味着商业驱动的、信息多元的街道其扮演的公共空间角色被新制度下的威权机构取代，并从带来丰富社会交往的、与城市广泛联系的商业需求中剥离出去。自20世纪30年代停止开发建造带来的影响之后，石库门里弄社会与整个城市社会的分离继续得到强化。

继而，在20世纪60年代后期开始的大规模的年轻人上山下乡运动中，石库门里弄失去了内部家庭组织的完整性和由代际衔接形成的生活方式延续性。这项政治举措暂时缓解了城市居住和就业方面的直接压力，但对于社会空间自我发展延续的负面影响甚大。其直接后果是20世纪70年代末以后，出现了伴随着种种城市社会和家庭内部冲突的知青返城浪潮，他们的疲惫归来在客观上造成了石库门里弄这种特定的城市空间类型中就业、社会福利和住房供给的严重脱序，加剧了社会能量的消耗，并促进形成了石库门里弄作为"城市问题空间"的一般社会价值判断。这种状态下，当20世纪80年代商业化重新席卷城市空间后，遭到剧烈内外部冲击的石库门里弄开始全面丧失自我修复能力，为滑向功能、环境、人口等意义上的中心城社会边缘空间形成开端。

20世纪90年代中期开始,大规模的上海中心城旧区改造纷纷瞄准这些区位优势突出、改造需求迫切的石库门里弄街区[7]29-30,"基于所有权集中的开发权集中"与"房屋土地的再商品化"为其带来第二次历史性转折。在上海当代城市再开发中,虽然偶有类似前卢湾区44街坊这样的修缮改良式更新个案,但以"开发容积率奖励"为核心特征的旧区改造机制迅速全面地占据了主导地位,现状的社会空间和物质空间开始被同时彻底清除。进而,通过比较石库门里弄与新建居住小区的使用质量差异,一种广泛认识就此形成:石库门里弄的存在其物质和社会主体可以、也应该被计入再开发成本加以减除以实现经济增长和民生的双赢,带有福利色彩的改造在各方面尤其是经济上被认为不可行。

基于以上梳理可以看到:以上海城市演变为背景,随着城市住房类型的不断进化和丰富、城市空间内部差异的形成,石库门里弄经历了一个跌宕的过程——从大众化生活空间逐渐蜕变为当代城市再开发意义上的社会边缘空间。

4 石库门里弄的存废对未来上海城市风貌特色的影响

石库门里弄经历了文化意义上的三个上海:勃兴的早期现代大都市、激荡的社会主义大都市、爆发的当代全球城市。作为大众的生活空间,它是上海记忆文化和城市风貌特色的重要组成。虽然"大部分"石库门里弄迄今并未成为法定的保护对象,但将其视为城市文化遗产仍旧是一种社会共识。

石库门里弄是如《瓦莱塔宣言》所称的"历史性城区"的重要组成[8],具有完整表现上海城市社会与文化身份沿革的空间结构。在城市变化中,如果能以历史特征为基础去改善建成环境品质,则未来上海城市风貌特色将含有更多元的城市空间类型。更何况石库门里弄的形态特征中含有很多正在重新得到承认的空间价值,比如街区内部的多功能性和丰富关联,亦比如其人性化的尺度、丰富的建筑形式且文化指涉及个体差异和日常生活紧密相关,而非空洞的公共性和纪念性。

此外,包含石库门里弄的未来上海城市风貌特色能更好地支撑对城市自我反思和再认识。石库门里弄充满了现代化和城市化历史的痕迹和细节,它们看似只是这座巨大都市过往的日常生活琐屑,甚至被用曲解的"历史的泡沫"来形容[9],但正如大卫·哈维的提醒:日常生活里存在着宏大问题[10]。一方面,这些经验性的内容对认识整个国家范围内进程不一的城市现代化转型有借镜甚至警示作用;另一方面,对于当代城市在发展中的社会意识而言,通过正视其现实与潜能的冲突[11],可以帮助建立与"现在"的思想距离,从而为城市发展所需要的进一步改变创造条件。

最后，包含石库门里弄的上海城市风貌特色意味着更好地应对大规模经济、社会流动导致的城市认同危机。对于一个建立在多元族群基础上的全球城市而言，慎重对待城市遗产是理性面对文化分歧、消化价值冲突的途径之一。石库门里弄作为一种普遍的城市情感归属对象，同时作为日渐失去自我维护能力的城市空间，考验着当代人的价值思辨和实践创新能力。如果它能够实现再生，其意义不仅是解决城市发展中的实践冲突、更是逾越其某种深刻局限的象征。

5 石库门里弄继续作为大众化生活空间的可能性

20世纪50年代之前的石库门里弄代表了基于人口自由流动与集聚的现代城市化居住方式，以及所有权和使用权分离的现代城市居住空间。其后则是带有国家福利性质的公共住房，并定义了上海中心城的生活空间主体形态。

然而城市空间的增长，特别是新住房类型的开发一直在削弱石库门里弄作为大众化生活空间的地位。这种态势在20世纪90年代中后期开始重新启动土地和房屋市场化开发机制后，随着更大规模与更高质量的商品化新住房类型开发而逐渐达到今日的"临界"状态。在此我们看到的是：由空间和环境的居住质量问题为起点，以改善民生和经济增长的政经耦合效应为依托，在填平租隙（Rent Gap）和创造利润的开发诱因作用下，一系列显性和隐形的力量自上而下地主导了对石库门里弄的快速、大规模拆除。

值得关注的是，随着加强保护的呼声，现实里亦出现了新天地、田子坊、建业里和步高里等实践案例，并被学界归纳为对应的四种模式[12-14]，然而对于量大面广的城市再生对象而言，这些模式的普遍性是值得怀疑的，它们更像是消费文化和文保封闭体制的窗口，而非房间里的内容。在石库门里弄的形态、规模、区位和文化等基本城市属性中，由其规模的广大而决定了——大众化生活空间是其功能和身份的不二选择。石库门里弄今日之危的主要原因在于与此脱离，而其再生的机会也在于能否找到具有再生模式普遍性、需求规模适应性的功能定位，进而重建其作为大众化生活空间的地位。沿着这个逻辑很容易发现，将一部分石库门里弄进行改造，使其成为一种特殊的"城市保障性住房"，可以成为其再生路径的严肃话题，但事实上，这个方向的探讨仍旧十分缺乏，而在实践中，以20世纪90年代初前卢湾区44街坊旧区改造为代表的、比较接近此种模式的局部探索却在同时兴起的市场化城市再开发运动中昙花一现。

假定新形式的"城市保障性住房"是石库门里弄成为新的"大众化生活空间"而实现再生的重要路径，则其可行性具有如下多项实际支撑：首先，基于历史原因，几乎全部的现状石库门里弄均为国有产权的政策性租赁住房，居民为承租人，但在实际的房屋产权交易上又具有准产权人的灰色地位，这种状态与当代城市保障性住房的社会性质与产权特征非常接近；其次，居民们是上一轮城市住房改革中被滞后解决住房问题的主要群体，相关行动具有正当性和迫切性；再次，石库门里弄的存量规模较大、生活配套设施完整，推动房屋和设施改造的直接成本边界比较清晰、城市重构的社会成本得以有效降低；最后，因其中心城的区位因素，在实施成套改造和确权落实后，如果配套的流转管理跟进得当，其内部的良性社会流动可期，这对解决中心城的更多样化的住房需求和促进城市活力有重要意义。

如果石库门里弄能够再次成为"大众化生活空间"，这意味着上海未来将拥有的不仅是遗产名义的历史性城市景观，还意味着是当代城市更新与重构的重要成果。但是，为什么"城市保障性住房"在眼下没有成为石库门里弄再生的主要考虑目标？这需要回到城市再开发模式的转型问题上来开展讨论。

6 石库门里弄再生与城市再开发模式的转型

无论何种社会制度下，政府在城市再开发中的态度、职能和角色都非常引人注目。在以旧区改造为名的当代上海中心城再开发中，政府在大规模拆迁带来的现实收益与不可立见的综合成本之间选择了追求前者，并和市场力量一起直接干预了大规模的空间重建，由此形成以"大拆大建、人地分置"为特征的城市再开发模式。

这种模式与战后美国大城市的内城更新运动及其演变类似，同样引发了基于社会公正、包容性发展、环境可持续议题的批判性反思。但与之不同的是，在城市发展的历史参照系已经全面进化的前提下，我们的城市还不得不面对着社区主体缺失，且转型方向与目标尚未确立的尴尬。因此，如果以"城市保障性住房"为假定性的目标视角，则石库门里弄再生的实践路径与城市再开发模式的转型是否互为条件，是一个值得展开讨论的重要问题。

首先，城市空间内部的不平衡发展不可避免，需要通过公共政策引导，修正阶段性的发展目标。具体来看，既有模式下的石库门里弄旧区改造导致了剧烈的城市重构，新旧替代之间的文化断裂愈演愈烈，粗暴呆板的商业地产自身也陷入衰退，这些都提示了中心城的再发展正处于某种临界状态。而以倡导石库门里弄再生为代表的当代遗产保护，正是借助更具多样性的价值议题来促进建成环境变化管理中的观念、目标和策略修正[15]，这种旨在发展再平衡的介入，必然唤起对既有再开发模式的重塑，特别是对再开发引起的大规模、运动式的空间人口置换进行适度约束，以及对历史居住空间的城市功能的再认识。

其次，基于城市再开发资源在上海中心城空间的相对集中现象，如何在理性区别基础上促成市场利益导向和公共利益导向的再开发合作水准提高，是城市"提质增效"的主要手段之一。而在现实中，对过分强调增长及其"单一路径依赖"的担忧越来越普遍。如果要有所改变，则"在老的城市肌理上形成新的城市空间类型"是值得探索的目标之一，但既有的再开发模式在面对这种更为复杂的功能、空间、社会一体化目标时并不适任，进而成为更公正的"都市性"的发展障碍[16]。

最后，历史保护的兴起反映了后工业时代城市空间再生产的结构性问题，即空间体系中的区位竞争。既然中心城是好的，那么谁将留在这里？因此，未来上海中心城历史区域的人口社会构成、城市活力及其空间形态，需要重新定义。体现在中心城区的居住功能和住房类型这两个问题上，挑剔地说，现状的城市发展政策在前者上的粗放和后者上的僵化是明显存在的，到底中心城的居住功能与其他核心功能之间有何互动？一刀切的住区规范和城市规划技术条例是否适应中心城的多样性住房需求？相关的城市再开发与土地利用模式调整、功能混合和城市活力的关系为何？这些仍有待深入研究。此外，在人们对石库门里弄重新作为大众化生活空间的前景缺乏信心的背后，存在着对中心城空间体系的价值偏见，社会普遍习惯于按照房地产开发定义的"地段"差序格局把城市空间价值视为一个向心的垂直体系，而非一个混合的、平等的网络体系。

近年来，基于存量发展的"城市更新"概念获得较多期待。但此时的"城市更新"和较早的"旧区改造"之间有何区别？严格管控新增建设用地，意味着优质的中心城再开发空间资源其稀缺性得到放大，中心城历史街区的再开发吸引力理应陡增，沿着这种逻辑看，石库门里弄怎么摆脱被拆除的再开发机制惯性呢？再回到实践上看，旨在促进增长的政府意志和法定规划工具的密切结合、"二次征询"为代表的行之有效的房屋征收办法、容积率奖励政策支撑的市场化开发等因素构成的完整、严密的再开发机制，甚至形成了中心城再发展的路径依赖，于是要问：现状机制里存在自我扭转、推动石库门里弄再生的实践空间吗？

7 结语

当代历史保护与城市更新的矛盾仍旧十分突出，戏剧性的城市繁荣和冲突背后，自由化、私有化、市场化的思想影响与经济全球化深刻互动[17]1-4，空间和社会流动频繁，历史和现实的分离加剧。也因此，包括历史保护在内的各种事务纷纷走出各自的封闭领域，在关注城市和城市研究上实现了思考的再集中化，进而希望找到共同切入点进行实践合作，以避免各自处于不停的危机与干预中，并为产生新的冲突而烦恼。

本文尝试提出：对作为文化遗产和大众化生活空间的石库门里弄，寻求实现其城市再生，需要历史保护和其他城市事务从各自的着眼点上集中到"促进城市社区有机更新发展"这一共同问题上来。石库门里弄的危机背后，一方面源于城市空间构造缺乏弹性、设施水平严重落后和内部社会矛盾淤积；而另一方面源自社区主体性、完整性和稳定性的缺乏，导致无力承受宏观决策和外部投机资本的联合冲击。最终使石库门里弄沦为"增长机器"的一部分原料。

从可持续发展角度，当代中国城市问题的很多方面都源自城市发展和社区发展的脱节，由此造成空间再生产方式单一、空间形态创新不足、空间资源利用短视以及空间收益分配的不合理，并使我们的日常生活看起来总是缺乏多样、优美而人性化的场所，石库门里弄的消失就是这个城市问题的典型体现。城市必须认识到，由转向重视社区发展而带来的更尊重经济增长中的社区自主、公共服务和文化多样并非削弱行政效率、市场和创新，而是实现城市进一步成功的前提条件，是将城市的成功与更多人的幸福联系起来的必然路径。同样的，通过促进社区发展来实现石库门里弄的再生，进而实现文化遗产保护，亦能更好地证明当代历史保护作为城市事务之一的当代核心价值——理性质疑现状、帮助社会介入空间变化管理、尊重城市事物的价值多样性。

参考文献

[1] 刘刚. 上海前法新租界的城市形式 [D]. 上海：同济大学，2009:135.

[2] 卢汉超, 罗玲, 任云兰. 远离南京路：近代上海的小店铺和里弄生活 [J]. 城市史研究，2005（08）：238-266.

[3] Paul Knox, Steven Pinch. Urban Social Geography, An Introduction, 6th Edition[M]. New York: Routledge, 2010.

[4] Molotch.H. The city as a growth machine[J]. American Journal of Sociology, 82:309-332.

[5] 翁其荃, 王祖敏, 刘志荣, 张如海. 组织起来，走人民公社化道路——红旗里弄委员会调查报告 [J]. 复旦，1960（06）：12-19.

[6] 张济顺. 远去的都市：1950年代的上海 [M]. 北京：社会科学文献出版社，2015.

[7] 《上海住宅（1949—1990）》编辑部编，上海住宅（1949—1990）[M]. 上海：上海科学普及出版社，1993:29-30.

[8] ICOMOS, 关于维护与管理历史城镇与城区的瓦莱塔原则 [R]. ICOMOS，2012.

[9] 布罗代尔. 论历史 [M]. 刘北成, 周立红, 译. 北京：北京大学出版社，2008.

[10] 大卫·哈维. 价值实现危机与日常生活政治学 [R]. 南京：南京大学，2016年6月7日.

[11] 赫伯特·马尔库塞. 单向度的人：发达工业社会意识形态研究 [M]. 刘继, 译. 上海：上海译文出版社，1989:127.

[12] 常青. 旧改中的上海建筑及其都市历史语境 [J]. 建筑学报，2009（10）：23-28.

[13] 朱晓明, 古小英. 上海石库门里弄保护与更新的4类案例评析 [J]. 住宅科技，2010（06）：25-29.

[14] "上海里弄住宅保护与更新"研讨会 [J]. 上海城市规划，2012（03）：98-103.

[15] Mason, R. Theoretical and practical argument for values-centered preservation[J]. CRM: The Journal of Heritage Stewardship, 2006, 3（2）：21-48.

[16] 亨利·勒菲弗. 空间与政治 [M]. 李春, 译. 上海：上海人民出版社，2007.

[17] 大卫·哈维. 新自由主义简史 [M]. 王钦, 译. 上海：上海译文出版社，2010.

四

共建人民城市,全面推进上海"15分钟社区生活圈"行动 戴明

四明实验之城市、建筑、社会诸面相:一个城市历史社区再发展案例 李彦伯

社区·元空间:可快速部署的批量定制微空间
袁烽 张立名 闫超

社区发展
Community Development

共建人民城市，全面推进上海"15分钟社区生活圈"行动[*]

戴明[**]

1 对社区生活圈的认识

1.1 工作背景：新理念新目标下的新要求

2014年10月，上海在首届世界城市日论坛上首次提出"15分钟社区生活圈"的基本概念。这一概念的提出和深化，既是对十八大后中央新发展理念和新工作要求的回应和落实，也是上海城市发展迈向新目标新台阶的需要。

新的发展理念：十八届五中全会和中央城市工作会议明确将"创新、协调、绿色、开放、共享"作为城市规划发展的五大理念，要求转变城市发展模式。

新的治理方式：十八届三中全会提出"推进国家治理体系和治理能力现代化"，明确城市管理向城市治理转型。

新的城市目标：在编中的上海2035总体规划（下称总规）提出要迈向卓越的全球城市，要提升城市生活品质，提高全球竞争力。

---
[*] 原文为上海市规划编审中心共同研究成果。
[**] 戴明，上海市城市建设档案馆馆长、书记。

1.2 上海现实：社区品质是城市建设的突出短板

在上海2035总体规划编制期间，我们充分对标五大发展理念要求，以及纽约、伦敦与东京等其他全球城市，发现目前上海建设品质最突出的短板在社区层面，尤其是部分建设年代较早的存量社区，还存在以下方面的不足：社区功能较单一，生活就业不够便捷，社区活力不足；社区服务设施老化陈旧、规模不足、类型不全的问题突出，难以适应高品质生活需求；社区公共空间缺乏，网络化、系统性不够，环境品质不高；社区街坊尺度偏大，不利于交通微循环和步行友好。同时，在这一阶段，居民参与社区规划建设管理的意识还比较薄弱，居民的自主性未能得到充分发挥。

1.3 概念内涵：回归以人为本的初心

社区是城乡生产、生活和治理的基本单元，是服务群众和基层治理的"最后一公里"，也是城市落实新发展理念的最小细胞。高质量的城市发展离不开高品质的社区建设。

从国际上社区规划建设的初衷来看，就是在居住功能集中的地区，以人的感受和尺度为出发点去建设和配备住宅、设施、道路和绿地等，保障人的健康安全舒适。但是随着城市化进程的加快，"效率优先"原则在相当长一段时间内占据了主导地位，社区的人性化特质受到极大冲击，全球范围内都中出现了大量如前所述的封闭型居住区，功能单一、马路过宽、交叉口过远、设施和街道缺失。近年来尤其是新冠疫情爆发以后，社区对于城市健康发展的重要性重新凸显，大家意识到了问题所在，并开始反思社区建设的理念和方式。

基于此，上海2035总体规划落实五大发展理念要求，紧紧抓住人这个核心，提出社区的建设应充分考虑人的生理机能和生活规律，以步行15分钟的最佳日常出行距离为尺度，在这个范围内充分完善教育、文化、医疗、养老、休闲及就业创业等居民的基本服务功能。

打造"宜居、宜业、宜游、宜学、宜养"的15分钟社区生活圈，构建以人为本、低碳韧性、公平包容的"社区共同体"。可以说，社区生活圈概念内涵，是上海城市发展对于人本初心的一次重要回归。

2 社区生活圈的行动历程与新征程挑战

2.1 社区生活圈由理念向行动转型

按照总规的要求，2016年我们制定发布了全国首个"15分钟社区生活圈规划导则"，统一了相关的规划和建设标准，并进一步明确社区生活圈不应仅停留在规划，更应是在党建引领下，以人民为中心的一项行动，要以行动促实施，以实施促成效，切实将人本初心体现在行动上。围绕这个定位，提出了社区生活圈行动的原则和方向：

全要素的工作任务，从原先主要聚焦公共服务配置，扩展到住宅、就业、出行、服务、休闲和安全等各方面，关注社区品质的综合提升。

全过程的治理行动，依托多元力量，涵盖规划、建设、管理全过程，不断滚动、持续、与时俱进地推进。

以实施落地为导向，推动规划编制由"静态蓝图"向"动态行动"转型，重视可操作性，保障行动实效。

适应存量发展趋势，结合已建社区人口复杂、空间资源稀缺等特点，探索与存量时代相契合的工作方法和实施途径。

2.2 由点及面、渐进式的三个阶段行动探索

基于以上行动原则，我们从2016年起，持续开展了由点及面的三个阶段的行动探索，坚持以行动检验行动，在行动中总结构建一套真正行之有效的行动体系和方法。

第一阶段：点上探索的社区微更新。

2016年起，从唤醒市民参与社区治理的自我意识出发，我们先从市民最为熟悉的社区"宅前屋后"的小微空间入手，以"设计手法微、更新动作微、实施费用微、参与人群微"的方式，推进老旧社区小微空间的针灸式改造。

从实效来看，社区微更新行动在从点上改善社区环境方面具有见效快的优点，而且工作路径易操作、易实施，同时以微小投入切实撬动了居民参与社区品质提升的自主意愿。

以长宁区大西别墅的向阳花场地改造为例，场地面积只有200m²，改造前只有绿化功能，使用效率低。针对居民集中反映缺少户外晾晒和健身活动场地的诉求，设计师通过移走部分灌木、增加座椅、铺设散步道等小微设计手段，将场地改造为集中晾晒区和

健身活动区。整个项目建设经费仅为10万元出头，但因为充分满足了居民需求，故而获得了居民们的认可。改造完成后，居民们非常珍惜建设成果，成立了自治团队志愿维持场地的环境卫生。

又例如徐汇区永嘉路口袋广场"嘉澜庭"，场地面积约800m^2，通过拆除存在消防隐患的两排旧里，以四面敞廊围合形成公共空间，并铺设步道，增加绿植、喷泉，引入小型商业等，改造形成社区口袋公园，广受居民喜爱，时常举办周末集市、音乐表演、动物领养等公益活动。该微更新项目获得2021年亚洲建筑师协会"社会与文化"建筑类金奖和"社会责任奖"特别奖。（这一奖项是亚洲地区建筑界的最高建筑设计大奖，与普利兹克奖、国际建筑奖等并列为面向国际的世界级大奖。）

同时我们也意识到，微更新受制于有限的空间条件和资金条件，单点式的更新解决不了系统性问题，在全面提升社区环境品质和公共服务设施配套上力度有限，需要在更大范围内统筹谋划，寻求系统化的解决方案。

第二阶段：条线推进的四大行动计划。

在社区微更新的基础上，一直到2019年，我们结合上海正在推进的城市更新工作，针对城市发展的重点以及市民关注的热点，开展了"共享社区、创新园区、魅力风貌、休闲网络"四大行动计划，将点上行动进一步拓展到了条线专项，扩大了行动的受益面和影响力；探索了更广泛、更深层次的公众参与方式，依托城市设计挑战赛等规划众筹平台，发挥人民群众协商自治的作用，形成开门做规划的工作格局。

黄浦江、苏州河两岸休闲网络建设得益于上海市委、市政府高度重视，在市级层面建立了一套统筹协同机制，综合统筹了市、区、街镇等各级各部门力量，打通贯通堵点，实现滨水空间的全面开放。

普陀区曹杨环浜在区级行动协调小组的领导下，由区绿容、建交、水务部门共同行动，通过打通围墙、设置步道、架设桥梁、布局亲水平台、分时段开放居住小区门禁等手段，基本实现了环浜贯通。

四大行动计划取得了一定成效，社会关注度也进一步提高，同时也看到行动体系中的不足：一是面上实施推进仍不理想，除了一江一河贯通和曹杨环浜贯通，其他涉及多个条线部门的项目实施难以推进，尤其是共享社区和创新园区行动，尽管在空间上已明确了总体蓝图构想，但由于缺乏统筹机制，仍停留在方案层面。二是未能最大程度实现各系统间的协调统筹，四大行动计划以空间专项为主题，比如慢行体系、风貌保护、服务设施等，缺少系统间的组合拳，在空间资源上的综合协同未达到最优效果。

第三阶段：推进"15分钟社区生活圈"试点行动。

2019年起，我们总结前两个阶段的经验，组织开展了第三阶段的"15分钟社区生活圈"试点行动。这一阶段我们调整了行动策略，以街镇为单元，将散点条线更新提升为区域系统实践，充分发挥街镇在空间统筹和实施统筹的平台优势，将居住、就业、服务、休闲、出行等各项建设任务在街镇进行整合，以提升行动的综合性和可实施性。

普陀区曹杨全区域全方位"美好生活"提升行动。在第二阶段实现环浜贯通的基础上，曹杨进一步围绕"五宜"目标，以街道为单位开展了一系列的行动：宜居方面，开展旧住房修缮和成套改造行动，提升老旧住房居住品质；改造桂巷坊菜市场，打造武宁片区百姓会客厅。宜业方面，充分挖掘存量潜力，植入"创业星工厂"等产业空间，提供低成本创业服务。宜游方面，修复和塑造开放空间体系，贯通环浜绿地及滨水步道，将原铁路和市场改造为复合立体的"百禧公园"。宜学方面，利用业余大学空间资源，推进高校与社区联动，完善社区终身学习体系。宜养方面，建成武宁片区老年人日间照料中心、健康智慧小屋等设施。

通过三个阶段的工作，我们越来越认识到，"15分钟社区生活圈"是一项围绕综合目标协调推进的行动，依托街镇这个平台，只要各条线通力合作，凝聚各方力量，就能起到空间全要素统筹和实施多主体统筹的作用，与我们前面提到的全要素、全过程、强治理、重实施的行动定位高度契合。

同时也应看到，第三阶段的试点只是一个开始，要想实现行动在全市范围内持续全面推进，仍然存在诸多亟须解决的难点和堵点：

一是机制上如何更好地整合各条线和街道的力量，提升工作效率和显示度。首先是需要区委、区政府充分关心，指定的牵头部门具有足够的综合统筹能力，才能避免行动过程中各条线部门合力不足，在特定空间范围内重复建设投入、建设项目过于分散的情况，影响行动效果；其次街道赋能不够，在项目立项、方案制定、验收等环节均没有足够的话语权，无法有效发挥协调推进作用。

二是如何充分发挥社会力量，共同营造社区品质。社会资金发动不足，项目资金以政府财政资金投入为主；项目实施品质难以达到预期，需要拓展思路，多方位引入专业技术力量协助政府共同行动。

三是如何通过全过程人民民主，更精准地体现地区特质。行动仍存在自上而下套用传统普适性的千人指标、服务半径的情况，无法精准满足社区居民差异化、多样化的需求；项目实施后的实际效果存在差距，需要进一步加强居民在各个环节的全程参与度，精准适应未来社区发展与居民需求。

2.3 新起点新征程

2019年,习近平总书记在上海考察时,提出了"人民城市人民建,人民城市为人民"重要理念,深刻回答了建设什么样的城市,怎样建设城市的重大命题。上海第十二次党代会再次强调要加快构建"生活圈+",让城市展现独特的风貌、烟火的气息、绽放的地带。

上海城市空间艺术季作为部市合作项目,以"15分钟社区生活圈-人民城市"为主题,旨在通过社区以小见大演绎人民城市建设的方式方法,并借助自然资源部的力量扩大社会影响力,并在全国范围内推动社区生活圈行动建设。

在艺术季活动期间,自然资源部会同上海市政府发起,并得到全国直辖市、相关省会城市、自治区首府、计划单列市及长三角城市(共52个城市)积极响应,共同形成《"15分钟社区生活圈"行动·上海倡议》,提出以"宜居、宜业、宜游、宜学、宜养"为目标愿景,由政府部门牵头,统筹各方力量,推进"15分钟社区生活圈"行动。

同时放眼全球,当下以社区应对城市问题成为后疫情时代的国际共识,各大城市也正积极开展行动,如巴黎"15分钟之城"、墨尔本"20分钟社区"、渥太华"15分钟社区"等。

其中社区作为安全单元的作用受到前所未有的关注,要求社区建设不仅要适应居民的日常生活需求,还要具备在安全卫生事件爆发时具有防灾避难功能,在空间储备、硬件设备、资源服务、社会响应等开展全方位提升,增强社区抗风险能力,以及灾后快速恢复的能力。

综合上述,无论从行动实践、国家要求、全球共识来看,"15分钟社区生活圈"行动都是上海提升城市空间品质和治理水平的必由之路。

3 "十四五"社区生活圈行动的要点和重点

当前国家层面和市委、市政府对生活圈工作高度重视,前期的实践也积累了一些经验,同时上海单元规划已编制完成,社区设施和空间的规划格局基本稳定,这些都为接下来的全面聚焦实施奠定了良好的工作基础。因此,我们和市发展和改革委员会会同市相关部门制定形成《指导意见》,其目的就是落实《上海倡议》精神和市委、市政府工作要求,条块力量充分整合,齐心协力、继往开来、持续推进。

《指导意见》以问题为导向,针对前期行动存在的难点堵点,关键明确了"3+3+1"的工作要点,即处理好三大关系、抓住三个重点环节和推进一个数字化转型手段。

3.1 处理好"三大关系",构建政府、市民、社会的协同机制

通过准确把握"政府内部""政府与市民""政府与社会"三大关系,实现优势互补、良性互动,形成强大合力。

1. 要构建政府内部的协同关系,以区为主,搭建"上下结合、左右贯通"的多元治理机制

"上下结合"强调市级部门、区委区政府、区委办局以及各街道的纵向联动;"左右贯通"强调政府部门间的横向协同。

——各区委、区政府负责行动的整体推进,关键抓两点:一是以保障生活圈有序开展为出发点,区委区政府要负责建立统筹协调机制,明确区层面的牵头领导和牵头部门,强化街镇资源整合能力,统筹资源使用效率;二是各区牵头部门要负责落实条块沟通机制、统筹推进行动实施、开展绩效考核等工作。同时区其他相关部门共同参与,条块协同形成合力。

浦东新区建立区委、区政府统筹、发改委牵头的工作机制。区委区政府成立领导小组,负责发展改革的副区长作为牵头领导;领导小组办公室设在区发改委,负责总体统筹推进各项工作。

长宁区建立双区长、双部门牵头的工作机制。由负责民政、社区和负责城建的双区长领衔,区地区办和区规划资源局双牵头,合力发挥统筹作用。在蓝图制定阶段,分管地区事务领导及地区办负责需求整合,分管城建领导及规划资源局负责空间协调;在项目实施阶段,前者协调实施主体责任,后者按需做好项目审批服务。

以街镇为主推进实施,充分赋权、赋能街镇,发挥好"聚合统筹"作用。

以长宁区新华路街道15分钟社区生活圈行动为例,重点负责以下三个方面:一是负责构建基层政府、社区居民、在地企业等多元主体共同参与的行动架构,引入社会组织、社区规划师提供专业服务;二是负责组织编制社区行动蓝图和年度行动计划;三是牵头推动项目实施,整合各方需求主导方案设计,统筹协调空间资源和经费资源,开展运营维护。

市级部门发挥指导作用。

市级各部门各司其职,从各自条线职责出发,聚焦老百姓关心的托育、养老、精神卫生、社会服务等领域,围绕规划、建设、运营全过程中的堵点问题,做好支撑保障、政策支持和技术指导,如资金保障、土地供应、数字化转型等。

2. 要加强政府与市民的互动关系,坚持以人民为中心,推动全过程人民民主

转变工作模式,在行动中充分激发社区居民的"主人翁"意识,更多地体现广大人民的智慧和共识,探索建立更加广泛、更加深入、更加常态化的居民参与机制,引导居民全过程深度参与行动,包括前期的出谋划策、中期的方案设计,以及后期的建设运营维护,组织社区居民共同享用和共同维护建设成果,参与社区公共设施和空间的运营和管理,逐步实现居民自我服务、自我管理的可持续社区自治生态。

长宁区程家桥街道的协作式规划模式。建立居民、街道、专业团队共同协作规划设计的机制,发动居民在固定的"工作坊"共同商讨社区未来、制定设计方案。虹桥机场新村改造项目,将闲置仓库改造成"社区居民参与小站",邀请居民对社区内的护学小径、商业街、停车位等提出需求畅想和设计建议。"社区参与式博物馆"项目,不仅在方案设计阶段充分征询居民建议,还在后续运营阶段,将博物馆打造成为社区共治共建的空间载体。

浦东新区陆家嘴街道"金色守卫"自治团队。为确保崂山四村自治花园建成后续得到妥善维护,在陆家嘴街道"自治金"的支持下,小区居民自行组织成立了一支由社区绿植爱好者、爱心志愿者、物业绿化养护人员组成的"金色守卫"自治团队,开展自治花园的长期维护管理。同时,崂山居民区党总支与周边单位签订了共建协议,将自治花园作为学校科普基地,每周定期由小学生来参与"护花爱草"的科普活动。

3. 要强化政府与社会的合作协同关系,广泛引入社会力量参与实施

一是积极引入企业资源,发挥好企业承担社会责任的积极性和担当,结合存量地块的更新,补充社区亟需的服务设施和广场绿地;充分拓展社会资金,吸引社会企业出资融入共建。

长宁区新华路街道通过存量更新提升社区服务。宝地新华更新项目中,针对地区服务设施和公共空间不足的问题,企业为社区提供了约3000m^{2}的服务设施和3400m^{2}的屋顶绿化。

青浦区重固镇章堰村综合开发。由章堰村村委会与企业成立合资公司,规划建设了章堰村幸福社区中心、文化馆、培训中心、图书馆、餐饮、酒店、商店等各类配套设施,使村民能在家门口享受到各类服务。

二是积极引入社区规划师作为行动的专业服务力量。街镇可结合自身需求,寻求具备规划、景观、建筑设计等专业能力的技术团队支持,引导社区规划师等专业技术力量为社区提供志愿服务。社区规划师一是发挥"桥梁"作用,引导居民表达诉求,并予以解读和演绎,将现实需求转化至规划蓝图。二是提供专业技术服务,保障项目设计水平,促进项目高品质实施。

杨浦区社区规划师制度。充分发挥辖区内同济大学及众多设计单位集聚的优势，聘请同济大学建筑城规学院的老师作为社区规划师，既熟悉街道情况，又具有较强的热情和专业情怀，对社区整体品质提升起到良好的促进作用。同时，老师们将社区工作与学校科研或教学工作相结合，带领自己的团队或学生共同参与，实现了学校社区联动共建。

浦东新区惠南镇海沈村的乡村责任规划师工作。一是搭建沟通平台，发挥上下衔接的枢纽传导作用，向上对村镇干部开展政策宣讲，向下积极引导长住民、新村民表达需求，为村民解读发展蓝图。二是体现专业技术力量支撑，乡村技术力量薄弱，社区规划师通过深入翔实的调查工作，针对临近村重复建设、能级不足、资源浪费关键问题，构建"海沈、远东、桥北"三村共享服务设施圈层。三是强化全过程咨询服务，尤其在后期运营阶段提供项目咨询协调，从创意策划到实施建设，推动"屋里厢咖啡""乡间花坊"等一大批乡村创业创新项目落地。

三是广泛调动社会组织，发挥深耕社区的优势，协助街道组织多样化公众参与活动，提供专业服务，搭建协商平台，筹集社会资金等。

浦东新区陆家嘴福山路跑步道项目。陆家嘴社区公益基金会充分发挥桥梁作用，搭建街镇、企业、专业人士、媒体、企业和居民的共建平台。在资金筹措方面，基金会汇集社会各方力量，采取"政府出一点、众筹一点、基金会筹一点"的方式筹措建设资金。建成后，组织跑步道沿线商户承担部分后续管理维护的责任和费用。

长宁区仙霞街道地下共享空间"闲下来合作社"。长宁区充分调动在地化社会组织，发挥其深耕优势，致力于推动社区营造活动。针对社区公共空间匮乏、青年活动需求无法满足的问题，社会组织将虹仙居民区的一处地下防空洞进行改造，为社区居民打造"邻里共享客厅"，为青年创业创新者提供文化交流平台。

3.2 聚焦三个重点环节，切实推进行动实施

围绕行动推进的全过程中，应重点聚焦共商需求、共谋蓝图和共建家园三个环节。

1. 共商需求：精准挖掘人民需求，众筹社区需求清单

强调自上而下评缺口和自下而上找需求相结合的方式，保障社区居民的基本需求，并体现居民的特色需求。

一是落实单元规划基础保障类设施，确保居民基本需求。单元规划围绕"五宜"规划导向，已明确各类基础保障类设施，生活圈行动重点是推实施，保障设施落地，实现

社区服务设施布局的公平性。

案例：在虹桥主城片区单元规划中，重点落实公共服务设施、基础教育设施、公园广场、交通设施、市政设施等基础保障类服务。

二是自下而上众筹社区需求清单，体现地区特色需求。开展居民调查和街道访谈，锁定居民急难愁盼问题和特色需求，在基础保障设施的基础上，进一步叠加品质提升设施和空间，形成精准的社区需求清单。

长宁区新华路街道创新"街道—居委—居民"三级调研方式，逐层锁定特色需求。首先，通过街道调研，把握社区的主要特征和总体问题，如养老设施不足、缺乏文化设施等；其次以居委聚焦分片区的差异化问题，将15个居委会分为风貌区居委、高人口密度居委以及老龄化居委三种类型，分别设计调查问卷；最后就具体项目的改造需求等有针对性地征询周边居民的意见，为项目改造的具体方案提供支撑。

闵行区梅陇镇针对不同人群特点开展需求调查，分类明确需求清单。根据社区"深度老龄化、就业人口多"的人口特征，采用现场访谈与线上、线下问卷相结合的公众参与模式。针对老年人在社区日常活动的习惯，开展实地问卷调研和深入的现场访谈，重点关注对养老设施及心理关爱方面的需求；针对上班族高频率使用手机的特征，通过微信公众号发放线上问卷，重点关注对生活便利、养育托管点、社区学校等方面需求。

2. 共谋蓝图：强化空间、时间和资源上的统筹协同

一是强化空间统筹，体现在资源挖潜和高效利用两方面：

首先，全方位识别和挖掘空间资源。街道（镇）要主动对接区相关管理部门，以及有意向开展更新改造的社会主体，梳理社区内的可开发地块、意向更新地块和低效使用或闲置的空间资源。既要关注面积充裕、利于使用的大资源，更要关注规模有限、使用难度高的小资源。

政府部门的闲置资源：为推进国有资产共享、共用，提高资产使用效益，普陀区财政局印发了《普陀区行政事业单位房屋资产公物仓管理暂行办法》，明确由区财政局进行统筹调配普陀区行政事业单位房屋资产，建立了统一收储、统一调配、统一处置的运作平台。街镇和部门可根据需求申请使用。

学校、企事业单位的附属公共空间：按照"能开尽开"的原则，机关、事业单位、国有企业积极创造条件，通过围墙（围栏）的打开、退界等多种方式，实现附属空间开放；鼓励社会单位参与，充分释放附属空间；推动学校体育场馆向社区开放。

社区内的低效闲置空间：杨浦区利用道路和小区分割出来的不规则低效空间，打造出让老百姓喜闻乐见的创智农园。

道路市政设施的消极空间：苏州河武宁路桥下空间建设的咖啡屋，长宁高架桥下的体育空间。

存量用地更新：闵行区力波啤酒厂通过零星工业用地转型，将部分办公用地调整为租赁住房，共计756套，推动产业与生活的融合；提供3.23万m^2绿地，很好地提升了地区生态品质。

结合上海公共卫生的问题，我们还应重点关注社区的安全韧性，进一步拓展空间资源的内涵和手段，按照"平时生活圈，战时防疫圈"原则，围绕灾时疫时所需的卫生隔离、物资储备及分发、临时安置等空间要求，挖掘既有设施用于平疫转换的空间资源。

其次，在空间利用上，最大限度提升使用效率。积极采用复合设置、更新改造、错时共享、功能转换等手段，充分挖掘每一处空间的潜力。

优化以党群服务中心为基本阵地的社区综合服务设施布局，推动党群服务阵地和各类基层阵地双向开放、资源共享，在为群众提供党群、政务、文化体育等基本服务的基础上，根据需求拓展特色服务，实行"一站式"服务。

如长宁区新华路街道以丰富的时空手段编制一张蓝图：其中新华综合为老服务中心复合设置卫生服务站、老年食堂等，为老年人提供一站式养老服务；"新华里巷·市民中心"以错时使用方式，植入社区多功能教室、剧场、会客厅等功能，以一倍空间发挥了三倍空间的效能。

二是强化时间和资源统筹，排定"年度行动计划"协同保障项目实施。考虑项目可操作性和社区发展情况，按年度编制计划、分解蓝图任务，并明确各个项目的实施主体、资金来源和时间节点等。

普陀区曹杨新村街道统筹部门需求，围绕居民需求的急迫程度排定年度行动计划。曹杨新村街道存在住宅老化陈旧、功能活力欠缺、公共服务不足、游憩空间缺乏的多个问题，但社区建成度高，可用于增建设施的空间有限。结合各条线项目需求、社区居民需求紧迫程度和项目可实施性，初步拟定该年度建设项目清单。通过征询区级相关部门意见，协调明确行动项目、实施主体、资金来源和时间节点等内容，形成年度行动计划。

3. 共建家园：围绕重点区域加强实施统筹

针对居民诉求突出区域，鼓励在推进实施时采用"综合项目包"形式，统筹项目之间的实施时序、资金使用和方案设计，避免重复建设、资源浪费，保障项目间的一体化设计，提高项目设计品质和实施效率。

长宁区新华路街道采用项目包的形式整合多方主体。牛桥浜路沿线集中了大量居民急难愁盼、规划尚未实施的公共服务设施，以项目包整合原本分属街道、区房管局、区建管委、区绿容局、业主等多个主体的项目，由区级联席会委托一家设计单位进行项目包总体设计。设计方案经区级联席会决策认定后，由各主体协同推进项目实施。

3.3 技术手段上，要依托数字化手段，辅助生活圈高效行动。

为更好辅助各区各街镇精准获取居民需求、挖掘社区资源、提高行动效率，我们打造了涵盖规划、建设、管理全流程的"15分钟社区生活圈智慧化应用场景平台"。目前数据底板、实施管理、居民互动三大功能板块构架已基本搭建形成，其中居民互动功能在长宁新华和普陀曹杨两个街道上线试用。

一是数据底板功能。我们系统整合单元规划、详细规划、土地管理等数据资源，生成一张生活圈建设的动态"家底"。围绕"社区现状短板在哪里""社区潜力空间在哪里"两大核心问题，通过可视化的图表形式，帮助各区和街镇快速摸清生活圈建设的短板情况，自动查找街镇内的可开发用地和空间，为实施难度大的规划设施提供空间腾挪的参考。

二是实施管理功能。街镇在管理平台上传社区行动蓝图和行动计划，并结合行动进程动态更新项目实施情况，通过可视化的自动统计分析，各区各街镇可实时掌握当前生活圈行动的实施推进情况，包括已建与未建的项目情况、新增设施及空间总量等。同时，我们目前也在积极开发行动蓝图的在线编制和评价功能，辅助街镇科学编制。

三是居民互动功能。街镇可通过手机端搭建与居民的互动平台，以简单易懂的操作界面，向居民全景展示所在街镇生活圈建设的现状和蓝图，广泛征求居民需求与意见，推送社区内项目的建设动态，进一步强化自下而上的居民参与。

"15分钟社区生活圈"智慧平台线上居民互动活动。自2021上海城市空间艺术季期间上线以来，智慧平台配合新华街道体育中心改造、曹杨新村街道"上海社区美好生活体验馆"开展了广泛的居民意见征集活动，邀请居民就改造方案进行大众投票，选出自己喜爱的方案，提出自己的金点子、好想法，共同参与社区建设。

"15分钟社区生活圈"行动不但需要持续发力，市委市政府也对全面推进"15分钟社区生活圈"行动高度重视，《指导意见》已明确由市委、市政府办公厅联合印发，目标到2025年底，全市率先建成一批具有示范性意义的街镇，中心城基本实现基础保障类服务全覆盖。

四明实验之城市、建筑、社会诸面相*
——一个城市历史社区再发展案例

李彦伯**

引言：设计的起点

  初学者和有经验的设计者都需要面对同一个问题——设计从何开始？是天马行空的意象、寻章摘句的参考或者其他？建筑师在面对项目时具有绝对的信息不对称优势，不仅是在专业技能上，更是在对于项目展开的知情权上。此种排他性导致建筑师非常容易滥用自己的话语权，进而形成决策霸权。

  建筑师在项目建成之后面对公众质疑展开的激辩，甚至为了自圆其说发展出的理论化（theorization）倾向，都是在试图捍卫这一霸权。建筑师作为社会分工中的一类，花他人（私人业主、政府或投资人）的钱，成就个人的追求与梦想，从来都是这个行业面临的道德困境。如果说为私人业主设计的项目上施用这种霸权，负面的影响或许还在可控的范围的话（图1）[1]，那么当设计的服务对象变成社区或城市，设计的决策程序设置就起到举足轻重的作用。即便是建筑师出于对社会的高尚责任感以及用建筑拯救社

---

* 本文原载于：《建筑学报》期刊，2019，2。
** 李彦伯，同济大学建筑与城市规划学院副教授，Liyanbo@tongji.edu.cn

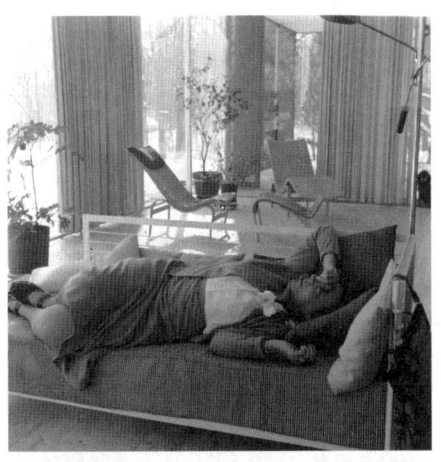

图1 女子在范斯沃思住宅中午睡（密斯的现代主义作品有着经典形式，业主却在日常使用中面对极大痛苦）
图片来源：www.archdaily.com/769632/sex-and-real-estate-reconsidered-what-was-the-true-story-behind-mies-van-der-rohes-farnsworth-house。

图2 爆破中的Pruitt-Igoe（由山崎实设计的社会住宅项目，因其始料未及地成为衰败与犯罪的温床而无奈拆毁）
图片来源：https://99percentinvisible.org/episode/episode-44-the-pruitt-igoe-myth。

区的理想，也容易在设计的产品端存在不可挽回、或挽回代价巨大的风险（图2）。

那么，在面对城市议题的时候，尤其是面对现存社区所在的城市建成环境中的设计任务时，以何种方式展开的设计能尽可能避免建筑师自说自话的道德困境，又确保设计是恰如其分地适合在地居民的需求、最大化地争取公共利益呢？参与式设计（participatory design）可以被用作基础方法论，向"居民专家"（resident-experts）学习，以真正使用者的视角去判断并决定需求，较建筑师自说自话或玩弄概念而言显然是更加合理务实的决策方式。

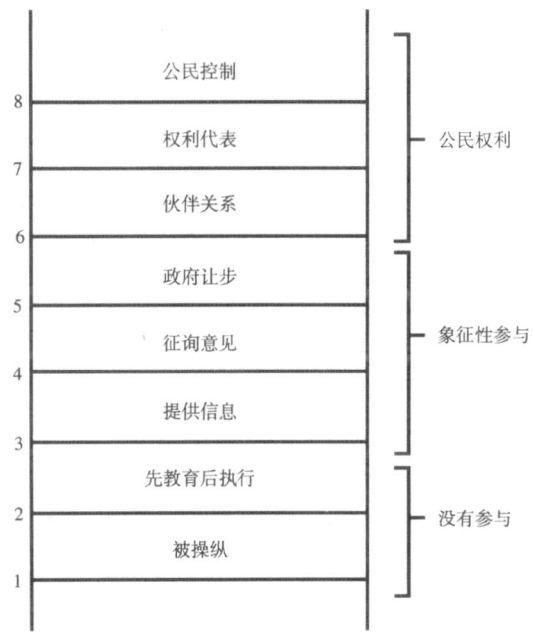

图3 阿恩斯坦的公民参与阶梯
图片来源：尼格尔·泰勒.1945年后西方城市规划理论的流变[M].李白玉，陈贞，译.北京：中国建筑工业出版社，2006：85。

谢丽·阿恩斯坦（Sherry Arnstein）的公民参与阶梯告诉我们，越接近上层的参与梯度越能实现更完整的参与度（图3），然而在真实的决策过程中，公众议事与表达尽管在程序上看来似乎更接近每个参与者的真实想法，却往往在信息的沟通效果与决策效率上较为低下。因此早在议事过程开始之前，广义上的设计便应当先期介入，而不是坐等居民集体决策后派发给设计师一份"任务书"。将议事流程也纳入设计范畴，是确保关于项目定位讨论的效果与效率的核心，其能够更好地帮助参与者梳理问题、廓清选项并输出合议。

1　城市社区面临的挑战

1.1　共同体与城市社区

　　德国社会学家斐迪南·滕尼斯（Ferdinand Tönnies）在1887年所著的《共同体与社会》（Gemeinschaft und Gesellschaft）[2]中，最早提出了"community"概念，这一概念在此被解作"共同体"，其社会组织特征为类似乡村那样的自然生发的、小规模的、紧密连接的社会组织形式。其时德国正经历快速工业化时期，工业与城市的迅速扩张远远超出之前人们的预料，因此出现了一大批针对社会结构与组织方式的深刻反思，因此用"共同体的"与"市民社会的"、"乡村的"与"城市的"作为对立面理解的逻辑起点是非常可以理解的。其后埃米尔·涂尔干（Emile Durkheim）于1893年、格奥尔格·齐美尔（Georg Simmel）于1903年出版的专著都深受前述理论的影响，并进行了自己的发展。前者认为现代城市中的复杂状况令传统的共同体中的社会连接变得疏离；后者更指出城市中共同体的衰落将不可避免地导致整个社会的解体[3]。

　　我国城市中的"社区"，虽形式上与西方学术界及社会对社区的主流定义有很大区别，但与上文所论及的共同体及其状况却有相似之处。事实上，我国城市中的现代住宅，无论是始建于20世纪50年代的工人新村，还是20世纪90年代末的商品小区，在共同体的构建层面上都存在缺失。前者的聚居基于生产者的角色设定及其为之共同服务的产业；后者虽然是效仿国际经验，通过市场决定哪些人彼此做邻居，但土地所有制、税制以及户口等管理体制的差异导致小区居民的个体利益与公共利益之间无法完全合拍，因而难以形成社区认同感并导向可持续的社区发展。

1.2　城市历史社区的状况

　　城市历史社区作为城市中的特例，曾经在共同体建构方面具有较好的基础。以上海市为例，上海的里弄街区自19世纪后半叶至20世纪40年代一直被持续建造，直至发展成为城市住宅的主要形式。随着居民社会的世代编织，因历史原因形成了高密度居住状态，使得里弄社区在很大程度上呈现出滕尼斯所谓的共同体特征，其内部具有紧密的日常人际网络。然而随着建成环境年代的增长与社会外在环境的变迁，里弄社区所面临的除了硬件方面的问题之外，更在老龄化、阶层区隔等当代城市社会问题上有异常突出的表现。如何令这些历史社区在空间层面焕发新生的同时，更在社区共同体的建构方面产生效果，不论对于设计者还是社会学者而言都是巨大的难题与挑战。

在这样的理论框架与城市背景下，我们在四明体育弄——这样一条肇建于临近公共租界及法租界的愚园路上的，趋近于花园里弄形制的历史社区中展开了基于其复杂问题的针对性研究与实践。

2 作为设计锚固点的问题发掘

同大量历史建成环境一样，四明体育弄面临着社会嬗变、老龄化导致的社区活力衰弱、基础设施缺乏以及公共空间缺失等问题。本次实验性课题正是针对里弄街区及居民日常生活中遭受的真实而复杂的困扰所展开。

2.1 缺乏晾晒衣物设施

里弄街区中，晾衣设施缺乏的问题非常突出。走进过里弄的人大都有过在"万国旗"下钻行的尴尬经历。里弄建筑最初设计为一户人家独用的上下2～3层、带天井的联排住宅，但考虑到城市的居住密度与土地资源分配的效率要求，已经算得舒适了，晾衣等居家日常需求完全可以在自家无人打扰的天井中解决。然而随着大量外来移民涌入租界，经济、社会等大环境的变动令房主被迫将自家房子分割，与越来越多的家庭和人口分享居住使用权。如此一来，居住密度的飙升使得每个家庭的可用空间捉襟见肘，基础设施也面临巨大压力。各家像洗衣等日常操作尚且需要在弄堂里完成（图4），沿着弄堂中的电线、竹竿、钢丝、麻绳等将衣物攀附晾晒。

四明体育弄虽然空间相对宽敞，但同样缺乏晾衣设施，居民只有各自搭出简易的架子或者勉强利用并不合用的围墙头、健身器等权宜解决（图5）。

图4　星期天的里弄
图片来源：罗小未，伍江. 上海弄堂[M]. 上海：上海人民美术出版社，1997：163。

图5　私搭的晾晒装置与空置的巷弄
图片来源：作者自摄。

2.2 缺少应对地方气候特征的户外社交空间

弄堂内老年人居多，其中更不乏行动不便者。当前我国城市中，公园绿地广场等公共空间分布密度仍然非常低[①][4]。对于老年人来说，步行至这些场所所需耗费的体力让他们望而却步，更会因为天气的原因导致室外活动难以开展。一年中真正适合户外活动的时间非常短暂，加上近年来弄堂长住民外迁、租户增加的客观事实，老年人越来越缺少足够的动力走出家门参与社区活动，这对他们的身体健康与心理调适显然具有非常负面的影响[5]。

2.3 健身场所不能有效吸引、也不能事实上提供居民使用

地方政府曾经在弄堂推行了健身苑点项目[6]，为老式小区装上了户外健身器材，意在惠民的公共政策。然而里弄以老年人为主的居民对此类健身器材的刚性需求并不显著；而之前提到的更为基本的晾晒需求往往会占用这些户外健身器材，呈现出"晾衣难、健身亦难"的尴尬景况。

户外健身场所虽有标准化的器材和铺装，但并不能达到想象中吸引居民使用的效果。不仅健身设施无法使居民停留[②][7]，场地中央更被一个为覆盖原有水井井口的方桌所

图6 改造前的场地
图片来源：作者自摄。

图7 田子坊弄内营业场景
图片来源：作者自摄。

占据。长此以往，被栅栏围住的"健身苑点"成了少人问津的社区死角，最终导致管理人员不得不将其锁闭了事（图6）。

2.4 基础设施问题

上海里弄虽然历经数次改造修缮工程，然而，基础设施仍然难以满足居民的使用需求。例如照明问题，弄堂中的照明一般是比较昏暗的，这不仅带来安全性等隐患，更使得弄堂中缺乏吸引人步入与停驻的氛围。

消防设施的缺乏对道路狭窄、包含大量木质材料的里弄构成巨大的安全威胁，弄堂火灾不止一次地发生，隐患不容小觑。更有甚者，像田子坊这样的目前以商业经营为主的里弄"景点"，由于明火的使用、占道经营及人流的密集，一旦发生火灾，大型消防设施只能在远远的街边望洋兴叹（图7）。

3 "回应性"设计的六重面相

这里并不局限于就事论事地过多探讨项目本身实施的历程，而是从这样一个个案所涉及的几个重要的范畴或面相展开，以另一种方式"复盘"我们在四明体育弄公共空间所进行的多向度实验。

3.1 历史住区的公共空间再生

以里弄为代表的城市历史街区，既不同于那些已经被博物馆化的工业遗存，也不可能都复制田子坊一般的商业模式，由于其仍然被用作市民的住宅，关注点便永远不能局限于建筑或历史文化的价值,居民的日常生活、社会的可持续发展。

近来轰轰烈烈开展的各类"城市更新"项目,作为城市建成环境优化的破冰动作,正在吸引越来越多的社会关注。由于对象的差异显著,其中所出现的某些尝试,对于城市历史社区或许未必适合。里弄街区无论在风貌、尺度、规模还是社会组成方面,都更为复杂敏感,或许这也是迄今为止鲜有成功的里弄街区公共空间更新案例的原因。正因历史住区的状况不堪,发展的需求也更加迫切,对我们来说,这样的历史住区的公共空间,需要的与其说是"更新",不如说是"再生"或"再发展"。

图8 消隐于巷弄内的带顶空间
图片来源:作者自摄。

事实上,政府在历史建筑修缮方面投入的关注与资金并不少。上海房屋管理部门对历史建筑有"八年轮修制度",即对所有建筑施行每8年循环一次的修缮计划,范围包括建筑主体中公共部位如楼梯、厨房、卫生间、建筑屋顶、外立面的修缮,也包括巷弄道路的修补。但可以看出这样的修缮主要是意在恢复物理性能上难以为继的部位,并未对公共空间的社区属性予以重视。

如何在建成环境中与历史建筑风貌共存共生,对建筑师而言是一项具有挑战性的工作。在本次再生实验中的一个重要策略,即将体量消解至线性最小的"架"的空间意象。通过简洁的杆件组合同时满足功能与结构的需求,轻质软顶悬浮在空中,有效覆盖下部空间的同时又不影响采光。从弄口走向弄底的过程中,这个带顶的空间会一直保持从人的视野中"消隐"的状态(图8)。此外,无论是针对废弃古井所展开的场地策略,或是从既有建筑中汲取的米黄、暗红等选材细节,一系列去形式感的操作都使得这样一个本质上具有异质性的公共空间再生计划,以一种和谐谦虚的姿态融入了历史环境当中。

3.2 生态可持续导向

高速的城镇化发展给我国自然环境造成了巨大影响,其不仅重新定义了空间外在形式,更改变了地形地貌以及生态系统。城市地表的硬化工程加上疏导能力不足的市政排水管网，使炎热状态下的地面无法停留可供蒸发的地表水，遇到雨水时节内涝问题仍然频发。然而我国是水资源缺乏的国家，在城市建成环境内设法对生态循环中的水资源进行合理利用，走生态可持续的道路，是未来城市发展必须遵循的原则。在这一问题上，即便是城市中最早建成的历史街区也不例外，应当寻求生态可持续发展的可能性。

结合公共空间的再生，我们试图引入一系列新技术，以生态可持续为导向，解决历史街区中基础设施匮乏的问题。自然界中的降水往往是容易被忽视的生态资源，雨水降落到地面汇集进入地下，经由市政管网组织排走，本身看起来再正常不过。然而如果将这个"汇水面"由地面向上抬升一些，再将汇集好的水收集起来，一来江南地区丰沛的降水资源将成为可观的日常生活中水，二来得以重新将建成环境整合回自然生态圈的循环之中。此外，储水设施设有消防接合器，这就在幽长的巷弄尽端增加了一个临时消防取水点（图9）。针对汇水面荷载的预估、坡度的计算与结构可靠性的检验，贯穿了设计深化至施工的绝大部分过程。对于弄堂深处缺乏照明的问题，设计团队结合晾衣装置引入了太阳能驱动的照明解决方案，点状光源被巧妙地置入38 mm直径的钢管之中，在白天隐形，夜间程控定时自动开关（图10）。针对弄堂绿化不足的问题，景观设计方面引入垂直绿化，选择了耐候性强、季节性、景观特性明显的藤本植物如三色常青藤、紫藤、金银花等，改善公共空间微气候与视觉体验。

图9 蓄水箱上的日常中水龙头与应急消防接合器
图片来源：作者自摄。

图10 照明节点
图片来源：作者自摄。

3.3 重塑社区活力的可能

里弄街区最初的低密度住宅，家庭与人口不断增长③[8]（图11）。这样的居住状态使得居民之间不得不在生活中共享许多空间、设施或资源。人与人之间相处的规则、大家共同的界限、社群内部的各种共识……"空间政治"[9]在这里上演。甚至可以说，"上海人"作为一个最初并不存在的由大量移民构成的松散群体概念，所谓的集体性格也是在这样的过程中形成的（图12）。

然而在21世纪的今天，如果还认为里弄之中仍然存在那种"有温度"的生活场景，或许是过于乐观了。这既由于人口自然发展与结构性外迁导致的老龄化，又由于外来移民继续不断涌入及超强的流动性更迭带来的社会碎片化，二者的共同作用导致里弄的社区认同感不断降低、社区活力持续下降。

公共空间的塑造是一个契机，其意义并不在于将空间粉饰一新或是植入居民并不需要的功能，而是在于通过设置迎合和满足居民日常生活的功能，吸引并鼓励居民重新从家里走出来，进入（同时是建筑学与社会学意义上的）公共空间，通过在该空间中驻留、使用其各项功能的同时，增加与邻里相遇的机会，从而促进交往的产生。

设计团队通过与居民一道讨论筛选出的一系列社区日常活动，得以将不同使用工况融入公共空间（图13）。设计团队在设计时，出发点是一系列的日常使用"情景"（scenarios），

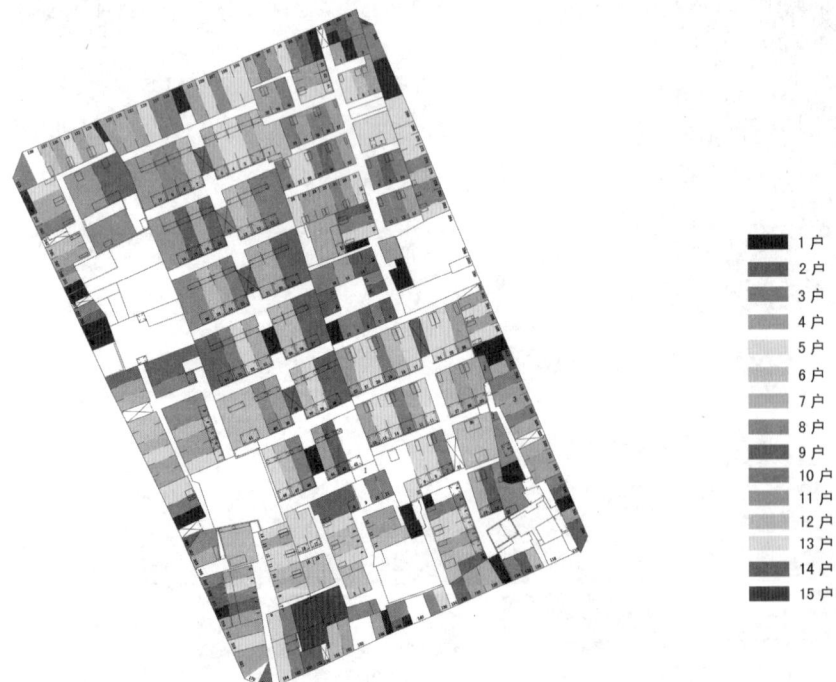

图11 上海某里弄街区中的超高居住密度
图片来源：作者自绘。

图12 为避免共享水槽的自家水龙头被他人盗用,居民想出加壳上锁的对策
图片来源:作者自摄。

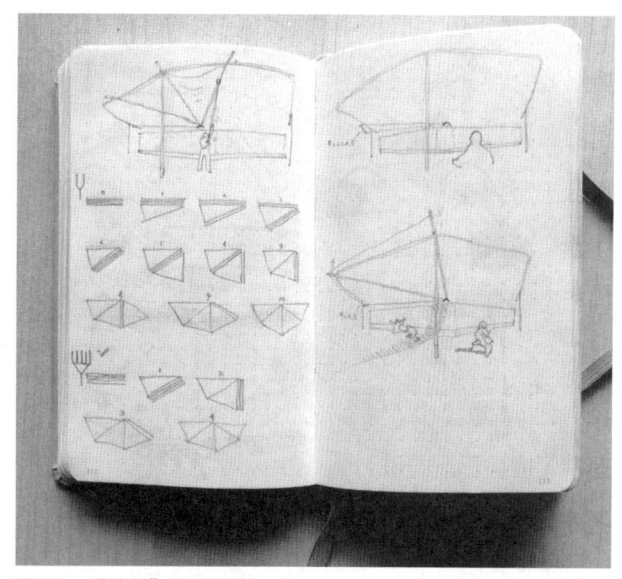

图13 "情景"设计草图
图片来源:作者自绘。

而非抽象的"功能"或僵死的"空间"(表1)。

表1 日常使用"情景"

S1. 天晴晾衣服	S2. 天暖晒太阳
S3. 下雨搭帐篷	S4. 天热来乘凉
S5. 排队打雨水	S6. 雨住浇花草
S7. 夜间茶话会	S8. 健身无障碍

以"行为诱导"的方式,使这样一个面积不足 40 m² 的户外公共空间/装置(图14),满足了居民日常晾晒、健身、休憩、用水、照明、社交甚至消防的需求,成为了适合全天候使用的社区活力发生器,在提供基础设施与公共空间的同时,为居民提供重回弄堂生活的条件与理由,从而激发社区活力、促进睦邻重现(图15)。

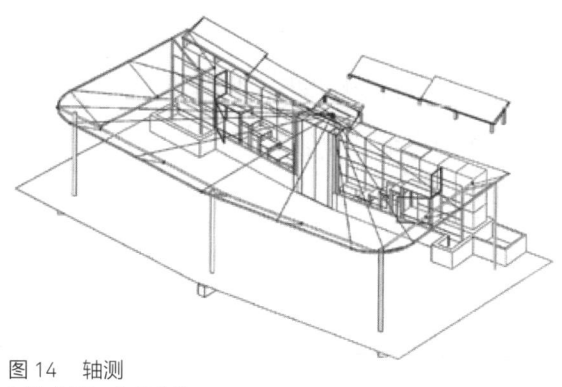

图14 轴测
图片来源:作者自绘。

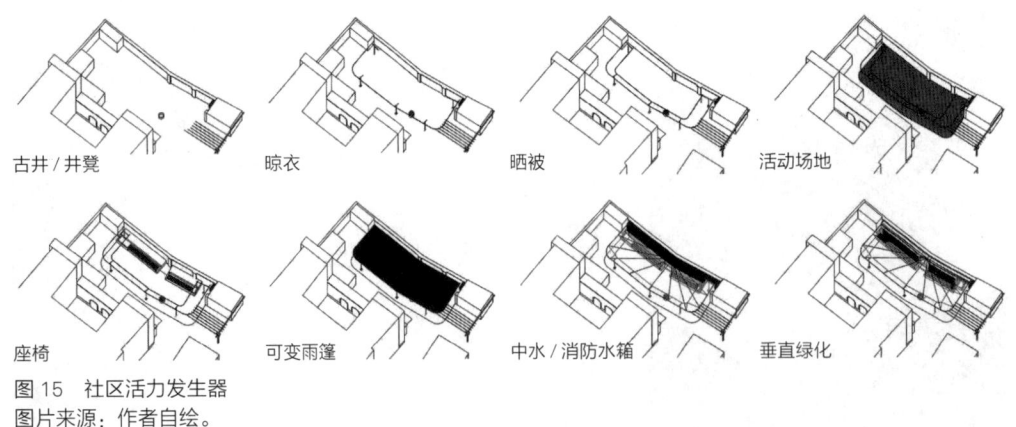

| 古井/井凳 | 晾衣 | 晒被 | 活动场地 |
| 座椅 | 可变雨篷 | 中水/消防水箱 | 垂直绿化 |

图 15 社区活力发生器
图片来源：作者自绘。

3.4 回应问题的人本设计

四明实验不同以往之处在于，"对"或"不对"、要做什么，是基于居民提出的日常生活中的问题来决定的。从最初在弄堂本已逼仄的空间中小心选址，到征询居民意见决定设计的功能，再到方案推进过程中的商议与调整，都以公众参与的形式展开。

这样一来虽然是个小设计，但设计师面临的设计任务与条件便异常苛刻。例如在确定功能时不同居民提出的两个最核心诉求是晾晒与全天候健身活动，"全天候"通过一个覆盖便可以解决，但同一个空间，如何做到既满足晾晒又不妨碍人们活动？这看起来根本就是自相矛盾的，但研究团队通过缜密的研判，发现这两个需求往往并不是同时发生的：天气好的时候可以晾晒，健身活动也并不需要顶的遮蔽可以露天进行；下雨的时候，活动需要顶的遮蔽而衣服早已被收回去了。以这个思路发展的设计几经优化，最终不但两个使用需求可以共存，即便雨来得突然衣物来不及收，也不至于被淋到。

要满足居民多样化的、不同情景下的使用需求，这个公共空间就必须展现出装置甚至机器的特征。在不同时间、气候、行为条件下，调整到不同工况，改变自身的系统逻辑，它可以是一个院子、一个亭子、一把伞、一处水源、一个晾晒架……笔者近年来强调的设计中的"回应性"，在这个案例中尝试通过一整套可变的空间系统集成式地体现。

对一个户外设施在耐候性、耐用性等方面的充分考虑可以减少系统的维护需求与成本。而作为一个公共空间中的设施，系统的简便、易读、自明更是设计的重点。研究团队为居民的日常性操作设计了友好的界面：足够简单清晰的系统、熟悉自明的操作逻辑、轻量而坚固的可变机构、易于操作的定制工具（图 16、图 17）。居民不但可以自己管理这个设施的开关，甚至连灌溉垂直绿化的水都直接就近取自汇集储存的雨水，大大方便了设施日常的整体维护。

图 16 晾衣般熟悉的操作逻辑
图片来源：陈牧摄。

图 17 特制操纵杆与晾晒操作同源，并令软顶收放自如
图片来源：陈牧摄。

3.5 精确对接旧区小尺度空间特征

由于历史社区中空间尺度本身小，设计团队从一开始便定下了最小化干预与轻量化设计两大策略，通过整体功能集成与实体部分紧缩，尽力扩展空间可用比率与功能满足能力，实现小型高效的目标。最终的设施在朝向场地开敞方向仅有3个直径为50mm的纤细的"脚"着地；占地面积最大的储水系统被设计成窄条状贴墙布置，基础则成为垂直绿化的栽种池和休息用的座椅，将空间最大化地留给居民使用。

同时需考虑的面相不仅包括材料的、结构的、构造的，更包括风貌的、行为的、文化的。场地中央有一口废弃古井被水泥板覆盖。这口井的修建年代甚至早于这条弄堂，历史上同时扮演了生活水源与社交节点，而今它赋予了这块场地某种奇特的历史印痕。管理部门本希望借助这次机会将这口井彻底填掉，但我们意识到保有场所精神与文化原真性的重要性，于是不仅没有给出填井的方案，更是将其改造成空间中最显眼并居于核心位置的"井凳"。凭借其自身形式与历史上的特殊性，这口井重新成为了弄堂的"眼"、这个公共空间的"眼"（图18）。

图 18 空间内景与"井凳"
图片来源：作者自摄。

图19 小而机器般精密的体系 　　图20 轻轻地介入建成环境
图片来源：作者自摄。　　　　　图片来源：作者自摄。

　　"小"对于这个项目来说，具有首要的、内核的意义。小不但意味着更完整的系统设定，也意味着更精确的机构关系。雨水沿着怎样的坡度落入储水器，储水器中的水走出怎样的路径完成对杂质的过滤与沉淀，用来收放可变软顶骨架的工具端部是平的还是斜的，横杆需要多大的侧向力才能轻轻"掉入"细巧的限位装置中，怎样长度的防风索能既便于操作又帮助形成足够的整体刚度（图19）？在这样的精确之外，因为小，才决定了它更贴近人的身体和生活；因为小，才决定了它可以作为一个微观而具体的空间/社会切片，轻轻介入这城市建成环境中那些狭窄逼仄的畸零空间（图20）；因为小，才使得这样一个设计得以超越就事论事的定制项目，转而成为一种普适性的模型与模式，成为城市旧区更新、民生改善、社区营造的有力工具与解决方案。四明实验，正是对这样一种模式的实验[④]。

3.6　从空间更新到治理创新

　　本项目是一项典型的合作治理项目，需要寻求政府管理层面的创新，引入多边的合作。城市的有机更新应当摆脱"做个设计"这样隔靴搔痒的工科本位思维，而应转至系统化的城市治理的视野审视。城市中的任何公共事务不论大小，总有多样化的利益相关者牵涉其中。因此任何公共事务的解决，均需要利益相关各方（政府、基层、居民、智库、企业、社会组织）的参与。面对如此庞杂的系统，怎样才是较为有效的组织实施方式呢？

在四明项目中，我们尝试了"社区规划师"的模式，其要点区别于以往自上而下的大张旗鼓，而是以社区基层为着力点，社区规划师为"轴"进行技术支持与实施协调的模式。社区规划师跟踪项目实践的全生命周期，涉及的环节诸如居民互动、发现问题、项目建议、设计方案、行政协调、资本争取、技术介入、实施、使用后评价与运维建议等（图21）。

图21　实施过程中动态调整仍在继续
图片来源：作者自摄。

一个合格的社区规划师凭借其学术与技术背景以及第三方的中立属性，能够有效地在不同利益相关者之间扮演协调人的角色：向上了解与争取主管部门的政策空间，向下厘清居民与基层单位的更新诉求，平行动员与协同各相关单位；前端参与项目定位与项目计划书的研讨，中端依据具体条件发展设计方案并推进落地，后端跟进空间运维与居民自治的建设。四明实验中，社区规划师成为项目得以从无到有的关键角色。

从本项目中，我们学习到社会资本的融入及社区居民自治的重要性，可谓经验与教训并存，此二者的实现程度决定了项目实施与后续运维的成功与否。社会资本方面，当得知政府的预算存在缺口时，主动寻求向在地企业争取公益性项目资金的可能；社区居民自治方面，我们通过项目建成后的后续跟踪也了解到，由于志愿者组织工作并不顺畅，未能在设计的使用工况下进行有效的日常运维管理，从而不能完全达到预期的使用设想。

5　结语：建筑学可以做什么

城市社区的议题，对建筑学而言是不同的舞台，是建筑学学科自我再定义的机会。人居环境的本体虽然是空间，但其终究要为人服务。城市历史社区、存量建成环境需要更新，这一过程中社会发展迭代的重要性不应被忽视。同空间设计相比，历史社区的可持续发展，更加缺乏的是可持续的资金循环、可持续的治理模式、可持续的公众参与以及可持续的社群迭代。区区一个几十平方米的公共空间更新，却作为一个复杂的系统在资金投入、项目组织、议事程序、自治机制、日常活动经营等方面经受试炼。而通过整个实验性项目的操作，更令我们确信，建筑学训练的系统性，加上对场地与人的强调，结合朝向诸多相关维度的拓展，可以发展为链接以上可持续板块的重要锚固点。

在当今城市中，空间—社会复合体的可持续发展，经济、社会、环境3个维度缺一不可，如何整合知识、技术与社会网络的资源，最终实现为空间—社会对象服务越来越成为城市可持续发展的关键问题。在这样的背景下，建筑学比以往任何时候都更需要突破自身的学科桎梏，四明实验在新型合作治理、社区活力重塑与历史社区经营模式上所展开的探索，已经预示着新的趋势即将到来。

注释

① 上海中心城区中，黄浦区、静安区、虹口区无论是园林绿地面积还是公园数量都较少。
② 扬·盖尔曾强调公共空间中驻足停留、小坐、观看、聆听与交谈等功能达成的重要性。
③ 到1937年前后，约60%的上海里弄初始单元中挤进了4户以上家庭。
④ 本课题进行了大量的原创性技术攻关并申请了若干项专利。

参考文献

[1] WENDL Nora. Sex and Real Estate，Reconsidered: What Was the True Story behind Mies van der Rohe's Farnsworth House？[EB/OL]. ArchDaily，2015-07-03.

[2] 斐迪南·滕尼斯. 共同体与社会：纯粹社会学的基本概念[M]. 林荣远，译. 北京：北京大学出版社，2010.

[3] SWEENEY Naoíse Mac. Community Identity and Archaeology: Dynamic Communities at Aphrodisias and Beycesultan[M]. Ann Arbor: University of Michigan Press，2011.

[4] 金世胜. 大都市区公共游憩空间的建构与解构[D]. 上海：华东师范大学，2009.

[5] 张莉，崔臻晖. 休闲活动对我国老年人认知功能的影响[J]. 心理科学，2017（2）:380-387.

[6] 林晓珏. 体育民生推进中的市民健身活动政府补贴研究——以上海市静安区为例[J]. 体育科研，2013，34（2）:51-57.

[7] 扬·盖尔. 交往与空间[M]. 何人可，译. 北京：中国建筑工业出版社，2002.

[9] 李彦伯. 上海里弄街区的价值[M]. 上海：同济大学出版社，2014.

[10] 亨利·列斐伏尔. 空间与政治[M]. 李春，译. 上海：上海人民出版社，2015.

社区·元空间*
——可快速部署的批量定制微空间

袁烽** 张立名 闫超

引言

  2021上海城市空间艺术季的主题为"15分钟社区生活圈——人民城市",主题演绎展选址在新华街道的上生·新所,围绕社区生活圈主题,分为"15分钟社区生活圈·人民城市""社区·元空间""细胞计划·亚关系"三大板块。同济大学袁烽教授团队联合上海一造科技有限公司、上海风语筑文化科技股份有限公司,在20天的极短施工周期内,打造了"共Communicate""融Connect""动Cycling""享Comfort""艺Culture""云Cloud"六种社区元空间,建构出多种批量灵活定制、可快速部署的城市公共活动载体范本(图1~图3)。

---

* 本文原载于:《时代建筑》期刊,2022,3。
** 袁烽,同济大学建筑与城市规划学院教授、副院长,philipyuan007@tongji.edu.cn

图1 主馆"共"

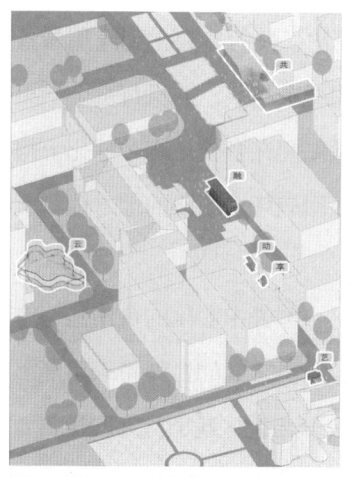

图2 "社区·元空间"总体分布规划

图3 主馆"共"

1 数字化批量定制的社区微空间

针对社区空间品质提升，当代中国城市更新在经历了大拆大建之后，社区微空间营建成为新一轮发展路径中的关键任务，其中，在社区微空间中"快速、高效、灵活"地植入公共设施是核心路径之一。公共设施包括街道家具、风雨连廊、遮阳亭、共享盒子、公共卫生间等一系列满足生活圈基本单元功能的构筑物或微型建筑物。这些设施往往需要针对不同情况在社区中分布式布置，形成大量的小规模、批量化、定制化的建设场景。针对社区公共设施的设计与建造，标准化的批量预制建构体系难以应对个性化、多样化的场地环境和居民需求，根据个案定制化设计的建构体系又难以快速高效地大规模部署，因此，我们亟须一种能够结合两者特征的柔性批量定制化微空间。

"15分钟社区生活圈"行动倡议提出以新技术赋能社区空间营建的需求。目前，建筑学正在经历数字化、网络化及智能化的转型过程。随着数字化设计与建造一体化的平台、建筑机器人等关键设备技术的日渐成熟，建筑批量定制技术的可操作性也日渐完善，逐渐成为中国建筑产业高质量发展的重要抓手。当前装配式建筑的"设计—工厂—现场"的设计建造一体化流程，为批量化定制提供了系统化的解决方案[1]。如果将机械化批量预制视为推动着现代建筑学指向公共事业（例如第二次世界大战后的居住问题）的技术支撑的话，如今的数字化批量定制在当代城市更新的场景下，将可以赋予这一建筑学事业以全新含义。

首先，不同于手工生产中"原版与再版"或者机械生产中"模具与制品"之间固有的二元对立关系，作为流程性的数字化批量生产并不依赖于某个固化的原型范本，也不再受制于经济原理层面的"边际成本"[2]。通过从几何参数化、性能参数化到建造参数化的正向连通，其映射的是由参数变量所控制的无穷无尽的生成结果，并且每一个结果都可以在不增加成本的前提下是独一无二的。这时，社区微空间在多样化和个性化上得到解放，可以根据不同的场地条件和居民需求进行定制，以回应环境场所的地方性和文化性。

其次，社区微空间的批量定制化建造为社会生产带来了一种去中心化的合作建造方式，其中开放式软件平台为专业人员之间[3]、专业与非专业人员之间的合作带来可能。同时，基于预制建造的云生产、分布式的建造工厂，拉近了公众与社区建造行为的距离，推动了建造的去专业化。在这个过程中，传统的著作权将会被挑战，进而刺激集体的创造性，为实现社区共建提供可能。正如马里奥·卡尔波（Mario Carpo）所论述的，"新数字平台所建构的开放式互动合作将带来无尽的设计可能……消解设计的集权，催生去中心化的、集体式的创造行为"[4]。最终城市空间将可以以自治的方式自我演进，根据个体化的生活方式主动建构出定制化的空间。

最后，城市不仅会包含人群、网络、空间等层级，同时也必须建立在某种特定的物质与能量流动的形式之上[5]。因此，社区微空间的更新不仅关乎空间的重组，也涉及物质与能量的重新分布。机器人建造技术和批量定制化体系可以通过材料回收和生产效率的创新，介入社区环境的材料与能量重构过程中，在社区共建中，通过生活材料的回收、加工、再利用，以去中心化的组织形式实现社区微空间的低碳、固碳建造，实现城市低碳发展的共同目标。

在上述背景下,"社区·元空间"以批量定制木构、批量定制 3D 打印、批量定制单元盒子三种体系为例,针对不同空间场景,示范了社区微空间营建的全新路径(图 2)。

2 从"元类型"到"元模块"

2.1 三种社区空间中的"元类型"

"社区·元空间"作为 2021 上海城市空间艺术季主题演绎展的板块之一,兼顾展览空间和社区微空间示范空间这两个任务。针对主题演绎展所在的上海市长宁区上生·新所内的不同公共空间类型,"社区·元空间"因地制宜选取不同工艺,根据具体场所的变化,建构了三种不同的社区微空间"元类型"。

主馆取名"共",位于上生·新所的安西路入口空间——一个典型的社区公共广场空间。我们利用上生新所停车场的带状空间,置入一个数字木构工艺的拓扑曲面建筑,通过木结构屋面的扭转变形弥合了室内外的动态关系:曲面的顶部开口将天光引入室内,提供观展导向的同时,模糊了室内外的体验;曲面临广场一侧下压变形,形成了室外的座椅看台,并与对面的海军俱乐部历史建筑的立面形成呼应,结合东侧的商业空间外摆座椅区,形成三面围合的场所感,呈现出 15 分钟生活圈中城市建筑的公共性与市民性(图 4~图 7)。

图 4 主馆"共"

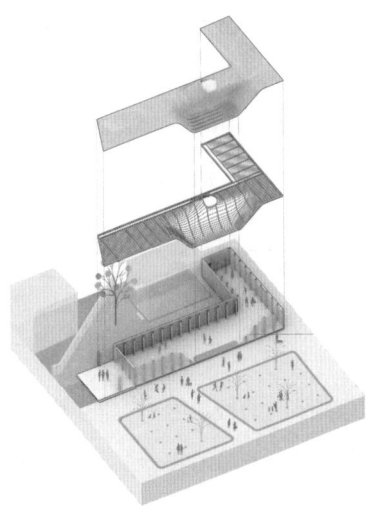
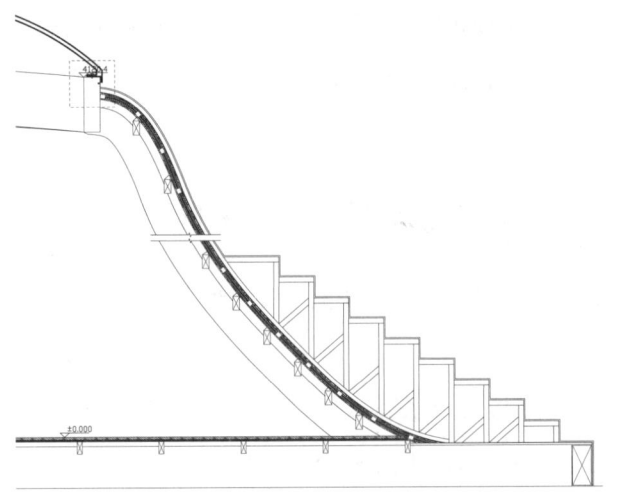

图5 主馆"共":分层解析图　　图6 主馆"共":建筑构造节点

图7 主馆"共"

3D打印艺术装置取名"云",位于上生·新所内部的活动广场中。该空间虽然尺度比较大,但是其间穿插着布满了树木和花坛,是比较典型的社区公园空间类型。我们以建筑机器人云3D空间打印技术,将一个半透明的飘带装置置入其中。装置抬高于地面2.2m,在保证自由穿行的前提下,将中庭空间划分为若干个有围合感的区域,融合了开放的流动性和私密的场所感。在一动一静之间,再现出当代大都市生活的缩影。每根飘带的立柱周边包围了一圈3D打印座椅,为行人提供了更多驻留休憩的空间(图8)。

副馆和三个社区盒子分别取名"融"(图9)、"动"、"享"、"艺"(图10～图12),针对社区微空间更新的场景,它们示范性地分布在上生新所内的"夹缝"空间中。

图 8　3D 打印艺术装置 "云"

图 9　副馆 "融"

图 10—图 12　社区共享盒子

副馆置于上生·新所与北侧晨品人才公寓之间的绿地空间，运用数字木构与机器人3D打印工艺，建构出一个沉浸式展陈空间。其预制3D打印板流动的曲面形式变化，形成动态的街道家具设施。同时，数字化预制木构件的折叠形式语言在入口处围合出一个半户外空间，为内部封闭的沉浸式投影空间提供了缓冲和过渡。最终，整个建筑通过一系列空间变化将真实的城市空间和虚拟的城市影像连接起来。

三个社区盒子对应社区中的运动、交往、文化生活，采用预制装配化的构造体系，通过机器人模块化3D打印和装配技术将社区设施、智慧屏、环境调控装置、太阳能板等高新技术整合成一体化的可定制产品，实现了灵活的设计和批量定制建造，并具有高度的场地适应性和功能多样性，为当代城市集约性社区空间提供了一种开放的生活场所，成为当代城市15分钟生活圈中的活动载体。

2.2 "元模块"：社区空间的设计与建造板型系统

"社区元空间"在概念设计阶段即确立了模块化设计与预制装配式建造的总体概念和以机器人木结构、机器人3D打印和整体装配式钢结构为核心建造工艺的基础技术路线：以标准化的机器人建造工艺产生多样化的模块构件，多样化的模块构件通过再设计与再组合形成定制化的建筑产品，这即是"社区元空间"项目的设计与建造流程中所探究的"元模块"系统。该"元模块"系统分为三个层级，分别为工艺层级、构件层级和产品层级。

图13 机器人木结构、机器人3D打印和整体装配式钢结构

在工艺层级上，机器人木结构、机器人3D打印和整体装配式钢结构（图13）是"社区元空间"最基础的建造工艺解决方案。建筑由于其强烈的个性化需求特性，在工业化进程中始终离不开标准化与定制化之间的博弈。而参数化设计和建筑机器人在设计与建造流程中的介入，让我们在标准化与定制化之间找到了一个解决矛盾的新思路。标准化的对象不再是产品，而是生产产品的工艺，通过机器人柔性生产，标准化的建造工艺可以产生多样化的预制构件。因此，建造工艺的开发和标准化是实现"元模块"系统的基础，建造工艺的选择对于设计与建造流程产生着重要

的影响。在"社区元空间"项目中,三种机器人建造工艺相互配合构成了项目的工艺基础:机器人木结构工艺面向大尺度异形空间塑造,预制装配式钢结构工艺解决小尺度单元盒子的整体装配式结构体系,机器人大尺度3D打印作为主要维护结构与装饰构件的生产方式。

在构件层级上,装配式木结构构件、装配式钢结构构件和装配式3D打印维护构件是"社区元空间"所包含的主要构件体系。"社区元空间"的六个建筑产品中绝大部分的构件都可以囊括这三个构件体系中:主馆"共"以装配式木结构和钢结构构件为主,装配式3D打印维护构件为辅;副馆"融"三个社区盒子"动""享""艺",以及3D打印艺术装置;"云"则全部由装配式钢结构构件和装配式3D打印维护构件组成。三个构件体系对应了三个标准化的机器人建造工艺系统,因此即使六个建筑产品中构件种类复杂且繁多,设计、深化和生产流程依然可以遵从一套标准化流程进行:基于构件设计与功能需求选择建造工艺,依据建造工艺标准进行构件参数化设计和深化,再通过建筑机器人建造软件将设计转译成机器人可识别的加工程序,最后给到建筑机器人建造平台完成生产。

在产品层级上,批量定制的单元盒子是"社区元空间"中具有功能适应性和体系开放性的建筑系列。社区盒子采用定制模块化的建构方式。构件模块单元在一个整体性的几何控制系统下进行定制化设计与建造,根据构件控制参数的变化产生差异性的空间尺寸,根据构件组合方式的变化产生差异性的空间格局,根据构件内嵌设备的变化产生差异性的空间功能。例如,三个社区盒子"动""享""艺"分别对应不同的社区功能:"动"是运动主题的社区盒子,基于功能和行为需求定制成一个室内空间和两个带遮阳的半户外空间组合格局;"享"是休闲放松主题的社区盒子,定制成一个室内空间和一个户外开敞露台的空间组合格局;"艺"是公共艺术主题的社区盒子,通过构件参数的变化实现了空间整体尺寸上的变化。三个盒子使用了相同的建造工艺和部分可以通用的预制构件,在建造时效最大化和成本最小化的前提下,在形态与空间上产生多样性的变化(图14~图16)。在这个兼顾标准化和开放性的定制体系下,居民和建筑师可以共同参与到社区盒子的设计过程中,根据需求对通用的构件进行组合,生成多样化的"盒子版本"。同时,从设计到建造一体化的定制流程降低了设计与建造之间的沟通成本,通过在工厂内完成整体预制装配,然后到施工现场直接吊装落位的方式进行建造,实现社区协同设计与协同建造之间的无缝对接。

在工艺、构件和产品三个层级中,以机器人柔性生产和构件多样化组构成的"元模块"系统实现了微尺度上的建筑批量定制,在满足不同社区场景需求的同时,还映射出一种社区共建的未来场景。而这个定制化流程的背后是机器人平台、数字孪生等技术的支撑。

图14 社区共享盒子

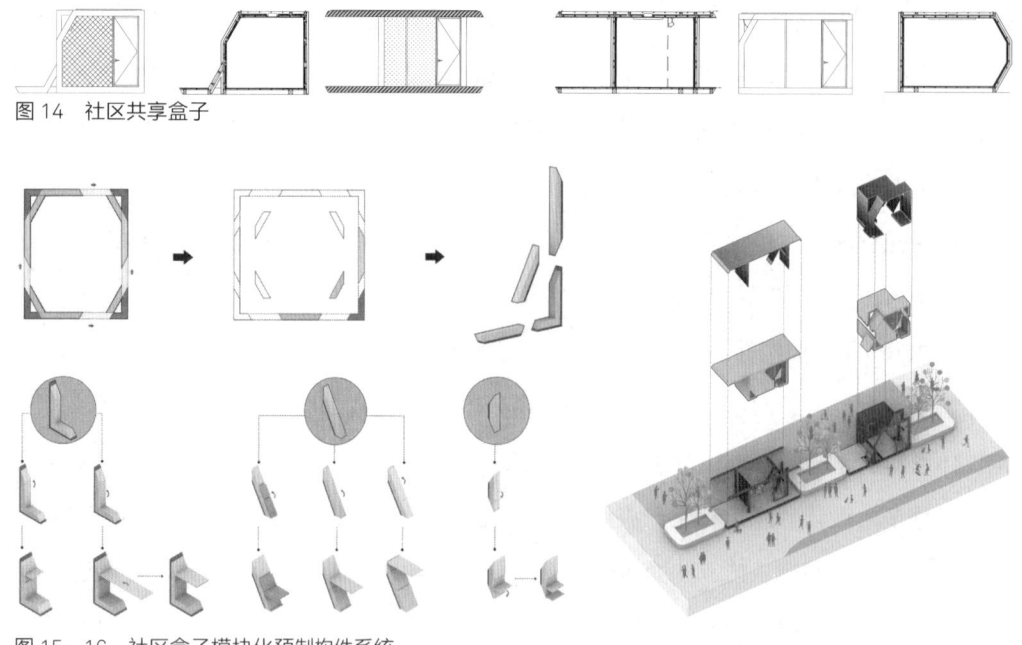

图15—16 社区盒子模块化预制构件系统

3 机器人柔性批量建造

3.1 建筑机器人柔性建造平台

  同一系统下的不同产品是元空间建造的核心概念，以建筑机器人为主体的柔性建造平台为元空间的实现提供了基础的技术支持。如上文所述，建筑机器人建造工艺提供了标准化的工艺解决方案，而实现定制化构件和产品的输出则是依赖于建筑机器人柔性建造平台在软件和硬件端提供的开放性和适应性。

  在软件端，参数化设计方法和工具所带来的多样性早已为建筑行业所熟知，但设计软件和制造软件之间的断层使得这种多样性的实现往往还存在较多的障碍，一种基于参数化逻辑的建筑机器人建造软件控制平台就成为建筑机器人柔性建造平台在软件端的核心需求。在"社区·元空间"的项目实施中，同济大学数字设计研究中心（DDRC）团队开发了 FuRobot 建筑机器人控制与编程软件平台，成为实现衔接参数化设计与机器人建造的数据桥梁[6]。这是一款面向建筑行业工作流需求的机器人控制与编程平台软件。一方面，其打通了建筑设计、机器人、工程建造三者之间的数据流，实现了设计和建造的一体化；另一方面，FuRobot 所包括的建造工艺模块，如 3D 打印工艺模块、木构工艺模块等，大大提升了机器人建造工艺编程的效率（见图8）。以 3D 打印工艺为例，"社区·元空间"项目总计使用3D打印各类面板构件超过300m²，应用场景包括外装饰板、墙板、天窗、家具等，构件种类繁多且各不相同。3D打印在柔性生产上的优势在此得到了体现，面向大尺度3D打印研发的改性塑料材料保障了构件的材料强度和耐候性能，3D打印在成型上的高自由度使得批量定制的边际成本降到了最低值。另外，建造工艺模块可以模拟建造过程，从而在设计阶段就能够提前预知生产和建造过程中的问题，大大减少后期实施过程中出现问题的可能性，这也是"社区·元空间"能够在紧张的实施周期内实现高效落成的重要原因之一。

在硬件端，统一的工业机器人和多样化工艺系统的配合成为柔性建造实现的硬件基础[7]。工业机器人作为一种在制造业广泛应用的自动化终端，其泛用性已经得到了制造行业的验证。而在建筑行业，制造的自动化水平较低的核心原因在于建筑产品种类繁多，不同建筑项目在产品的形式和工艺要求方面差异巨大，难以在保证较好经济性的前提下完成一套具备足够泛用性的建造装备系统。同济大学数字设计研究中心团队基于多年的建筑机器人装备研发基础，建立了一套以多种机器人平台和模块化工艺包为基础的柔性建造系统，针对不同的加工尺度和负载要求建立了单机式、轨道式、门架式和移动式四种机器人平台，再配合可以快速部署的模块化工艺包，可以实现根据不同生产需求进行高效和集约化的生产部署[8]。在"社区·元空间"项目中，机器人3D打印和机器人木构是主要的建造工艺，由于项目较为紧张的建造周期，项目团队在一周时间内额外部署了2套3D打印机器人和木构加工机器人，保障了项目如期生产完成。得益于可以高效柔性部署的建筑机器人建造平台，灵活的批量定制生产具有了较高的可行性。

3.2 预制装配构件物联网与数字孪生建造

大量定制构件借助于建筑机器人柔性建造平台在机器人工厂内完成预制后，在现场如何进行高效且精确的安装施工是整个柔性批量建造流程的又一挑战。"社区·元空间"这一项目由于场地处在人流密集、既有环境复杂的上生·新所中，这一挑战显得尤为突出。为了实现复杂环境下的高精度建造，物联网和数字孪生技术被大量应用在现场施工过程中。以大型3D打印艺术装置"云"为例，该艺术装置处在一个人流量大、现有树木多、四周商业丰富、流线复杂的开放广场上，故而在设计和现场落位方面均需要对现场要素有恰当和精确的回应。因此我们在设计初期即用大尺度3D扫描系统对广场环境进行了整体3D扫描，以精确掌握现场每一个要素的位置，从而实现设计层面的精确性。在完成设计和预制构件生产后，为了实现现场安装的精确性，我们对每个构件进行了编码，

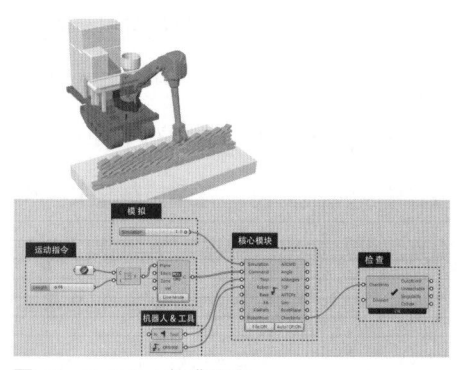

图 17　FuRobot 标准界面　　　　图 18　3D 打印艺术装置"云"数字孪生再现

构件在安装之前将编码输入现场施工辅助程序中即可得到其三维坐标信息,并且两台已经在现场三维建站完毕的激光定位机器人会使用激光打点的方式将构件安装位置在现场标记出来,从而指导预制构件在现场的精确安装。同时,构件的安装情况也会被即时反馈到虚拟三维模型中,设计与施工管理方可以及时掌握现场安装精度与进度,实现建造过程的数字孪生(图 18)。这种预制构件物联网和数字孪生技术的应用帮助这一大型装置进行精准和高效的现场安装作业,完成了批量定制柔性建造系统的最后一环。

4　新材料与低碳建造

　　智能建造工艺与新材料的应用实现了社区元空间的低碳建造与部署。机器人建造工艺和可回收材料在社区元空间的建造中得到了大量应用,在保证批量定制高效实现的同时,相比传统建造工艺还减少了大量的碳排放。

　　一方面,机器人建造新工艺相较于传统建造工艺在建造流程上即具有明显的节碳特征。在本项目的六种社区元空间中,使用各类 3D 打印面板构件超过 300m^2。传统异形构件做法,如以铣削加工为代表的减材加工做法,需要消耗大量的原材料和较长的加工时间,但产生较多的粉尘和废料,并不是环境友好型的加工工艺;以模具翻模程序为代表的减材与等材混合工艺,如 GRP 等,多为制作木模具然后再使用玻璃纤维等基材和环氧树脂等固化剂进行成形,同样需要较多的减材加工作业,并且环氧树脂等材料在完成成型后难以进行二次回收利用[9]。而以 3D 打印为代表的增材制造工艺,则可以达到非常高的材料利用率,且没有对模板的需求,避免了模板制作所需要的人力消耗、电力消耗和材料消耗。经过测算,相较于常规 GRP 翻模制造工艺,每平方米打印板可以节省 2.08 kg 左右的碳排放量,相当于 0.5 棵树一天的碳吸收量,工艺端的节碳效果十分可观。

在木结构方面，主馆"共"采用了大量的曲线木结构构件，其中也包括部分复杂双曲构件。这种木构件一般传统加工方式也是以减材加工为主，在通过胶合的方式完成单曲构件加工后，在五轴加工中心内铣削加工形成双曲构件。而本项目中的双曲木构件则是通过团队自主研发的机器人木结构线切割工艺加工完成（图19）。该工艺针对具有直纹曲面特征的双曲木梁构件加工具有极高的加工效率，其加工速度可以达到铣削加工的 5 ~ 8 倍，且产

图 19　机器人本结构线切割工艺

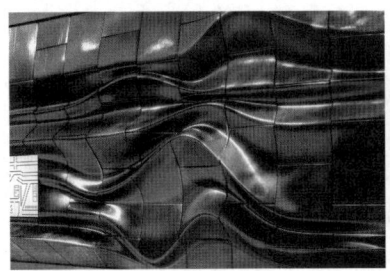

图 20　再生塑料 3D 打印板

生粉尘量也远小于铣削加工[10]。最后，如前文所述，建筑机器人柔性建造平台具有灵活快速部署的特征。在本项目中，为了提高运输效率，减少运输消耗，建筑机器人生产中心被临时设置在了距离项目现场不到 10 km 的地方，短距离运输也大大降低了运输带来的碳排放。

另一方面，再生 3D 打印材料和可回收 3D 打印材料的应用也大大减少了建造过程中的碳排放。"社区元空间"项目中 3D 打印构件使用了两种低碳打印材料。在"融""动""享""艺"四个社区盒子中，使用了以再生塑料为主要基材的打印材料，这种再生塑料混合了 50% 的废旧塑料材料，对比常规改性塑料 3D 打印板产品，不仅可以每平方米可以节省 16.5 kg 的碳排放，并且经过打印工艺调制，实现了具备材质辨识度的表面肌理（图20）。在主馆"共"和 3D 打印艺术装置"云"中，打印产品使用了以可回收材料为主的 3D 打印材料，这种材料在结束其产品生命周期后，经过简单破碎处理后即可再次回收利用，为产品全生命周期的低碳策略奠定基础。

5　结语

"社区·元空间"以设计建造一体化平台和建筑机器人技术工艺为基础，探索数字时代的建筑批量定制体系，让建筑在多样化和个性化上得到解放。面对当代社区微空间营造的全新场景和全新挑战，"社区·元空间"示范了一条介于建筑师"单打独斗"更

新和重复化"粗暴"改造之外的新路径，展示出一种可快速部署、可弹性变化的社区共享空间范本。通过建构一套可针对不同场所、不同需求任意定制的体系，微空间本身不仅可以以个性化的形式回应社区地方性和文化性，还可以借助体系的开放性，实现建筑师和居民的协同设计。在后人文建构的语境下，以技术为媒介，构成"人人协作"的社会群体智能。诚然，其中还会涉及设计管理、建造物流等多方面、多学科的问题，但是"社区·元空间"已经展现出了实现社区共建的巨大潜力。

参考文献

[1] 袁烽，张立名，高天轶.面向柔性批量化定制的建筑机器人数字建造未来[J].世界建筑，2021（07）：36-42，128.

[2] 马里奥·卡尔波.数字粗野主义的时代[J].闫超，译.时代建筑，2019（06）：20-23.

[3] Pntonie Picon. From Authorship to Ownership[J]. Architectural Design, 2016（05）:36-41.

[4] Mario Carpo. The Alphabet and the Algorithm[M]. Cambridge:The MIT Press，2001.

[5] Manuel Delanda. A New Philosophy of Society: Assemblage Theory and Social Complexity[M]. New York:Continuum，2006.

[6] LU M，ZHU W R，YUAN P F. Toward a Collaborative Robotic Platform: FUROBOT[M] //YUAN P F，XIE M，LEACH N. Architectural Intelligence Selected Papers from the 1st International Conference on Computational Design and Robotic Fabrication（CDRF 2019）. Berlin: Springer，2020.

[7] 邓宏筹.面向 21 世纪的柔性制造技术[J].中国工程科学，2000，2（9）：12-23.

[8] 袁烽，张立名，马慧珊.生形、模拟、优化、建造——乌镇"互联网之光"博览中心的人机协作数字建构实践[J].建筑学报，2020（08）：5-11.

[9] 刘玉学，朱蕾.浅谈玻璃钢生产企业污染治理[J].橡塑技术与装备，2021，47（20）：21-23.

[10] HUA C，YUAN P F. Investigations on Potentials of Robotic Band-Saw Cutting in Complex Wood Structures: Foreword by Sigrid Brell-okcan and Johannes Braumann，Association for Robots in Architecture[M] //WILLMANN J，BLOCK P，HUTTER M，et al.，ed. Robotic Fabrication in Architecture，Art and Design 2018. Cham: Springer. 2019: 256-269.

超大城市城市体检的挑战与上海实践
伍江　王信　陈烨　刘婧枢

超大特大城市精细化治理研究　周鸣浩

基于精细化治理的街道城市设计：
以上海徐汇衡山路—复兴路历史文化风貌区为例
王林　薛鸣华

五

城市治理
Urban Governance

超大城市城市体检的挑战与上海实践 *

伍江 ** 王信 陈烨 刘婧枢

1 城市体检的背景与意义

1.1 城市体检的背景

中国快速城镇化在改善人民生活水平的同时也伴随着土地、资源和环境等的牺牲，而随着生活水平的提升，城市居民对于城市人居环境水平的要求也逐步提升，中国城镇化进入下半场，城市发展从扩张式、无序往外蔓延式的发展，转向内涵式、更新式的发展，从增长优先向结构优化转型[1]。2015 年，习近平总书记在中央城市工作会议上提出，"城市工作要把创造优良的人居环境作为中心目标，努力把城市建设成为人与人、人与自然和谐共处的美丽家园"。城市工作思路逐步发展变化："变片面追求城市单一功能为美好人居共同缔造；变见物不见人为人民城市人民建，人民城市为人民；变粗放快速扩张模式为追求质量、内在挖潜、精准发力模式；变各自为政、碎片化应对问题为统筹部署、有序解决问题。"[2]

---

* 本文原载于：《城市规划学刊》期刊，2022，7。
** 伍江，同济大学建筑与城规学院长聘教授，wujiang@tongji.edu.cn

2017年，习近平总书记视察北京城市规划建设管理工作时提出要"健全规划实时监测、定期评估、动态维护机制，建立'城市体检'评估机制，建设没有'城市病'的城市"。2018年，北京市率先开展城市体检评估工作；2019年，住房和城乡建设部开始对重点城市进行城市体检试点工作，到2021年试点范围扩大到了59个城市。2019年，自然资源部组织北京、上海、重庆、长春、哈尔滨、青岛、武汉、广州、深圳、银川10个城市开展了两轮体检评估先行先试工作。2020年，自然资源部在现行国务院审批规划的107个城市部署开展了城市体检评估工作，2021年发布《国土空间规划城市体检评估规程》。

1.2 超大城市开展城市体检的意义

城市体检作为由政府主导的技术性工作，具有较强的政策评估属性。狭义的规划评估在实践中往往表现为城市规划部门在新一轮规划编制时对过往规划的回顾和检讨，强调规划目标的达成性。广义的规划评估则转向政策价值的实现，不仅要考虑规划自身的目标，更要提升至城市整体发展价值观的层次进行评判[3]。公共政策制定并实施后，面临的重要议题之一即是如何科学地评判其实施效果，城市体检正是提供了全方位系统化的公共政策评估的工具，有效地建立了城市公共政策工作闭环，为城市治理能力提升提供了系统性工具。

超大城市作为复杂巨系统，其治理具有系统性、综合性、协同性的内在要求与实质，一些问题的产生是多因素叠加形成的结果，对诸多城市病的解决，需要多部门综合协同[4]。但随着治理体系分工的日益精细化、专业化，叠加固有的部门本位主义思想，城市治理体系日益繁冗化和孤岛化，城市有机生命系统的一体性遭到破坏。因此，实施超越政府部门利益的跨部门治理是提升超大城市政府治理能力的重要方向。住建部围绕"生态宜居、健康舒适、安全韧性、交通便捷、风貌特色、整洁有序、多元包容、创新活力"8大基础评价维度，自然资源部围绕"安全、创新、协调、绿色、开放、共享"6大基础评价维度，均有效地提供了一套系统化的跨部门综合评估工具，为超大城市作为有机复杂巨系统的公共政策拟定提供了重要依据。

1.3 既有工作基础

在系统性开展城市体检工作之前，学界首先陆续开展了各种基于非传统统计指标的城市空间评估研究。吴志强等[14]试图突破数据静态、方法主观等问题，创新性地吸纳"人类智商"的方法来评测城市的智能程度，建立相应的指标体系。自国家开始组织各类城市体检工作开始，国家层面经过3年实践，逐步形成了相对稳定的技术方法框架，如住建部的技术方法框架（图1）。学界以及一线参与城市体检的科研人员也随之开展了大量研究与工作总结。在理论研究层面，李栋[3]针对城市体检暴露出的概

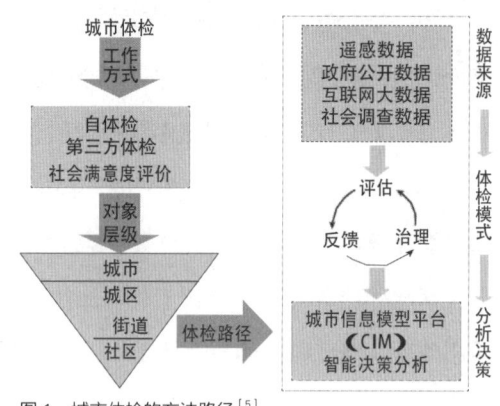

图1 城市体检的方法路径[5]

念理解不一、定义不清等问题，指出政策评估是城市体检的基本属性。赵民等[15]将住房和城乡建设部与自然资源部的城市体检评估宗旨、指标体系及运作状况作比较，提出要基于共同政策目标建构统一的城市体检评估框架，城市政府领导、部门合作及内外部评价相结合，构建城市体检评估的"普适+定制"指标体系等建议。从技术方法论角度，张文忠等[5]详细阐述城市体检指标设计的逻辑框架，梳理城市体检各指标间的关系，辨析不同尺度间城市体检的异同，系统地提出了中国城市体检的方法体系。徐辉等[16]也系统性总结了城市体检整体技术方法。王腾等[17]采用知识图谱驱动的技术方法，探讨多类型体检体系的多检协同。杨婕等[18]、陆佳等[19]均提出增强城市体检过程中信息化技术的应用，前者强调指出应以地块为研究单元，结合城市多源数据，将城市人口系统、城市建成环境系统、城市运行系统和城市活动—移动系统4大系统综合考虑，串联人、地、静态和动态的各类城市子系统。在实践经验层面，相关研究[20-24]分别结合北京、海口、沈阳、景德镇的城市体检实践，总结经验。以上述的各类研究为基础，本文以住建部开展的城市体检工作为基础，总结梳理上海两年来开展的城市体检工作，探讨超大城市如何有效、科学、系统地开展城市体检工作。

2 超大城市开展城市体检的挑战

2.1 城市体检工作组织层面面临的挑战

以上海为例，在"两级政府、三级管理"整体框架下，上海既在财政事权和支出责任划分上存在一定程度的以区为主的"低重心"趋势[25]，又在优化营商环境的大背景下积极推进审批制度改革，持续探索市级审批事权向区级事权让渡。从市区分工看，市级层面负责制定总体战略与配套政策，起到协调统筹的作用，落实重大事项，而区层面则

作为城市发展和管理责任主体,具有一定的"因区制宜"弹性,但同时也要求更高的可操作落地性。这种分层分块协同治理体系的特点,对城市体检工作整体框架设计提出了挑战。区别于其他城市"一刀切"的城市体检模式,上海城市体检工作开展要通过框架设计既保障城市体检整体框架的稳定性与科学性,又要通过激发各层级治理单元主体的主观能动性,切实解决不同层级的问题。

2.2 城市体检工作技术方法层面面临的挑战

1. 指标体系前沿性与适应性所面临的挑战

住建部开展的城市体检工作,所确定国家层面指标体系一方面重点考虑了8个维度的逻辑关系,构建了相对稳定的城市体检总体框架(图2);另一方面在具体指标选择上,既体现了国家战略,又兼顾大中小不同规模、不同发展阶段城市的共性问题。因此,在充分落实国家指标体系同时,上海面临的首要挑战是如何将国家统一的城市体检指标体系与上海发展实际相衔接,在对标国际与落实国家要求间体现上海特色。且上海各条线主管部门均具有较高的专业能力,对于行业的未来发展导向与阶段性目标有预判,如何通过更好的工作组织和指标选定来体现上海发展的阶段性特色,是上海城市体检面临的挑战。由于上海分层管理的特点,市区两级事权的分工决定了部分指标在向下传导方面会出现不适应性,而同时区作为一级管理主体,对于指标制定能体现区层面特色也会有诉求。如何既保持指标框架的稳定性,又体现区级特色,对如何更合理地设计指标体系的框架结构提出了要求。

2. 数据采集可信度与可获得性所面临的挑战

城市体检作为一项严谨的公共政策评估工具,数据采集可信度非常重要。越来越多的研究开始关注城市体检大数据应用,但超大城市的规模与治理体系的特点,决定了数据归集和更新维护方面不仅面临技术挑战,还会面临跨部门协同的挑战,实际调研发现部分数据时效性与覆盖面均存在缺陷。同时考虑城市体检指标设计目前仍以低频次的年度数据为主,因此综合考量,上海仍采用部门统计数据为主,由此涉及数据可获得性的

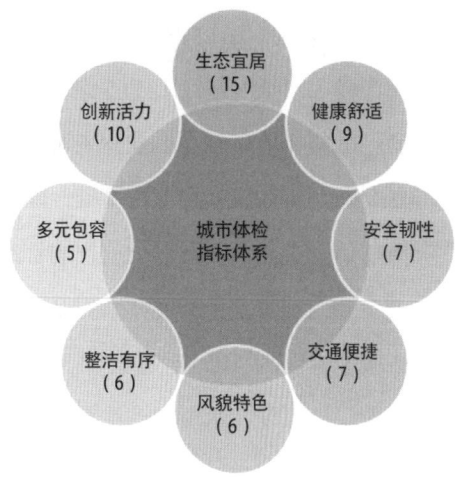

图2 2021年度住建部城市体检工作国家层面指标体系构成[2]

挑战。一方面由于上海部分市级审批事权向区级事权让渡，导致涉及区级审批事权的基础数据均在区层面；另一方面城市体检部分指标颗粒度要求在社区层面。上述2个环节都造成部分指标在市级层面较难获得统计数据。

3. 评价参考体系的系统设计所面临的挑战

超大城市部分问题的产生往往涉及跨部门跨层级的协同不够，这部分的问题往往无法通过简单的指标评估发现，但对于城市问题的解决又至关重要。此外，有些问题的产生则与城市发展既成事实有关联，因此不能仅仅基于数据，而需通过访谈座谈以便对指标对应的专项工作有全方位的了解。因此，超大城市的问题诊断，不能仅仅依靠指标体系，需通过评估参考体系的系统设计，建立定性定量结合的方法。

4. 评价分类体系的科学性所面临的挑战

超大城市作为复杂的巨系统，具有系统演替的渐进性特点，对于部分处于渐进变化中的工作，无法简单用"好"与"坏"作为分类评估的标准，如正在推进建设中的城市绿道、排水管网提标改造、安全型智能燃气表安装等。另外对应于超大城市的多元复杂性，部分指标往往具有某方面的指向特点，对应特点采用不同的治理手段往往导向不同结果，如人口密度超过1.5万人/km^2的城市建设用地规模、万人新增个体工商户数量等，也无法简单通过"好"与"坏"评价。

3 超大城市城市体检的方法体系

3.1 "市、区"联动，建立城市体检分层分块体系

首先在城市体检工作组织层面，建立"市、区"两级联动体系[①]。2021年在继续优化完善市级层面城市体检工作的基础上，上海将城市体检工作在16个区全面推广。在此过程中，上海积极鼓励各区发挥主观能动性，结合各区特点建立相应的工作机制。如：黄浦区充分利用数字化治理的基础，建立区建管委与区城运中心双牵头的机制，通过制定标准化数据格式、明确数据填报的标准化流程，探索建立区级体检信息系统。浦东新区则结合新区规模大，治理体系复杂的特点，充分发挥区级综合协调平台的作用，由浦东新区城市管理精细化工作推进领导小组办公室牵头，积极推动多部门协同。

对应"市、区"两级联动体系，形成"65+N+X"指标体系。在国家层面65个指标和市级34个指标（表1）基础上，一方面鼓励对部、市级指标结合本区特点本地化，另一方面鼓励各区结合各自特点提出区级层面的特色指标体系，以便为城市体检更好服务

于各治理单元的城市工作奠定基础。如崇明区结合建设"世界级生态岛"的目标与崇明碳中和示范区建设，提出"森林覆盖率、自然湿地保有率、占全球种群数量1%以上的水鸟物种数、可再生能源装机量、绿色食品认证率、养老机构床位总量占户籍老年人口比重"6项崇明特色指标。

表1 上海市级特色指标体系

目标	序号	指标名称
一、生态宜居	N-1	城市人口密度（万人/平方公里）
	N-2	城市生态走廊、生态间隔带内建设用地占比（%）
	N-3	人均公园绿地面积（平方米/人）
	N-4	城市道路绿化普及率（%）
	N-5	生态、生活岸线占总岸线比例（%）
	N-6	绿色建筑运行阶段标识面积（万平方米）
	N-7	既有公共建筑节能改造面积（万平方米）
	N-8	新开工装配式建筑地上建筑面积（万平方米）
	N-9	可再生能源电力占全社会用电量比重（%）
	N-10	单位生产总值能源消耗降低率（%）
	N-11	人均生活垃圾产生量（千克/人）
二、健康舒适	N-12	社区级公共服务设施15分钟步行覆盖率（%）
	N-13	街镇普惠性托育点覆盖率（%）
	N-14	签约居民门急诊人次占比（%）
	N-15	既有多层住宅加装电梯完成数量（台）
	N-16	中心城区二级旧里以下房屋改造面积（万平方米）
	N-17	旧住房更新改造面积（万平方米）
	N-18	符合条件的户籍老人实施居家环境适老化改造户数占比（%）
三、安全韧性	N-19	基本达到3—5年一遇排水能力覆盖区域面积（平方公里）
	N-20	安全型智能燃气表覆盖率（%）
	N-21	建成区达到海绵城市建设要求面积比例（%）
	N-22	既有建筑玻璃幕墙检出隐患应急避险处治率（%）
	N-23	电梯事故万台死亡率（人/万台）
	N-24	社区微型消防站建设覆盖率（%）
	N-25	城市市政消火栓完好率（%）
	N-26	年度火灾十万人口发生率（起/十万人）
	N-27	城市消防员万人配比率（‰）

续表

目标	序号	指标名称
四、交通便捷	N-28	道路交通指数
	N-29	全市平均公交运行车速（公里/小时）
五、风貌特色	N-30	每十万人拥有文化设施数量（个/十万人）
七、多元包容	N-31	年度新增公共租赁住房保障户数（万户）
	N-32	政府、机构和企业持有的新增租赁性住房数量（万套）
八、创新活力	N-33	外籍人士占比常住人口（%）
	N-34	符合相关条件的建筑工程中应用BIM技术的项目占比（%）

3.2 基于全生命周期理念，形成分层次成果应用体系

为充分发挥城市体检系统化跨部门综合评估工具的作用，上海建立了一套基于"规划—建设—运维"一体化、全周期的"评估体检—优化更新"的闭环工作体系，即形成"体系构建—数据采集—计算评价—诊断建议—行动落实"等5个环节构建的体检工作流程（图3）。对应于上海治理体系的特点，在行动落实环节同样建立分层机制。市级层面，针对城市体检诊断结论，建立近期行动建议框架体系，引导各条线近期工作重点的优化与调整。区级层面，则紧扣城市体检所发现的问题，建立针对性项目库，并针对项目库的实施情况，建立相应实施评估闭环，推动各条线下一年度工作落实。

3.3 建立"维度目标—二级指标—指标"整体指标框架，确保评估体系向下传导过程的稳定与弹性

上海在国家"维度目标—指标"的指标体系基础上，补充二级指标体系（图4），建立维度内指标间的组织逻辑关系：一方面进一步优化城市体检系统完整性，确保维度内二级指标体系本身的完整性，以及二级指标体系间的指标分布相对均衡性；另一方面更重要作用是，在市级指标体系向下传导过程中，建立"指标书架"，要求各区在保持"指标书架"不变的情况下结合各区工作开展特点优化个别指标，由此保障评估框架的整体稳定性与局部弹性。

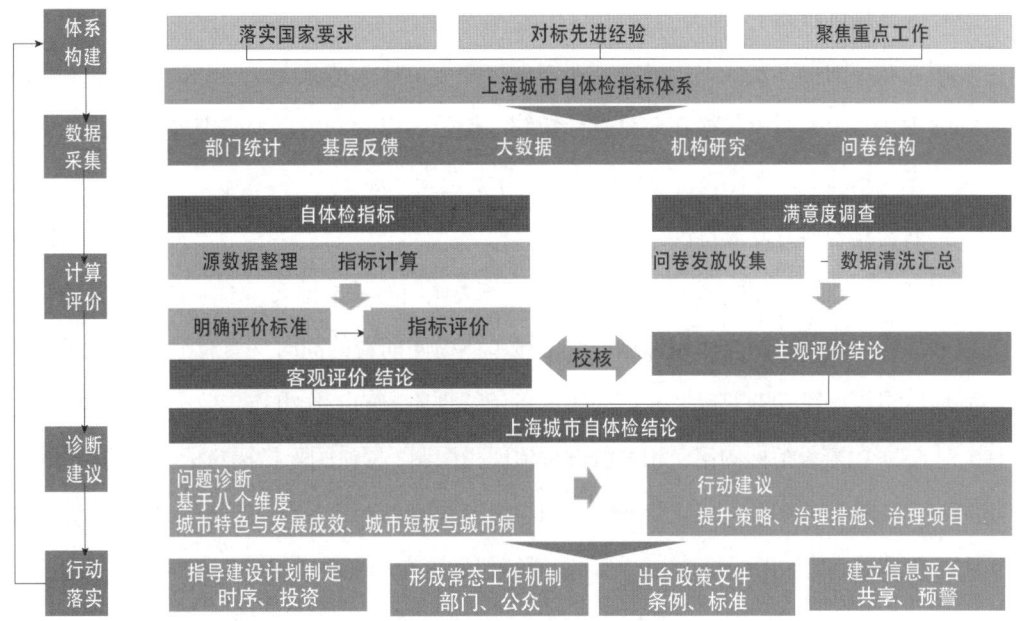

图3 上海城市体检的工作流程

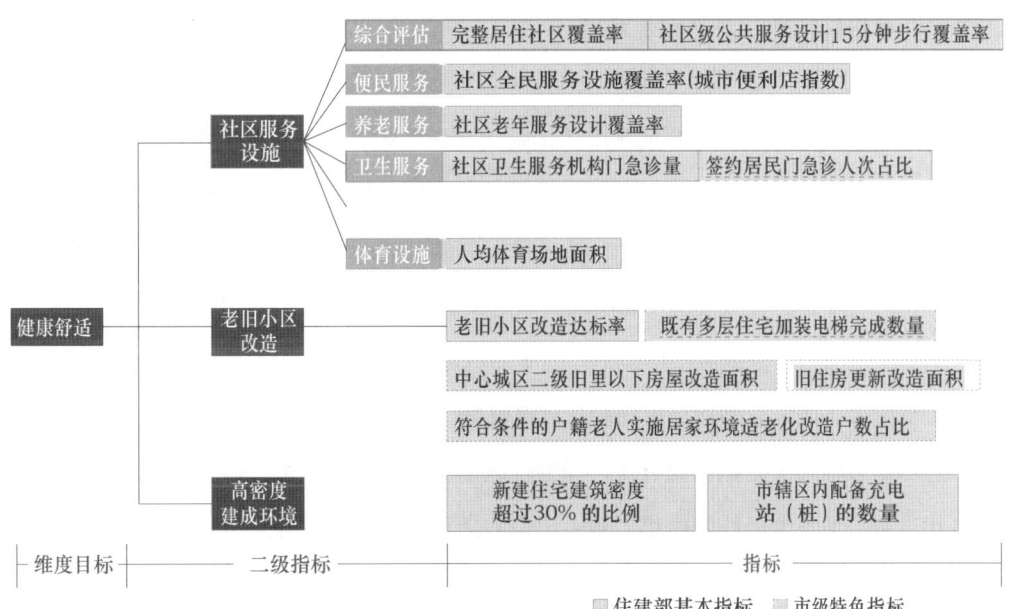

图4 "维度目标—二级指标—指标"体系（以健康舒适维度为例）

3.4 确保评估内容的前沿性与本地适应性

为了保证城市体检评估框架与上海发展实际的充分衔接，上海在开展城市体检前期研究过程中，一是拓展视野，建立指标库；二是充分调研，对接本地特色。

1. 重视国际对标

超大城市的城市发展定位决定其评估视角要与全球头部城市发展趋势相一致，要具有国际视角，上海城市体检在充分对标纽约、伦敦、巴黎、东京等城市最新发展目标与对应指标的基础上，优化完善评估导向，建立备选指标库。

2. 紧密结合地方发展特色

国家 65 个指标提供了全国层面面向各级各类城市的基本框架，国际对标提供了未来的发展导向，与上述两方面相辅相成，使城市体检向前看的同时又具有战略可实施性。上海通过组织多轮专题对接会，沟通研究各条线现阶段的工作重点与"十四五"发展目标，对 65 个国家级指标的定义和算法进行梳理和微调，探讨国际指标对标落地的可行性，同时结合条线工作导向，进一步补充了 34 个市级特色指标。比如在国家提出的"新建建筑中绿色建筑占比"指标基础上，结合上海绿色建筑专项工作推进的实际情况，增加"绿色建筑运行阶段标识面积""既有公共建筑节能改造面积"两项指标。

3.5 针对指标特性，分类搜集数据

指标可信度始终是上海开展城市体检最关注的问题。对标 GPCI 的研究方法，确定数据搜集的原则：①尽可能地采用官方统计数据，除了统计报表数据外，经官方认可的抽样调研数据、大数据也包含其中；②公开发表的有清晰数据源的高质量学术研究报告或者行业协会发布的权威报告；③在确实缺乏数据源的情况下可采用样本数据。

基于上述原则，根据城市体检指标的不同特点，确定相应的数据搜集路径。

1. 针对多条线汇总型指标依托基层反馈数据

指标体系中大部分指标为行业管理专项数据，但也有个别指标以基层管理单元为统计单元，需汇集各个条线的信息，其中典型的指标为"完整居住社区覆盖率"。根据住建部《完整居住社区建设指南》（2022），该指标涵盖基本公共服务设施完善、便民商业服务设施健全、市政配套基础设施完备、公共活动空间充足、物业管理全覆盖以及社区管理机制健全 6 个方面，涉及民政、教育、邮政、规划、房屋管理、社区治理等多条线的工作。同时在空间上，要求以居民步行 5~10 分钟到达幼儿园、老年服务站等社区基本公共服务设施为原则，以城市道路网、自然地形地貌和现状居住小区等为基础，与社区居民委员会管理和服务范围相对接。考虑超大城市尺度，POI 数据"噪声"大、数据清晰量大的特点，本轮上海城市体检制定了统一的完整社区填报表及填报说明，将表格下发至街道居委，并建立联系人制度，针对街镇差异一事一议。

2. 针对区掌握的实时数据依托区级数据中台反馈数据

首先审批事权在区层面的指标，如"新建住宅建筑密度超过30%的比例""新建住宅建筑高度超过80 m的数量"等指标，本轮城市体检将区联审平台提供的各区数据作为市级城市体检的样本数据；其次城运管理相关的指标，如"城市街道车辆停放有序性""城市门前责任区制定履责率"等指标，与城市运行管理实时情况密切相关，本轮城市体检数据搜集直接下沉到区层面，由区层面统计反馈，提升数据统计的颗粒度。

3. 针对涉及多部门的指标依托市级多专业部门协同反馈数据

部分指标涉及多部门的统计数据，通过和部门协商，对指标解释进行细分，明确对应的责任部门和指标牵头部门。如"城市常年积水内涝点密度"，通过部门沟通，将积水内涝分为道路积水、居民小区积水、下立交积水等3类分别对应不同主管部门，由各主管部门分别提供元数据，并由牵头部门负责汇总统计。

4. 针对空间属性数据依托地理信息专业团队反馈数据

城市体检指标体系中部分数据需通过空间信息平台根据指标解释开展数据再计算，如"组团规模""城市道路绿化普及率""绿道覆盖率""生态、生活岸线占总岸线比例"等指标，为保证数据统计的严谨性科学性，避免第三方大数据统计产生的误差，由指标对应的主管部门牵头组织专业第三方机构，依托专项空间信息平台对元数据依据指标解释开展再计算。

3.6 定性结合定量，建立指标评估基本逻辑

为了能够从顶层设计、管理绩效等层面更客观全面地诊断上海城市发展中的问题，上海在城市体检指标体系基础上建立了一套城市问题诊断系统性逻辑框架（图5）。一方面坚持国家多维度评估的原则不变，建立参考值体系，其中借鉴国际做法，增加增长趋势作为重要的评估标准，并针对参考值体系确定优先度，即标准规范优先于阶段性目标，阶段性目标优先于趋势性标准，而对于国际或国内横向对标，则要慎之又慎。另一方面，将指标客观评估与满意度主观打分相结合，在定量评估基础上，为更全面获取工作推进中实际难点、堵点问题或者是既定事实，则通过专题座谈和资料研读等定性研究的方法作为补充。

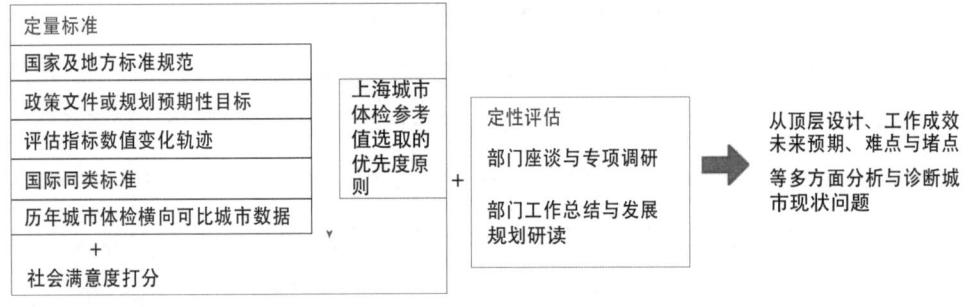

图5 评估基本逻辑

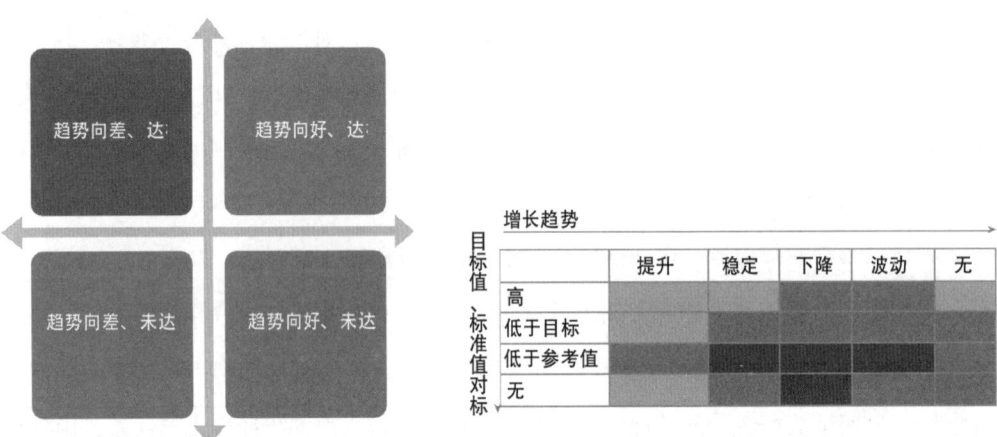

图6 指标评估分类的4分类矩阵

图7 指标评估分类细分矩阵
注：深灰色表示状态较弱的指标，灰色表示中间状态指标，浅灰色表示状态较好指标。

3.7 建立评估分类矩阵，强化指标评估的科学严谨性

由于实际工作开展中会面临如何客观、科学地同时确定界定标准值、评优值的挑战，容易造成简单问题复杂化，因此上海进一步优化城市体检数据评估方法，意图建立更为客观直接的评估分类方法，即构建基于标准高低关系以及数据增长态势的4分类矩阵（图6）。

根据数据搜集结果的实际特点，对上述4分类理论矩阵进一步细分与优化（图7）。图7中浅灰色表示指标状态较好的指标，深灰色表示状态较弱的指标，考虑超大城市的系统的复杂性，增加中间状态评估结果，用无色标示。此外，结合上海城市特点，将类似"人口密度超过每平方公里1.5万人的城市建设用地规模、组团规模、新建住宅建筑高度超过80m的数量"等指标，单列为体征型指标，描述状态特点，不作好坏分类。

4 总结与展望

城市体检作为政府推动的技术工作[2]，对于城市治理能力提升具有重大意义，围绕超大城市如何有效、科学、系统地开展城市体检工作这一关键命题，上海结合实际情况，对国家制定方法框架进行了深化与细化（图8）。

首先，在工作框架体系层面：针对超大城市更为复杂的市、区两级的关系，形成了市区联动分层分块的城市体检工作体系与分层次的城市体检成果应用体系，鼓励市、区结合各自特点，定制城市体检工作实施方案，细化"国家选定＋市特色＋区特色"的指标体系，形成市、区两级分层次的针对性的"规—建—管"全生命周期闭环工作体系，保障城市体检自上而下工作开展的框架稳定性与弹性可适应化。

其次，在技术框架层面：一是在进一步深化优化了国家指标框架的同时，嵌入二级指标层次，保障指标体系的整体稳定性，以及在区级层面的适应性。二是通过国家案例研究与文献综述建立指标库，同时又与各职能部门充分沟通、协商，确保指标体系既能反映全球城市新的发展导向，又能和本地实际工作阶段充分融合。三是通过建立对标的参考体系，明确主客观、定性结合定量的方法，建立更系统化评估逻辑，以此来适应超大城市复杂巨系统的特点。四是通过建立基于断面与趋势面的评估分类矩阵，增加中间状态的分类评价，单列体征类指标，意图更客观地反馈超大城市体系的复杂性。

以上海为例，展望超大城市城市体检的研究工作，笔者认为可进一步深化几个方面的探索：

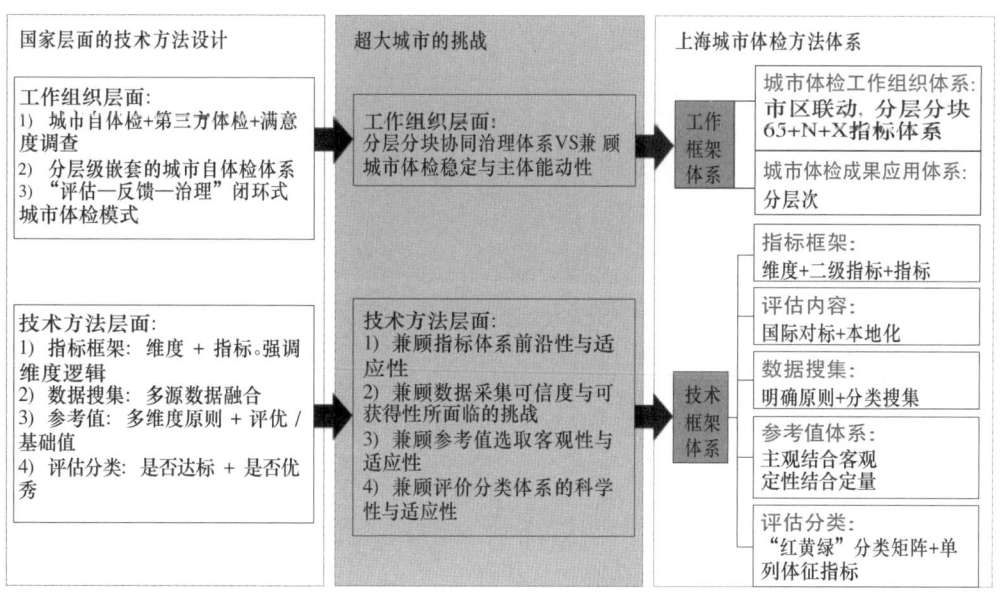

图8　上海城市体检技术路线

一是进一步完善城市体检工作体系，开展街镇城市体检试点。街镇既直面老百姓的生活，又面向各条线属地化任务；同时街镇相比市、区两级条线间的协作更为紧凑，因此街镇城市体检不仅仅是评估视角更贴近居民的生活诉求，整个工作组织、技术逻辑、方法路径都存在探索空间。

二是探索提升城市体检流程与技术方法的规范性。包括：逐步稳定城市体检成果体系，形成"一张体检表＋一张行动清单＋一份满意度＋一份报告"；立足于长期跟踪评估城市问题的角度，逐步形成相对稳定的核心指标体系；逐步建立相对统一的评估分类标准，提升区级评估的客观性等。

三是进一步探索数字化技术在城市体检中的应用。数字治理的海量数据汇聚与多源数据融合分析的特点，与超大城市治理巨系统的复杂科学特点高度符合，由此决定了超大城市城市体检工作需要与城市治理数字化转型充分结合。下一步将探索统筹利用既有数字信息资源，构建系统建设框架规则，建立市、区、街镇三级体检信息系统，进一步增加数据挖掘、统计、分析和汇总功能，形成支撑"动态监测、定期体检／评估、查找问题、整治措施、跟踪落实"城市精细化治理的基础信息系统。

注释

① 上海拟于 2022 年开展街镇层面的城市体检试点。

参考文献

[1] 李晓江. 中国城镇化的下半场, 更注重人的需求 [J]. 中国新闻周刊, 2021（12）：24-25.

[2] 唐凯, 林澎, 万汉斌, 等. 城市体检（华东片区）工作座谈会培训材料 [R]. 北京：中华人民共和国住房和城乡建设部, 2021.

[3] 李栋. 政策评估视角下城市体检概念辨析与再认识 [J]. 上海城市规划, 2022（1）：8-15.

[4] 陶希东. 全面认识我国超大城市治理的瓶颈问题 [J]. 中国国情国力, 2015（5）：37-39.

[5] 张文忠, 何炬, 谌丽, 等. 面向高质量发展的中国城市体检方法体系探讨 [J]. 地理科学, 2021（1）：1718-1728.

[6] 李哲睿, 甄峰, 秦萧, 等. 基于多源数据的城镇中心性测度及规划应用：以常州为例 [J]. 城市规划学刊, 2019（3）：111-118.

[7] 钮心毅, 康宁, 李萌. 都市圈视角下的上海城市公共中心体系重构探讨 [J]. 城市规划学刊, 2019（3）：42-49.

[8] 金忠民, 周凌, 邹伟, 等. 基于多源数据的特大城市公共活动中心识别与评价指标体系研究 [J]. 城市规划学刊, 2019（6）：25-32.

[9] 范佳慧, 张艺帅, 赵民, 等. 广州市空间结构与绩效研究：职住空间的视角 [J]. 城市规划学刊, 2019（6）：33-42.

[10] 王伟强, 马晓娇. 基于多元数据的滨水公共活力评价研究：以黄浦江滨水区为例 [J]. 城市规划学刊, 2020（1）：48-56.

[11] 李峰清, 赵民, 黄建中. 论大城市空间结构的绩效与发展模式选择 [J]. 城市规划学刊, 2021（1）：18-27.

[12] 曹根榕, 顾朝林, 张乔扬. 基于 POI 数据的中心城区"三生空间"识别及格局分析：以上海中心城区为例 [J]. 城市规划学刊, 2019（2）：44-53.

[13] 王德, 任熙元. 日常流动视角下的上海实有人口分布与流动性构成 [J]. 城市规划学刊, 2019（2）：36-43.

[14] 吴志强, 李翔, 周新刚, 等. 基于智能城市评价指标体系的城市诊断 [J]. 城市规划学刊, 2020（2）：12-18.

[15] 赵民, 张栩晨. 城市体检评估的发展历程与高效运作的若干探讨：基于公共政策过程视角 [J/OL]. 城市规划, 2022（4）：9-18. https://kns.cnki.net/kcms/detail/11.2378.TU.20220421.1741.012.html.

[16] 徐辉,骆芊伊.通过城市体检评估制度全面系统评价我国城市人居环境建设[J].上海城市规划,2022（1）:47-51.

[17] 王腾,茅明睿,崔博庶,等.知识图谱驱动的多类型城市体检协同方法研究[J].上海城市规划,2022（1）:25-31.

[18] 杨婕,柴彦威.城市体检的理论思考与实践探索[J].上海城市规划,2022（1）:1-7.

[19] 陆佳,张耘逸,冯玉蓉.从年度体检到动态把脉:城市体检评估的常态化、智能化路径[J].上海城市规划,2022（1）:32-38.

[20] 石晓冬,杨明,王吉力.城市体检:空间治理机制、方法、技术的新响应[J].地理科学,2021(10):1697-1705.

[21] 石晓冬,王吉力,杨明.北京城市总体规划实施评估机制的回顾与新探索[J].城市规划学刊,2019（3）:66-73.

[22] 李昊,徐辉,翟健,等.面向高品质城市人居环境建设的城市体检探索:以海口城市体检为例[J].城市发展研究,2021（5）:70-76.

[23] 于路,王磊.面向城市治理的沈阳城市体检方法初探[J].北京规划建设,2022（3）:110-111.

[24] 徐钰清,刘世晖,于良森,等.现代化治理下城市体检及技术应用探索与实践:以景德镇城市体检为例[J].智能建筑与智慧城市,2022（4）:74-48.

[25] 田发,周琛影.上海市、区两级政府财权事权划分:效应评估与政策引申[J].科学发展,2021(4):65-74.

超大特大城市精细化治理研究

周鸣浩 *

引言

1. 城市治理内涵

城市治理是治理理念在城市工作范畴中的运用。2014 年 3 月 5 日,习近平总书记在参加十二届全国人大二次会议上海代表团审议时提到,"治理和管理一字之差,体现的是系统治理、依法治理、源头治理、综合施策",阐述了治理与管理的内涵差异。

系统治理明确了治理主体及其定位,以及各主体间的互动关系,标志治理主体要从单一的威权性管理主体向多元共治转变。

依法治理明确了治理的根本依据和手段,即治理要以法律为准绳,以法治为遵循,标志着治理方式要从指令式管控向法治化保障转变。

源头治理明确了治理逻辑的主次关系、标本关系,标志着治理思路从"头痛医头、脚痛医脚"向"标本兼治、重在治本"转变。综合施策明确了治理的方法和手段要多样、有效,标志着治理方法从单一向多种转变。

---

* 周鸣浩,同济大学建筑与城市规划学院副教授,同济大学超大城市精细化治理(国际)研究院院长,zhouminghao@tongji.edu.cn

2. 城市治理在党和国家事业发展中的地位作用

城市治理是国家治理体系和治理能力现代化重要内容。一方面，改革开放以来，城市已经成为经济、政治、文化、社会各领域发展的核心和主要推动力，作用重大。另一方面，在信息化、全球化的发展背景下，城市对于国家的重要性进一步提升。在此背景下，城市工作对于国家发展的主导作用持续强化，城市治理也成为国家治理的重要组成。城市治理是推动城市高质量发展、创造高品质生活的重要途径，城市治理绩效与"人民城市"建设成果紧密挂钩。

1 超大特大城市发展现状与特征

1.1 我国超大特大城市发展现状

我国超大城市和特大城市数量在世界上首屈一指，并仍在持续增加。

按照我国政府对城市规模定义的标准，城区常住人口超过1000万的为超大城市，超过500万的为特大城市。而城区是指在市辖区和不设区的市，区、市政府驻地的实际建设连接到的居民委员会所辖区域和其他区域，不包括镇区和乡村。根据住房和城乡建设部、国家统计局的口径，2022年我国城区人口超过1000万的超大城市有10个，包括上海、北京、深圳、重庆、广州、成都、天津、东莞、武汉、广州。城区人口在500万到1000万之间的特大城市有9个，包括西安、郑州、南京、济南、合肥、沈阳、青岛、长沙、苏州。19个超大特大城市的常住人口城镇化率超过80%，尤其是东莞、佛山的常住人口城镇化率已超过90%。

四十年间，从1980年到2020年，中国的城镇化率由1980年的19.36%增长到2020年的61.43%，城市人口增长率达到355%。在一个国家之内，有如此快的增速，如此多的超大城市和特大城市，在当今世界上只有中国，而且这个数量现在还在继续增加。如果每个城市算上市域范围内的全部常住人口，目前我国超过1000万人口的城市已经达到12个，500万到1000万人口的城市也超过18个（图1）。

1.2 我国超大特大城市发展特征

我国超大特大城市发展特征主要体现在因规模效应产生的人、事、物三方面特点。

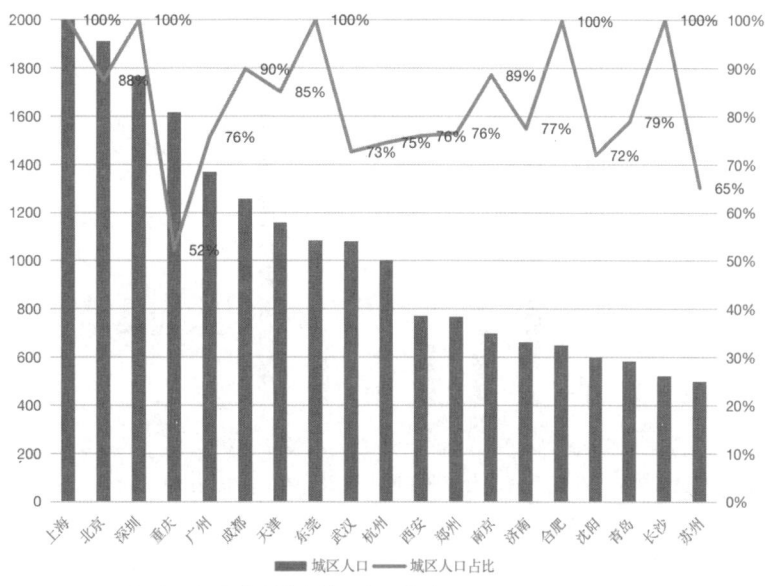

图1 2022年我国超大特大城市城区人口统计图

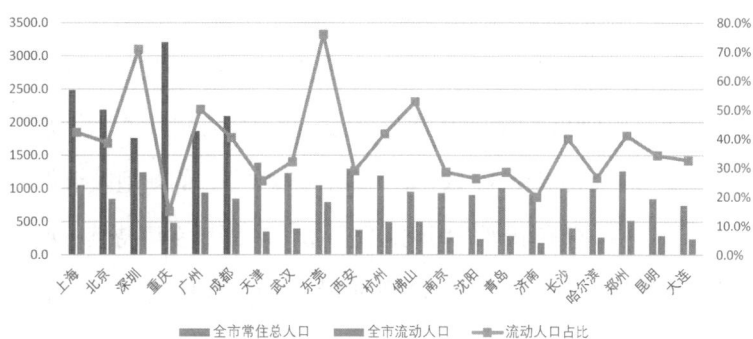

图2 2020年超大特大城市流动人口统计图（单位：万人）
图片来源：昆明市流动人口数据来自《昆明日报》"公安助力新市民安家昆明"。

1. 人的特征

从"人"这一维度分析，超大特大城市发展具有人口密度大、流动性强、结构多元[①]和空间分异明显的特征。（图2）。

2. 物的特征

从"物"这一纬度分析，超大特大城市发展具有设施负荷重、约束紧和类型多的特点。

3. 事的特征

从"事"这一维度分析，超大特大城市公共事务的广度、深度和难度不断加大（图3）。

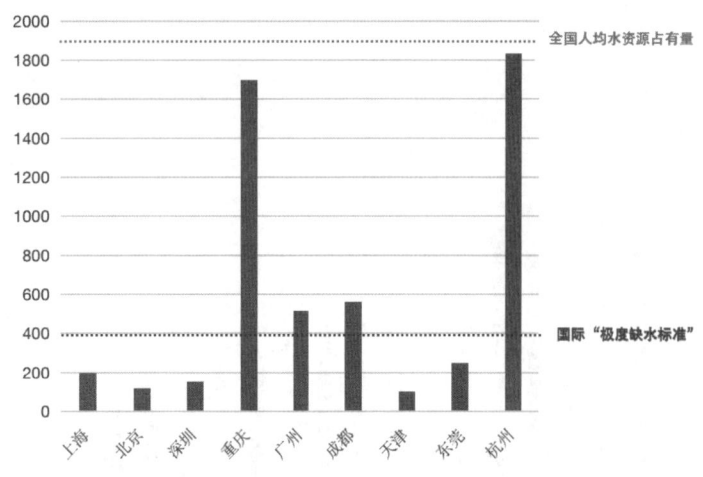

图 3 除武汉外的 9 个超大城市人均水资源占有量（单位：立方米）

1.3 超大特大城市发展方式的转变

当前，在外部环境、基础条件、发展动力等方面都发生深刻变化的大背景下，我国经济发展的空间结构正在发生深刻变化，超大特大城市建设出现了一些新情况新变化：

一是由"土地城镇化"走向"以人民为中心"的新型城镇化。2012 年，党的十八大提出，"走中国特色新型城镇化道路"成为我国城乡可持续发展的核心策略，标志着中国城镇化发展进入了以人为本的新阶段。2017 年 10 月，党的十九大报告指出："中国特色社会主义进入新时代，我国社会主要矛盾已经转化为人民日益增长的美好生活需要和不平衡不充分的发展之间的矛盾。"从"物质文化需要"到"美好生活需要"，城市的发展模式也由此发生深刻的变化。2019 年 11 月，习近平总书记考察上海时，首次提出"人民城市"重要理念，三年后，这一重要理念被写进党的二十大报告——"坚持人民城市人民建、人民城市为人民，提高城市规划、建设、治理水平"。"人民城市"重要理念不仅揭示了社会主义现代化城市的人民性，更为我们在新时代推进城市建设发展指明了前进方向、提供了根本遵循。

二是城市发展由"单点"转向"多核"，尤其是超大特大城市虹吸效应不断增强，经济和人口向都市圈及城市群集聚趋势明显。北京、上海、广州、深圳、重庆、成都等超大城市发展优势不断增强，杭州、武汉、南京、西安、郑州等特大城市发展势头较好，形成推动高质量发展的区域增长极。2021 年，全国共 24 座 GDP 万亿级城市，绝大部分都是超大特大城市，合计达到 43.97 万亿元，占全国总量的 38.45%。同时，城市群在我国区域经济发展格局中的重要地位愈加凸显，京津冀、长三角、粤港澳大湾区正在向世界级城市群迈进，集中了全国35%左右的总人口，创造了全国40%以上的GDP；都市圈或城市群内部中心城市和周边城市同城化进程提速，比如广佛同城、深莞惠一体化。

三是超大特大城市开发建设由"增量发展"转向"存量更新"。党的二十大报告提出，"加快转变超特大城市发展方式，实施城市更新行动"。随着我国城镇化发展进入中后期，大城市尤其是北京、上海、深圳等超大城市逐渐由粗放型的增量扩张转为精致型的存量更新，如何向内挖潜达到存量资源的最优化利用，成为超大特大城市尤其需要面对和思考的难题。2022年12月中央印发的《扩大内需战略规划纲要（2022－2035年）》提出，"推进超大特大城市瘦身健体，严控中心城市规模无序扩张"，"合理确定城市规模、人口密度、空间结构"等。在存量发展的背景下，超大特大城市的开发建设将更加注重促进土地节约集约利用，统筹老城新城、生产生活生态、地上地下等空间开发利用等。

四是超大特大城市发展由主要关注GDP总量增长等"硬实力"的增长转向城市文化、生态文明、社会治理、营商环境等"软实力"的提升。面向未来，软实力越来越成为我国超大特大城市综合实力的重要标识。更多原创性的文化精品将持续涌现，以珍爱之心、尊崇之心善待历史文化遗存，文化生活日益丰富多彩；绿水青山就是金山银山理念深入贯穿城市发展全过程，推窗见绿、出门见景将成为生动场景，绿色低碳生产生活方式加快形成；社会治理体系更加完善，高效能治理成为超大特大城市核心竞争力的重要标志，投资贸易和政务服务更加自由便利，形成同超大特大城市综合实力和地位相匹配的能力和影响力。

五是超大特大城市管理由"粗放式管理模式"转向"精细化治理模式"。粗放的城市管理，是简单、统一地就城市人、事、物进行有序而标准化的管理；而城市发展到一定时期必然要提升治理水平，此时粗放的城市管理已经不能适应城市发展要求、不能满足人民对城市美好生活的需求，因此，城市管理也由粗放型转向精细化的城市治理。由"粗放式管理模式"转向"精细化治理模式"，体现在多个维度的转变。治理理念层面，粗放式管理强调"管理"，而精细化治理则突出"以人民为中心"的"服务"；治理主体层面，粗放式管理模式以政府为单一的治理主体，而精细化治理则强调发挥政府组织、社会组织、市场主体、社会公众等多元主体的作用，构建多元主体合作共治的体制机制；治理手段层面，与粗放式、一刀切、依赖于感性经验的城市管理方式相比，城市精细化管理更加强调因地制宜分级分类的管理，标准化、智能化、规范化和人性化，兼顾城市管理效率效能和公正包容。

2 新时代超大特大城市精细化治理的挑战与趋势

2.1 超大特大城市精细化治理的新挑战

新时期,处于大发展、大调整、大变革之中的国内外环境深刻影响着城市治理工作。从国际看,和平与发展仍然是当今世界的时代主题,但是百年未有之大变局正向纵深发展,经济全球化遭遇逆流,国际经济政治格局复杂多变,国际环境日趋复杂,不稳定性不确定性明显增加,世界进入动荡变革期。对于我国凭借全球资源配置能力和科技创新能力参与国际竞争的超大特大城市而言,城市对外开放度和依存度较高,既首当其冲受到外部环境深刻变化带来的重大挑战,也面临着全球治理体系和经贸规则变动特别是我国引领推动经济全球化健康发展带来的新机遇。从国内看,当前我国已转向高质量发展阶段,制度优势显著,治理效能提升,经济稳中向好、长期向好的趋势没有改变,继续发展具有多方面优势和条件。但是发展不平衡不充分问题仍然突出,重点领域关键环节改革任务仍然艰巨,创新能力不适应高质量发展要求,生态环保任重道远,民生保障存在短板,社会治理还有弱项。

国际环境的复杂变化和"高质量发展"的国家战略需求使我国城市治理面临诸多新的机遇和挑战,亟须重构城市治理体系,核心目标是在经济发展"新常态"时期和城镇化"下半场"阶段,持续高质量地推进城镇化进程、有效消解和防范社会发展风险并稳步提升人民福祉。一是人民对美好生活的向往对城市管理提出更高期待。二是不确定性和风险增加对建设韧性城市提出更大挑战。三是绿色低碳循环发展对城市管理提出更高要求。四是科技创新发展带来城市管理模式、方法和手段的深刻变革。

2.2 超大特大城市精细化治理的新趋势

1. 区域协同治理不断深化

自党的十八大以来,新型城镇化战略成为我国城镇化的核心工作,在以城市群为主体形态、大中小城市和小城镇协调发展的城镇格局下,以中心城市为引领的城市群和都市圈成为带动区域发展的空间组织新模式。此后,京津冀协同、粤港澳大湾区、长三角一体化以及成渝双城经济圈相继确定为国家级区域发展战略,极大地推动了我国区域协调发展。目前,我国"两横三纵"城镇化战略格局基本形成,以超大特大城市为核心的中心城市和城市群成为带动全国高质量发展的动力源,健全城市群和都市圈协同发展机制则成为"十四五"期间推动新型城镇化的重点任务之一。在此背景下，超大特大城市治理不仅要解决内部的城市发展问题，更要协同周边地区解决外部的区域战略问题。

目前，超大特大城市正在积极探索城市管理领域的区域协同治理路径，从已出台的规划文件和相关实践来看，区域协同治理主要聚焦以下三方面：一是明确主要协同领域，包括污染联防联治、生态环境保护、设施共建共享、应急协同响应等；二是强化协同保障措施，包括加强协作机制建设、法规标准协同、信息平台协同等；三是积极拓展协作领域，包括加强人才技术交流、产业联合发展等（图4）。

此外，深化毗邻区域协作也成为超大特大城市加强区域协同治理的重要抓手。例如在大区域的协同治理框架下，上海外围五区与接壤的外省三市签署了共同管辖协议，约定率先在双方协商确定的共同执法管辖区域内，双向赋予共同执法检查权，在毗邻区域共同开展专项联合执法整治，尤其是具有跨地域性、流动性的违法行为；重庆10个区县与四川的10个市县分别签订城市管理执法合作备忘录，建立协作机制以及城市管理执法联勤联动机制。

2. 社会治理重心持续向基层下移

由于超大特大城市市辖区政府社会管理职能的不断扩容和空间规模的膨胀，区级政

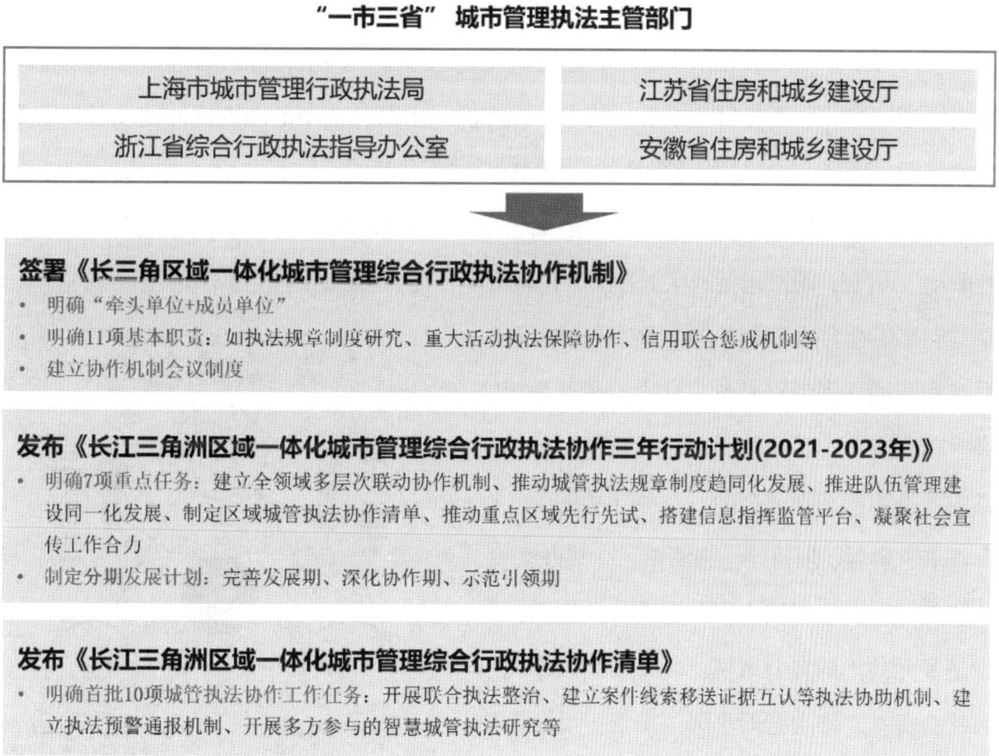

"一市三省" 城市管理执法主管部门

上海市城市管理行政执法局	江苏省住房和城乡建设厅
浙江省综合行政执法指导办公室	安徽省住房和城乡建设厅

↓

签署《长三角区域一体化城市管理综合行政执法协作机制》
- 明确"牵头单位+成员单位"
- 明确11项基本职责：如执法规章制度研究、重大活动执法保障协作、信用联合惩戒机制等
- 建立协作机制会议制度

发布《长江三角洲区域一体化城市管理综合行政执法协作三年行动计划(2021-2023年)》
- 明确7项重点任务：建立全领域多层次联动协作机制、推动城管执法规章制度趋同化发展、推进队伍管理建设同一化发展、制定区域城管执法协作清单、推动重点区域先行先试、搭建信息指挥监管平台、凝聚社会宣传工作合力
- 制定分期发展计划：完善发展期、深化协作期、示范引领期

发布《长江三角洲区域一体化城市管理综合行政执法协作清单》
- 明确首批10项城管执法协作工作任务：开展联合执法整治、建立案件线索移送证据互认等执法协助机制、建立执法预警通报机制、开展多方参与的智慧城管执法研究等

图4 长三角区域城市管理执法协作案例

府已经明显应接不暇，基层社区承载的功能不断扩展，社会治理中心持续向基层下移。近年来，各地在城市治理体系改革方面硕果累累，在执法下沉、网格化管理进一步升级、多元共治等方面更是探索出了一些极具地方特色、影响广泛的基层治理新模式。

全国各地城市管理执法队伍人员下沉呈现出"市属、区管、街用""区属、区管、街用""区属、街管、街用""街属、街管、街用""区属街用共管"等多种模式。比如，山西太原市采取"市属、区管、街用"的模式，构建起市级综合执法队—城区派出执法大队—结合实际在街道下设执法中队的行政执法队伍架构。南京市秦淮区则采用"区属、街管、街用"模式，即城市管理派驻街道执法机构实行属地管理，由街道统一指挥调度；派驻街道机构人员的考核监督、党组织关系等相应职责职权由街道管理，实现"人财物向街道倾斜"。上海市松江区城管引入"街属、街管、街用"模式，将原属区级部门的行政执法事项赋予街镇行使，实现"街属街管街用，镇属镇管镇用"。杭州市拱墅区则是"区属、街用、共管"模式的代表，该区在杭州市率先落实执法人员下沉街道，构建了"金字塔形"行政执法结构，街道对执法部门下沉（派驻）的执法人员有指挥协调权。

同时，上海在"一网统管"基础上于2022年修订《上海市城市网格化综合管理标准》，对网格化管理进一步升级。体制机制方面，上海市成立了数字化城市管理中心，各区都成立了区网格化管理中心；建立了全市统一的管理内容分类、统一的管理流程、统一的责任网格划分方式；建成了市、区县、街镇三级平台和四级村居工作站，确保各级一张图。制度设计方面，上海加强街道各中心建设，成立街道城市网格化综合管理中心，承担辖区内城市网格化管理的具体事务。技术手段方面，上海在全市范围内延伸建设了村居委工作终端，连接12345市民服务热线、12319城建服务热线。

此外，各地在促进基层多元共治层面也有一定积极探索（图5）。武汉市创新"五社联动"机制，动员包括社区、社工、社会组织、社会资源和社区自治组织在内的主体，参与到基层社会治理中来，动员辖区内的单位、党员和普通居民都积极参与其中。通过盘活辖区内单位资源，深化拓展区域化党建，推动区域内各类组织在形成合力，在共建共融中，健全需求、资源、项目"三张清单"，共办实事，共解难题。北京老旧小区改造的"劲松模式"也是多元共治的典型案例。北京在全国率先引入社会资本，推动老旧小区"投资+设计+施工+运营"一体化改造实施，探索形成老旧小

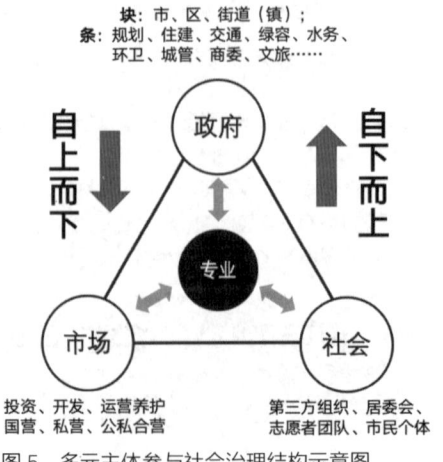

图5 多元主体参与社会治理结构示意图

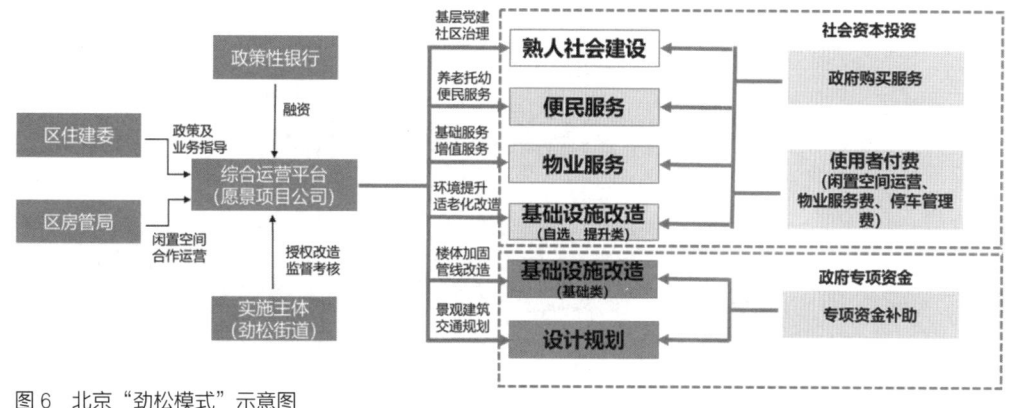

图 6　北京"劲松模式"示意图

区改造"微利可持续"的市场化机制和多方共治模式（图6）。

3. 智慧化治理水平不断提升

超大特大城市的空间治理需要对能源、资源、人口、信息流动的有序组织与高效管理，这极大地依赖超大城市的交通、信息、互联网、数据等技术发展。智慧城市建设持续深化，自住建部2012年年底启动首批国家智慧城市试点项目以来，我国城市治理建设在经过概念普及、政策推动、试点示范之后，已经进入爆发式增长阶段。截至2022年年底，智慧城市、信息惠民、宽带中国等智慧城市相关试点已超过700个，开展新型智慧城市顶层设计的省会城市及计划单列市、地级市已分别达94%和71%。

宏观层面，智慧平台建设赋能超大特大城市整体空间治理。"一网统管"等智慧平台利用网络与大数据应用的智慧技术将城市内所有的子系统（如交通、市政设施、环境、医疗等）全部连接起来，面向城市的各种设施和要素，提供及时感知、处治、优化和控制能力，提供智慧化的精准管理和精细服务。上海"一网统管"以"三级平台、五级应用"为核心，筑牢"三横一竖"的"王"字型城运架构，三横分别为市级平台、区级平台和街镇平台，一竖为网格化案件管理模块，把三级平台串联起来。市城运中心主要是加强顶层设计，重在抓总体、组架构、定标准，依靠兼容开放的框架，汇集数据、集成资源，赋能支撑基层的智慧应用。在市城运中心的系统大屏上，围绕城市"人、物、动、态"几个方面，用海量、多维、动态数据打造城市运行生态体征1700多项，接入了50个部门185系统、近千个应用，初步实现"一屏观天下、一网管全城"（图7、图8）。

微观层面，智慧技术应用提升超大特大城市社区空间治理。目前上海市已经建成多个城市运行综合管理中心和街道网格化综合管理中心，通过采集在住区密集分布的智能传感器终端信号，实现应用场景分析数据更新，监控居民小区车流量、人流量、停车状况、人员出入状况、消防状态、环境监测状态，并可进行预测分析、"算法治理"。社区智

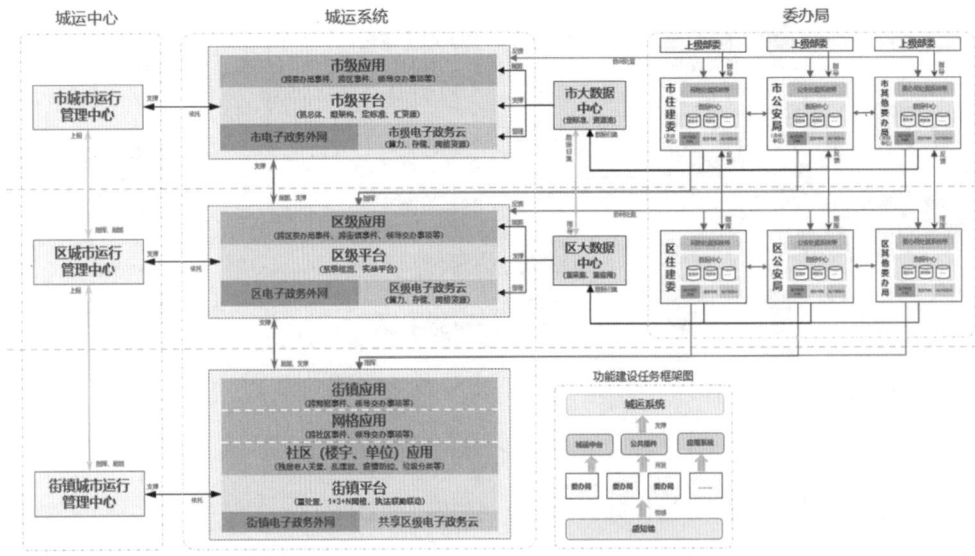

图7 上海市"一网统管"运行架构示意图

图8 上海市"一网统管"驾驶舱

慧系统还与市公安局、市发改委的系统数据库对接,并且已经在判断社区内部安全事件等方面快速发挥作用。

4. 分级分类治理需求加强

由于人口数量多、空间规模大、城市功能和活动更加多元,超大特大城市的时空异质性尤为显著,在精细化治理的要求下,超大特大城市对分级分类治理的需求也相应增强。

空间的异质性大体可分为三个层面。从宏观尺度来看,超大特大城市普遍存在城市地区和乡村地区发展不均衡、城市中心区与城市郊区发展不均衡的问题。例如上海市中心城区和外围郊区在城市功能、人口密度上存在显著差异,中心城区居住用地活动强度高,从近郊到远郊工业用地活动强度逐渐降低。城市管理应尊重城乡发展规律,充分认识城乡、城郊在管理需求、管理难度和管理水平上的差异性,制定合理的分类治理方案。从中观尺度来看,居住区、工业区、商务区等不同城市功能区在城市管理的核心要素和管理重点上具有差异性,以垃圾处理为例,居住区更加注重生活垃圾分类处置,工业区则尤为重视危险废物处置。从微观尺度来看,主次干道、支路和背街小巷等城市街道在功能能级和管理要素上也具有差异性,需要因地制宜制定管理措施(图9、图10、图11)。

时间的异质性主要分为两类。一是因重大节日、重大事件发生而带来的短期城市管理压力。二是因同一空间内活动规律性变化而带来的周期性城市管理压力(图12)。

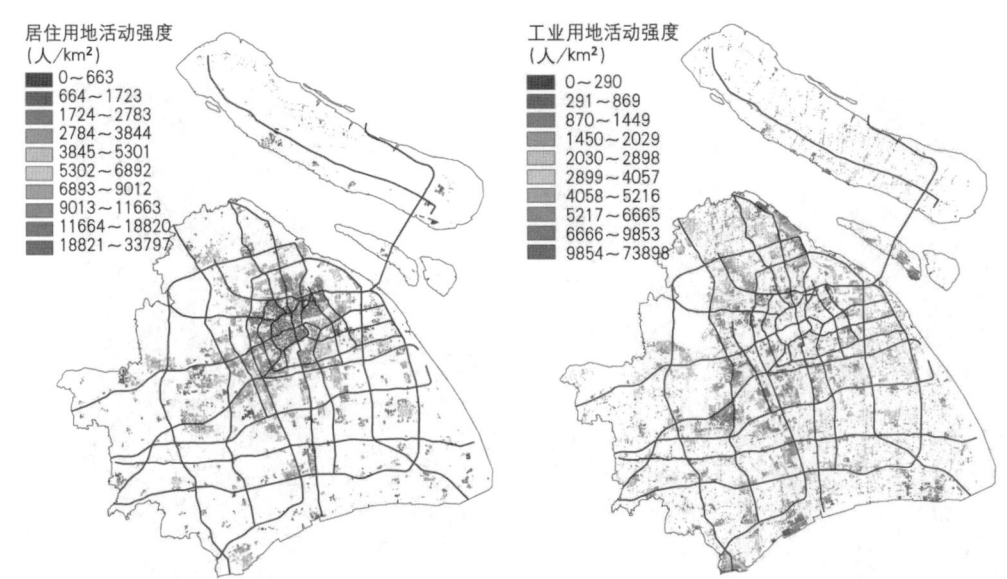

图9 上海市居住用地和工业用地活动强度分析图
图片来源:谢栋灿,王德,钟炜菁等.上海市建成环境的评价与分析——基于手机信令数据的探索[J].城市规划,2018,42(10):97-108+120.

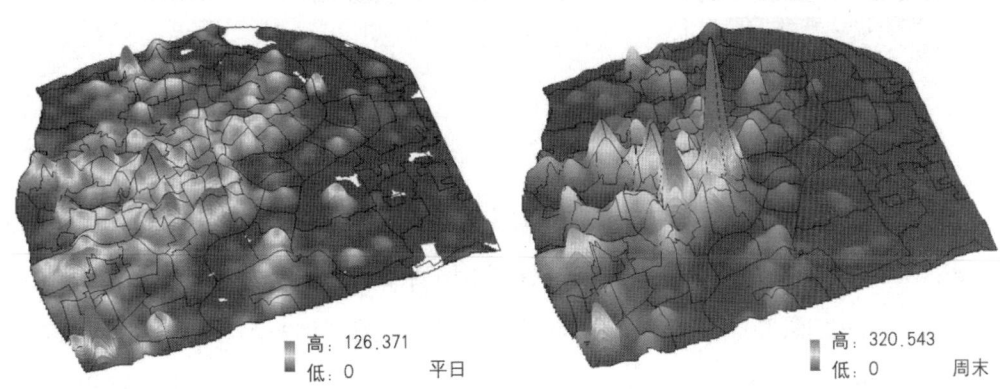

图10 上海市中心城区夜间活力时空间特征变化图[①]

① 钟炜菁,王德.上海市中心城区夜间活力的空间特征研究[J].城市规划,2019,43(06):97-106,114.

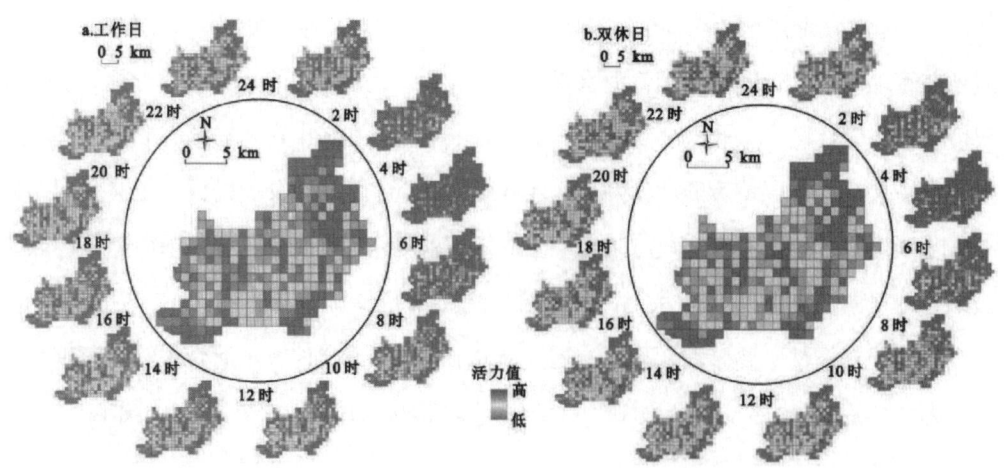

图 11 广州市中心城区城市活力时空间特征变化图[②]

图 12 节假日的上海市南京路
图片来源：网络公开资源。

5. 风险防控需求持续加强

随着城镇化进程加快，城市面临的不确定因素交织叠加，中国超大特大城市脆弱性显著，其安全风险防范具有特殊意义。从致灾因子来看，超大特大城市人口相对密集，人类活动更加集聚，城市系统受人为因素扰动很大，更容易诱发人为灾害或由于人为因素诱发的自然灾害，火灾、疫情、洪涝、地震、社会安全、信息安全等灾害和风险类型更多；从灾害过程来看，超大特大城市灾害的扩散性较强，如疫情肆虐香港、北京、上海等超大城市，而在乡村地区和中小城市的疫情则明显较轻；从灾害衍变来看，超大特大城市各子系统之间关联性较强,在发生原生灾害之后,很容易引发次生灾害和衍生灾害。从灾害后果来看,同一等级灾害发生在超大特大城市将产生更大的危害性,造成较多的人员伤亡和财产损失。

《中华人民共和国国民经济和社会发展第十四个五年规划和2035年远景目标纲要》提出,"加强超大特大城市治理中的风险防控,促进高质量、可持续发展","防范和化解影响我国现代化进程的各种风险,筑牢国家安全屏障"等,对于提升超大特大城市的韧性、防范和应对各类重大突发风险提出了更高的要求,超大特大城市安全风险防控和应急管理成为城市治理的重中之重(表1)。

表1 特大城市安全问题的特点比较

	乡村地区	中小城市	特大城市
致灾因子扩散性衍生性危害性	以自然灾害为主,气象灾害和地质灾害居多灾害较容易控制在局部地区 以原生灾害为主,较少引发次生灾害和衍生灾害由于人口和经济分布较为分散,同等级灾害所造成的人员伤亡较少,财产损失较小	自然灾害和人为灾害并重灾害有时容易从局部地区扩散到其他地区以原生灾害为主,有时引发次生灾害和衍生灾害由于人口和经济分布相对集中,同等级灾害所造成的人员伤亡较多,财产损失较大	人为灾害、综合灾害为主。特大城市人类活动强度大,较容易发生事故灾难、公共卫生事件和公共安全事件灾害的扩散性较强,例如非典疫情在特大城市很容易扩散原生灾害发生后,容易引发次生灾害和衍生灾害。由于人口和经济分布非常集中,同等级灾害所造成的人员伤亡最多,财产损失最大

资料来源:郭叶波,特大城市安全风险防范问题研究。

6. 对人居环境和服务的要求更加精细

进入新时代,人民群众对美好生活的需要日益增长,对城市治理提出了更高要求。作为一个人口高度聚集、产业集中和服务需求旺盛的现代空间聚合体,现代城市随着经济社会的发展,物质生活水平不断提升,社会分层结构日趋复杂,人民群众对城市居住环境品质和公共服务的需求日益高标准、多样化,因此如何通过精准对接不同群体对美好生活的需要成为摆在当前城市治理中的重要议题。为回应人民群众新期待,党和政府坚持以人民为中心的发展思想,坚持人民城市为人民,聚焦人民群众最关心、最迫切的问题,以更加科学化、精细化、人性化的治理理念与治理方式满足人民日益多样化、品质化、个性化的物质需求与精神需求,是建设人民城市、推动城市治理现代化的关键。

超大特大城市精细化治理首先在于对治理目标的精准定位,要及时了解和掌握不同人群、不同区域的实际服务需求,同时还需要对需求的变化趋势建立基本的判断能力。

首先,超大特大城市经济社会结构的高度分层化和高度流动性的特征,决定了不同居民群体对于公共服务和公共产品的需求具有显著的差异性。其次,在超大规模的城市中,不同的区域具有不同的经济社会功能结构和人口空间地理特征。

为了积极回应人民群众的需求，我国超大特大城市从人民的个性化需求和日常生活出发，根据不同职业、不同社区、不同年龄制定更加具有层次化和多元化的专门规划与"定制"服务，同时推进城市数字化转型，通过大数据、人工智能与区块链等新技术要素的嵌入，变革与重塑公共服务供给模式，通过对人民多样化、复杂性的公共服务需求的满足与回应，全面提升公共服务质量、效益和群众满意度，不断满足人民对美好生活的向往。2019年，北京市启动了"闻风而动，接诉即办"的群众诉求快速响应机制，通过开设12345市民专线，实现了市民个性需求与城市治理机构的精准对接，在快速响应人民需求、保障人民个性化发展的同时，推动着超大城市的治理向服务型和联动型转变。上海市作为国际化超大城市，持续贯彻2018年制定的《中共上海市委、上海市人民政府关于加强本市城市管理精细化工作的实施意见》，将柔性治理理念与精细化相结合，将城市的资源规划、交通疏导、网格划分、基础设施建设等各项治理工作的环节、流程、岗位及实施都进行了细化部署，提升了城市治理的温度和人民生活品质，也"秀出"了城市品质。

3 超大特大城市精细化治理面临的问题与不足

3.1 城市治理与新时代发展要求的差距

党的二十大报告指出，要"加快转变超大特大城市发展方式，实施城市更新行动，加强城市基础设施建设，打造宜居、韧性、智慧城市"。这是以习近平同志为核心的党中央深刻把握城市发展规律，对新时代新阶段城市工作作出的重大战略部署，也对城市治理目标和能力提出了更高的要求。

1. 宜居城市

"宜居城市"是基础设施便利、生产高效环保、居住舒适性高、环境质量良好、视觉景观怡人、人民满意度高的城市。宜居城市的建设强调改善人居环境、就业环境以及文化氛围，注重构建人与自然、社会高度融合且和谐共生的有机共同体。然而长期以来，中国快速的城镇化发展带来了环境污染、垃圾围城、交通拥堵、服务设施缺失、城市历史和文化特色消失等一系列的城市病，严重制约了城市宜居性的发展，亟须提升城市治理能力，有效破解各类顽疾。当前城市治理距离实现"宜居城市"的建设目标还存在以下明显不足：

一是生态环境质量不断提高，但距离生态宜居标准仍有一定差距。

二是城市交通拥堵、停车难的问题仍然突出。

三是环境卫生和市容市貌仍存在突出问题，管理水平有待提升。

2. 韧性城市

"韧性城市"是指在面临灾害和风险时，具备耐受、适应和快速恢复能力的城市。韧性城市的建设强调提高城市的适应能力和抗风险能力，能够应对各种风险和挑战，保障城市的稳定和安全。随着城镇化进程加快，城市面临的不确定因素交织叠加，灾害和风险类型更多、致灾速度更快、造成损失更大、影响范围更广，对韧性城市建设提出了更为急迫的要求，也对城市生命线工程、基础设施的建设运维和应急管理能力提出更高要求。当前城市治理距离实现"韧性城市"的建设目标还存在以下明显不足：

一是城市基础设施抗灾性能和安全管理薄弱。

二是城市地下空间开发和管理的科学性有待提升。

三是城中村、城乡接合部等薄弱地区的安全管理能力有待提升。

四是应急响应能力有待提升。

3. 智慧城市

"智慧城市"是指利用现代科技手段来提高城市管理效率和服务质量，实现资源有效配置以及智能化运营的城市。智慧城市建设强调将信息通信技术应用到城市运营的方方面面，通过计算机化的系统结构有效完成感知、处理、决策等复杂行为，使得城市运营更加智能、城市管理更加高效、城市环境更加高品质。

让城市更聪明一些、更智慧一些，是推动城市治理体系和治理能力现代化的必由之路，但是从各地城市管理发展现状来看，"一网统揽全局、一网统领行业、一网统管全城"的城市运行"一网统管"新模式仍在初步探索阶段，尚未全面推广应用，城市管理智能化水平有待进一步提高。

一是数字化城市管理平台和基础设施建设滞后。

二是智慧管理应用场景挖掘不充分。

三是数据孤岛尚未打破。

3.2 制约治理效能的深层次问题

1. 体制机制

体制机制方面，城市管理部门间横向协同不足，纵向上各层级权责分配不当。体制不畅是阻碍我国城市治理精细化深入发展的核心问题之一，首先体现在横向上条块分割、缺乏统筹协调长效机制。由于城市治理涉及负责市政、环境、交通、应急管理和城市规划等工作的多个部门，相关部门庞杂繁多、条线分割严重，难以应对综合性、协调性要求越来越高的城市管理工作。例如在架空线的管理中，架空线本身便依附于地面道路走向，但在管理过程中却将道路本身与依附于道路而存在的各类管线、路面设施人为地划分成两套系统，即路面归路面、管线归管线，造成此类综合性问题难以得到及时有效的解决。城市治理横向协同不足重点体现在规划建设管理统筹不够、审批监管执法权协作不顺、城管执法司法协作不顺等三方面：第一，城市管理部门在建设项目的规划方案等前端环节参与程度较弱，无法保证项目功能、外观与城市环境达到整体协调一致；城市管理部门对建设项目实施环节管控力度较弱，一部分市政基础设施建设项目达不到市政设施使用要求，甚至出现安全事故。第二，城市管理上中游的审批监管权与下游的执法权被分割，导致批而不管、监管缺位、以罚代管等现象，造成矛盾积压、末端执法困难，城市顽疾痼瘴此消彼长、反复反弹。如不少地方仅仅把行政处罚权划转给城管执法或综合执法部门，疏于过程监管，导致餐饮油烟污染、流动摊贩制售假冒伪劣食品等问题。第三，城市管理法制建设滞后于城市发展形势和城市管理实践需求导致立法与执法的脱节，司法方面，由于城管执法权威性不足，遭遇种种执法困境和舆论"围剿"，常见的是城管执法与公安部门、司法部门对接不畅、协作不力，城市管理部门大多不具备行政强制权，常常需要向公安或法院申请强制执行，以提高执法效力。

　　精细化的城市管理体制中，不仅需要部门间职能的合理划分，还需要纵向上不同层级政府间责权利的合理分配。随着城市规模的快速发展以及城市管理与服务需求的快速增长，城市中各级政府往往被赋予了不同的职责，近年来对超特大城市的体制改革极大地推动了市级政府的财力、物力和人力向区县下放，区县又把具体的管理工作和服务下放到街道。镇、街道和社区作为与公众互动最为频繁的基层组织，基层治理的是超大特大城市提升精细化的"关键末梢"，尤其超特大城市需要应对外来人口集聚的超大型社区（如北京的回龙观、天通苑地区，广州的新塘、狮岭），这些特定地理区位的"复杂综合体"对治理的协同性和精细化的需求最为迫切，仅仅依靠行政力量很难达到良好效果，而街道过多地承担了行政职能，又缺少专业人才和管理能力，事权财权不配套，难以履行精细化管理标准下的各类职能，如推动社区自治、公众意见的反馈等。

2. 法规标准

　　法规标准方面，地方法规体系不够健全，标准体系精细化水平不足。城市精细化治理要求有完善的法律法规体系提供坚实的制度基础，以实现其合法性和规范性的基本要求。城市治理中涉及的各类公共事务问题具有显著的地方性特点，因此，在国家层面法律制度的宏观性和原则性内容的基础上，地方法规规章体系的建立和完善要体现地方立法特色和精细化要求。从目前各主要城市法治建设的整体情况来看，城市管理领域法规规章体系不够健全，修订不够及时，落实不够到位，执法不够严格，部分行业缺少地方性法规支撑。如垃圾分类领域，2007年住建部颁布了《城市生活垃圾管理办法》之后，虽然近年来很多城市相继颁布了《促进生活垃圾分类减量办法》《垃圾分类减量工作的实施方案》等政策措施，但一直未能出台垃圾分类收集处理的地方法规和实施细则，垃圾分类方式以及收集运输处理等各环节的地方管理标准等内容缺乏法规依据，严重影响垃圾分类回收处理的深入开展。此外，现有地方性法规互不联系，缺乏较强的完整性和内在逻辑性，尚未形成全面而相对独立的法治系统。城市治理领域的地方立法仍广泛采用部门立法的模式，由主管职能部门直接负责起草，甚至还承担着制定实施细则的职能；职能的条线分割造成各部门在立法中缺乏动力和能力、充分关注法规间的协调衔接问题，从而导致了各专业领域的法规之间缺乏衔接甚至相互矛盾的突出问题。

超大特大城市城乡之间、不同街道、不同功能区域间经济社会发展水平相差较大，城市功能各异，发展要求不同，但是城市管理部门未充分考虑区域因素，管理标准、管理方法、定额标准比较单一，造成城市管理结果出现差异。精细化管理标准体系是一个城市长效管理的目标系统和基础，是一个全面化的管理模式。目前，城市管理只有部分方面的细化、量化管理标准，包括街景容貌、环卫绿化、便民摊点、广告设置等方面还欠缺具体化的标准界定，没有形成一整套完整、系统、科学的精细化管理标准体系。

3. 智慧建设

智慧建设层面，"技术至上"与系统施策之间存在冲突。以互联网为代表的新一代信息技术以及大数据、物联网、人工智能和区块链等被广泛运用于城市公共安全保障、市域交通运输管理、社会矛盾调处、城市市政设施维护等城市公共事务中，且被城市管理者视为最有效的精细化治理制胜"法宝"。但当前超大特大城市推进城市智慧化治理方面仍然缺乏顶层设计、统筹规划和系统组织，治理制度不健全，标准规范不统一，信息数据保密和公开的法律基础薄弱、内容滞后，导致城市社区智慧化治理的"规划、建设、运维、治理"的"碎片化"，以及城市治理过程中决策、执行、监督、评估的"脱节"[3]。如数据归集机制的标准化程度不高，部分单位对数据开放共享积极性不高，基础信息数据不完备、不及时、不系统，甚至出现一个社区门口安装了多个摄像头（包括公安、综治、交通、物业等）的情况，造成巨大的资源浪费。

从广度上分析，超大特大城市治理智慧化基本实现了全覆盖，但主要集中在信息化建设和智慧城市建设方面，缺乏对移动互联网、云平台、大数据、物联网、人工智能的深度融合，尤其是运用大数据推动城市治理精细化的决策、执行和监督等方面的应用还有所不足。从深度上分析，城市治理智慧化主要聚焦在硬件、平台、技术、基础建设等方面，如何在城市规划、建设与治理等环节整体应用，如何完善城市治理精细化的决策、执行、监督等运行机制还不够。政府治理模式与智慧化深度融合还不足，以智慧化为平台的创新服务尚处于"模糊地带"，导致城市智慧化治理过程中面临过度监管和监管不作为等困境，亟须探索政府主导下的城市智慧化治理的多元协同机制。

4. 社会共治

社会共治方面，社会参与水平低，多元共治机制有待完善。广泛深入的公众参与是提高城市精细化治理水平不可缺少的途径和方法。实现治理目标的精准定位、治理手段精细全面、治理过程的高效响应，都离不开以公众参与为基础的自下而上的多元协同治理机制的建设。长期以来，一些主要城市在公共决策与社区治理等领域，积极探索公众参与机制建设的方法和路径，但仍存在着公众参与流于形式，社会自治能力培育不足等问题。由于缺乏系统性的制度设计，形式化的公众参与只能形成碎片化的意见表达。例如较为常见的社区居民意见听取、政府项目的公众满意度评估、总体规划中的公众问卷调查等活动，往往只起到政策宣传和社会动员的效果，而非整体性自下而上的政策议题形成机制的建立和社区自治能力的提升，极大地影响了城市精细化管理水平的提升。我国超大特大城市治理公众参与的现存问题具体表现在个体参与数量不足，社会组织发展不充分；制度保障覆盖面低，保障措施较模糊；信息公开程度过低，公布时间不充分；公众实际参与数量不足，政民沟通渠道不畅。

有效的多元协同治理机制有助于推动服务型政府的职能转型，提高城市治理的回应性和协同性，是提高城市精细化管理水平的重要条件之一。超大城市虽然在社区治理中，对社区共治的有效模式进行了长期的探索性实践，但是，政府、企业、社区的多元协同治理机制尚未形成，城市治理中的社会参与和自治能力尚未得到有效的扶植和培育，依靠行政力量强势推进的治理惯性方式仍居主导地位。如在群租房整治、小区违章违建治理、垃圾分类回收等领域，由于相关法律依据的缺失和制度性程序的不足，各方主体的责权利关系不清、公平合理的成本收益分担分配机制未建立，相关产权人、业主委员会、企业等主体的参与力量未能充分发挥，过度依靠行政力量的整治往往造成行政成本和社会成本的提高，而后续效果难以保证。

4 超大特大城市精细化治理提升对策

4.1 提升区域协同治理能力

一是建立跨域协作工作机制。

二是推动信息平台一体化建设。

三是推动法规标准一体化发展。

4.2 提升城市风险防控水平

推广城市治理风险清单管理"重庆模式",持续完善以安全运行为基础的综合性、全方位、系统化的城市安全发展体系。

一是要结合实际制定超大特大城市治理风险清单。

二是搭建城市运行安全监管系统。

三是建立综合统筹联勤联动的风险防控和突发事件快速响应机制。

4.3 加强分级分类管理

一是加强城乡管理一体化。

二是城市空间分级分类。

三是强化对重大节日、活动的保障能力。

四是强化城市空间分时段管理。

4.4 加强体制机制创新

一是在顶层设计上,强化高位统筹。

二是建立城市规划—建设—治理有机协同机制。

三是推动行政审批—监管—执法紧密衔接。

四是加强城市治理执法司法协调联动。

五是建立城市治理考核评价和监督问责机制。

4.5 深化标准化和法治化

加强法治化建设,全方位推进城市治理领域立法、执法与普法。一是科学立法,建立健全城市治理政策法规体系。二是推进科学执法,保障城市治理综合执法规范到位。三是推进法治普及,形成政府与公众的根本认同。

加强标准规范的建设指引城市精细化治理工作。一是推动建立城市管理分级分类标准体系。二是重视标准体系应用,构建支撑城市精细化治理的科学评估体系。

4.6 加强智慧化

一是加强顶层设计。城市治理智慧化离不开健全的制度,政府部门作为城市智慧化建设过程中的主体,应制定与出台与智慧城市建设相关的各项政策性法规。结合城市中已有制度体系,根据自身发展的实际情况对已有制度体系进行不断优化与完善。对标伦敦、纽约、巴黎、东京等全球城市的治理标准和技术标准,制定科学、规范、完善的标准体系。

二是推动数据共享。"信息孤岛"已成为当前城市治理智慧化的突出瓶颈。下一步应推进政府信息的开放、共享。以成立大数据中心为契机,明确政府数据开放的"负面清单",以开放和公开为常规,以不开放、不公开为例外,有序开放。推进政府部门之间数据共享,通过跨部门数据资源的流动共享,推动"一站式、全流程、全覆盖"的服务体系和跨部门、跨层级、跨区域的"并联审批和协同应用"。

三是开发应用场景。推动智慧化的目的是提高人民的生活品质,因市区各级部门要加强智慧化的应用场景。市、区各级部门应坚持问题导向、需求导向、效果导向,深入基层广泛听取人民需求,开发基层社会治理各类应用场景。鼓励大数据、物联网、人工智能企业深度参与智慧化产品开发、应用,充分发挥城市作为经济引擎的市场优势和产业优势,激活城市治理智慧化的市场潜力和社会价值。

4.7 推进社会化

一是优化拓展公众参与的现有方式和渠道。
二是培育公众参与的专业人员及社会组织。
三是完善公众参与的多方位监督制度。
四是充分发挥市场优化资源配置作用,加快政府职能转变。

4.8 提升人居环境

一是完善人居环境的常态监测与问题发现机制。

一方面，建立城市管理领域的城市体检机制，定期开展行业"自我诊断"，借助数字化手段采集并分析各类城市运行数据，精准把脉城市管理的主要问题、薄弱环节和薄弱区域，从而实现对症下药。例如北京在国内率先开展了街道市容街道体检研究，从安全性、规范性、整洁性、有序性、街景美观、满意度和智慧化等7个维度（涵盖111个指标）评估街道市容环境分类管理情况，并借助街景识别、解译等方法对部分典型街道开展了试体检，将街道市容环境治理由被动变为主动、由粗放变精准[④]。另一方面，坚持以人为本，将人民满意度作为重要评价内容纳入城市管理体检中，聚焦民生热点难点问题，积极回应群众诉求，切实提升人民满意度。

二是坚持综合统筹，以空间单元综合治理为抓手系统推进城市精细化管理。例如上海城市管理精细化"三年行动计划"把"三个美丽"作为重要抓手，将"五违四必"整治、水环境治理、垃圾综合治理、交通组织、施工组织管理、地下空间和各类管线管理、完善网格化管理体系、提升法治化水平、加强信息系统建设应用、推进城市综合管理标准体系建设、创新社会治理加强基层建设等多项重点任务，分别嵌入到"三个美丽"载体中——路面上的工作整合到"美丽街区"里，小区里的工作整合到"美丽家园"里，乡村的工作整合到"美丽乡村"里，从而实现空间治理全覆盖以及各条线工作的综合统筹与协同推进。

三是加强人居环境的全周期治理，加强规划、建设、管理各环节的衔接协同。一方面要坚持规划引领，充分发挥规划在人居环境改善工作中的导向作用，制定科学合理的行动目标与策略。例如围绕"美丽家园"建设，浦东新区以《上海市住宅小区建设"美

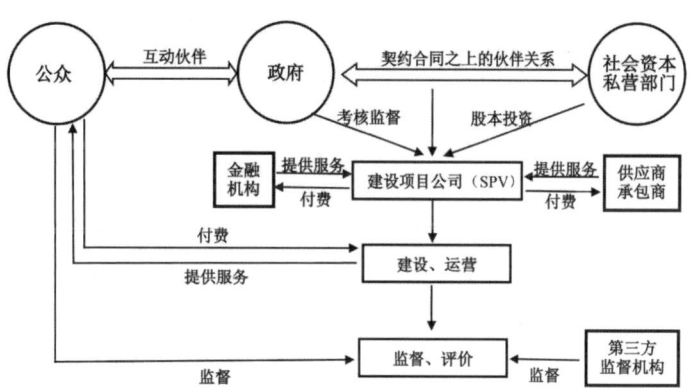

图13 环境治理中政府和社会资本合作模式（PPP）示意图
图片来源：赵晓雯.政府购买社会组织环境服务中引入PPP模式的困境与应对[J].学会,2022,No.407(10):35-42.

丽家园"三年行动计划（2018—2020）》为指导依据，出台了《浦东新区住宅小区建设"美丽家园"三年行动计划（2018—2020）》，其所属周家渡街道也编制了《周家渡街道"美丽家园"小区建设行动计划》，市、区、街镇三级管理主体行动计划的出台保障了治理目标的传导与实施。另一方面要加强建设与管理的衔接，明确从建设主体到管理主体的移交机制以及不同主体的权责边界，避免因管理主体不明确造成的管理真空区；提升设计标准、竣工验收标准与管理标准的协同性，确保各项建设工作符合高品质的精细化管理要求。

四是坚持差异化与特色化，因地制宜制定空间单位的人居环境提升方案。高品质的人居环境要求管理主体在顶层设计和任务落实的各个环节都体现出精确细致的治理思维，即治理单元要落小落实，服务要做精做细，实现"一路一方案、一户一策、一街一景"。例如在"美丽街区"建设工作中，上海百年历史风貌街道愚园路实行精品化建设，对5大类50个项目实施改造提升，包括对愚园路17条弄堂路面更新建设、23处点位围墙及建筑外立面粉刷修复等，形成"一弄堂、一方案，一店牌、一特色"。

五是坚持示范引领，发挥示范单元以点带面的探索与推广作用。城市精细化治理示范单元类型从道路到社区，再扩展到街区、城市，由点到线、由线到片、由片到面，系统构建城市管理创优体系，逐步放大示范效应。例如上海在"三个美丽"的工作基础上，制定了《城市管理精细化示范区建设导则》[5]，推动上海城市管理精细化从示范点到示范区、从专项示范到综合示范的迭代升级。

注释

① 中国新闻网.广州在住外国人约8.34万 韩日美位居前三。
② 王波,雷雅钦,汪成刚等.建成环境对城市活力影响的时空异质性研究:基于大数据的分析[J].地理科学,2022,42(02):274-283.
③ 唐皇凤.数字利维坦的内在风险与数据治理[J].探索与争鸣,2018(05):42-45.
④ 城市管理与科技.街道市容环境体检指标体系构建与实践.[EB/OL].https://mp.weixin.qq.com/s/pAKPK93o29Mq-M61wEu5HQ,2023-04-18/2023-05-30.
⑤ 城市管理精细化示范区是指在城乡区域内具有一定规模、功能复合、空间连贯、城市管理成效显著、具有高集中度和显示度、市民获得感强的建成区。

基于精细化治理的街道城市设计*
——以上海徐汇衡山路—复兴路历史文化风貌区为例

王林** 薛鸣华

1 城市精细化治理的新要求

随着城市化进程的加快，城市迅速发展，人口不断聚集，城市发展的重心正在转向城市功能提升、城市空间修补和城市生态修复，在城市中建造城市将成为今后城市规划的主题。《中共中央、国务院关于进一步加强城市规划建设管理工作的若干意见》提出"推动发展开放便捷、尺度适宜、配套完善、邻里和谐生活街区"，习近平总书记提出"要提高城市治理的现代化水平，延续城市历史文脉，坚定文化自信"。《上海市城市总体规划（2017—2035年）》明确地提出了到2035年基本建成"卓越的全球城市"，成为"令人向往的创新之城、人文之城、生态之城"，着力转变城市发展方式，通过城市有机更新实现内涵式增长。《上海市街道设计导则（2016）》提出从道路到街道是机动车交通空间向步行化生活空间的回归，这对道路的规划、设计、管理提出了更加精细化、人性化、智慧化的新要求。基于上述背景，加强城市历史风貌品质提升与街区精细治理工作，尤

---

* 本文原载于：《时代建筑》期刊，2021，1。
** 王林，上海交通大学设计学院教授，城市更新保护创新国际研究中心主任，wanglinalice@sjtu.edu.cn

其是加强以城市精细化治理为导向的街道空间的城市设计与实施，是实现城市的高质量发展和市民的高品质生活的重要保障，有助于进一步提高城市管理水平，激发城市活力，提升城市文化内涵和塑造城市精神。

2 精细化街道城市设计的发展背景和演进历程

街道是城市居民关系最为密切的公共活动场所、最基本的公共产品，也是城市建设与发展状态的重要体现[1]。一般性街道通常主要承担着城市交通联系的功能，而风貌区内的街道由于区域的特殊性质，除了承担一般性功能，也要作为城市历史、文化重要的空间载体，这在城市中尤为重要。

回顾城市对街道景观与空间的管理，通常都经历三个阶段：一是拆除违章搭建、治理安全隐患与沿街脏乱污损时期的街道整治阶段，二是街道沿街建筑立面的店招店牌与广告设计、沿街铺地与各类设施的景观设计、街道各类家具设计等街道美化阶段，三是迈向以可持续动态管理机制建立、多元主体共同实施的整体城市设计导则体系为平台的街道精细治理阶段。

衡山路—复兴路历史文化风貌区（简称"衡复风貌区"）是上海中心城区成片保护规模最大的风貌区，占地 7.66km²，其中徐汇部分 4.4km²。从 2007 年开始，就率先启动了武康路风貌保护道路的街道设计和街道整治及景观提升工作，并且到 2014 年编制完成了徐汇风貌区内 31 条风貌保护道路的街道设计工作。2015 年徐汇衡复风貌区"十三五"规划再次将风貌保护道路的整治列为重点工作之一，正式启动岳阳路、乌鲁木齐路等 9 条道路的整治工作，并以岳阳路作为试点项目对风貌保护道路进行整治与改造[2]。到 2018 年，已经逐步探索形成由徐汇区规土局、徐汇区建交委、绿化市容局、街道社区等多个相关部门协同，社区规划师团队与专家以对具体设计与实施品质进行严格技术把关的实施机制。

2019 年上海市委、市政府以"高质量发展、高品质生活、高水平管理"为目标，在充分肯定了衡复风貌区街道精细化管理工作成效基础上，提出打造上海全球城市衡复样本的更精细化治理的高要求[3]。基于此，在总结上一阶段经验基础上，对徐汇衡复风貌区街道设计在编制、管控与实施等方面对照城市精细化治理的要求，进行反思，研究提出以下几方面问题。

2.1 街道景观设计编制要素不全面、不精细

街道设计编制中对影响街道空间要素的梳理研究还不够精细与全面。规划师在进行城市街道设计提升时，通常会考虑店招店牌、建筑立面、照明、出入口、人行道板、树池铺装、出入口铺装、非机动车停车铺装、窨井盖等要素，这是当时街道设计的惯性做法。对街道的色彩、声音等要素则更是没有列入考虑的范畴。但是精细化治理要求对街道设计各要素有更为全面的考虑，例如街道中的电表箱、电信箱、牛奶箱、架空线电话亭、垃圾箱等，这些都是影响街道景观与行人感受的构成要素（图1）。

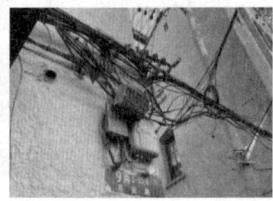

图1 街道整治中被忽视的要素

2.2 街道设计方案刚控有余、指导不足，无法应对动态更新

街道城市设计为了有效地指导设计的实施，规划师往往会在设计方案中给到具有表现力的街道设计效果图。这类设计蓝图对方案的实施具有一定指导意义，但它们缺乏对未来城市动态更新的应对能力。例如，规划师在蓝图中对街道店铺现状给出了一定的指导建议，但是在未来，一旦店铺更新、商家更换，这张蓝图就不再具有指导作用，因此城市街道需要更具有指导性的导则。

另外，街道整治设计也往往出现过分重视整齐划一的管理要求，而没有考虑和结合商家及业主个性化要求。过分统一的店招店牌，使街道风貌失去应有的丰富多元与活力特色。如何处理好整体与局部、协调与多元、刚性管控与柔性引导的关系，确实是街道精细化治理中必须解决的问题。

2.3 街道城市设计的制定与管理部门、实施主体不衔接

街道的城市设计是由建筑、绿化、市政设施等多要素构成的，各要素的管理部门和实施主体各不相同[4]，包括了规划局、建委、房管局、市容环卫局、市政部门等多家主体。一方面，街道规划设计由规划部门编制，但各部门之间往往缺乏沟通和交流，编制完规

划后束之高阁；另一方面，实施主体由于专业差异，对城市设计缺乏足够的理解，在实施过程中的标准与原则产生较大差异，导致制定的城市设计无法对城市管理起到直接的指导作用，无法有效落实城市精细化治理的实施要求。

2.4 街道城市设计的实施机制不健全、缺少长期可持续性

城市设计实施机制是街道能够被持续有效管理的保证[5]，然而在对上海各街道进行全方位调研后，我们发现，上海的城市设计实施结果不尽如人意，大体可以归纳为以下两方面问题：一是重一次建设、轻日常管理。街道的景观整治往往是一次阶段性建设改造工作，缺少对于整治之后如何日常管理的考虑，这使得整治后的街道在完成一次整体性整改后，就会由于缺少后续日常的管理，而出现几年之后可能面临再次整治的问题。二是重问题整治、轻过程引导。街道的治病方案源于问题的出现，规划师通常会基于现状给予针对性的设计方案来提升街道景观，但是往往缺少对商家发生变化或者店面装修等未来变化状况下，对该街道景观的控制和指导。或者有城市设计导则，却未能及时提供和告知商家，待改造完成后才发现问题。不重视对街道动态变化的过程管控和引导，造成既成事实或者面临再次整改的问题。由此可见，再好的街道城市设计，缺少长期可持续管理机制的保障，都无法真正指导街道景观。

基于上述问题，笔者在总结了上海徐汇衡复历史文化风貌区街道景观设计与景观整治十多年实践的经验基础上，提出了"精细化街道城市设计"的新思路、新方法与新路径，即以实现城市精细化治理为目标的街道城市设计方法与实施路径。新思路是指制定一个基于可实施精细化治理的街道城市设计。新方法是指搭建一个技术平台，即精细化街道城市设计的设计方法。这个技术平台的作用是系统思考、要素细化、递进引导，首先编制从街道到建筑街面的分层次的指导原则，再通过全方位的调研分析发现问题，最后对街道提出细化到每一要素的设计导则。新路径是指搭建一个实施平台，即精细化街道城市设计的实施路径。通过搭建专业化支撑、智慧化管理、多元化治理的实施平台与运作机制，让街道城市设计能够更符合高质量发展、高品质生活、高水平管理的城市精细化治理要求。

3 街道精细化城市设计方法——城市设计的技术平台作用

3.1 系统思维、递进引导：整区域、分街道到建筑的导引

精细化街道城市设计需有系统性的思维和递进式的设计引导[6]，有利于规划师从整区域到分街道再到建筑，对不同区域的不同街道建筑给出更具有精细化、针对性的治理方案。

这种递进式的引导可以被分为三个层面。首先从宏观层面上来说，规划师在考虑街道治理时，应当先从街道所在区域开始系统性思考，把整个区域作为一个研究对象，制定"街道设计通则"④，这样区域中的所有街道就会有一个共同性的指导原则。在此基础上，再根据区域内各风貌道路的特征，通过对街道的特点进行全面的分析和了解，分街道制定"一路一册"街道导则。最后，通过进一步的调研分析，对街道沿街建筑按照类型进行划分，通过精细化治理工作，对城市街道各要素进行研判，同时结合"一网统管"的网络化管理平台，在建筑层面上制定"一幢一图"建筑街面导则（图2）。

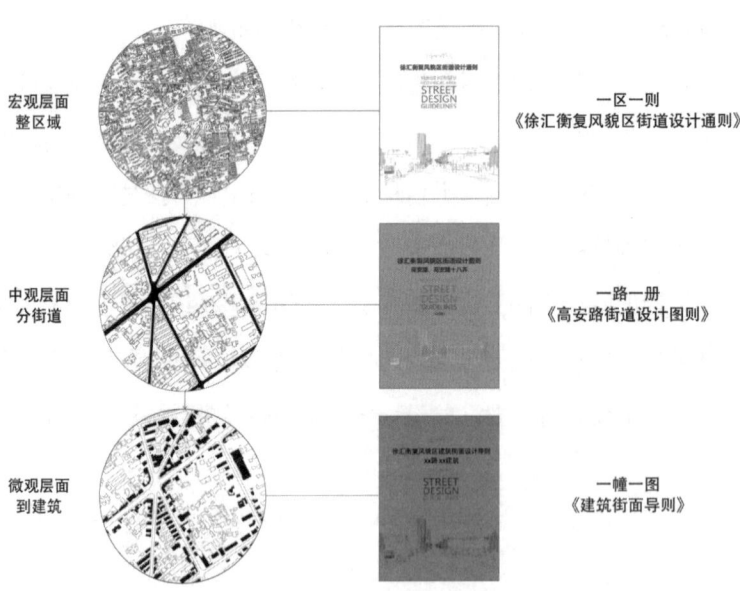

图2　街道城市设计三个层面递进导则

3.2 整体思考、问题导向：地毯式、多界面、全方位的研判

每条街道都有其独特性，因此需要对它们分别作地毯式的研究。在制定完宏观、中观、微观三个层面的设计导则后，需要在对街区整体考虑的基础上，对街道各界面现有问题进行全覆盖、全方位的梳理和排摸，包括空间、交通、功能、建筑保护情况、景观环境、城市家具、设备设施等内容，在此基础上研究并梳理街道风貌保护工作的实施情况，总结出目前保护工作中所存在的问题和主要难点，明确设计对象的问题清单，为后续治理工作制定相应的任务清单。

以高安路为例[⑤]，我们通过实地调研，对高安路现状进行了深入的分析工作，包括分析现状功能分析、现状风貌分析、记录历史建筑现状信息、绘制道路典型剖面等。在此基础上，再选取其西界面，通过影像技术拼合出高安路沿街长界面，对界面现有问题进行分类和梳理，得出了目前高安路存在的问题负面清单：沿街建筑立面外露管线问题较为严重，部分门窗存在违章改建情况，围墙绿化缺失，设备箱需要转移或拆除。这份负面清单是我们后续对高安路西界面提出相应整改建议的重要参考依据（图3～图5）。

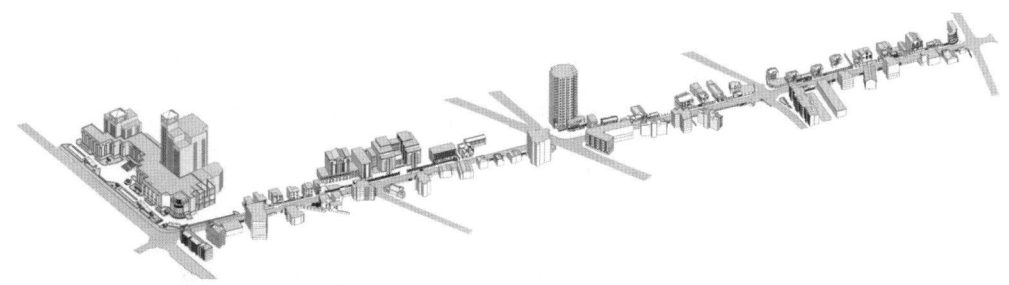

图3　高安路街区整体实测模型图

图4　高安路西界面负面清单图示

图5 街道家具整治与提升策略

3.3 精细思维、要素细化：分类型、全要素、更精细的设计

在列出街道负面清单的基础上，我们对街道要素进行了更为全面、精细的分类。在街道要素上，我们将街道要素划分为七大类、四十项，其中包括店招店牌、建筑立面、窨井盖、照明路灯、围墙、出入口等在城市设计中常见的控制要素，也包括电表箱、牛奶箱、架空线、设备箱、行道树等容易被忽视的控制要素，分别对每一大类和每一小项进行现状的整体和局部的研究，并逐一判断控制引导方向，从而有针对性地制定每一类每一项的总体控制原则的分项控制细则（图6）。

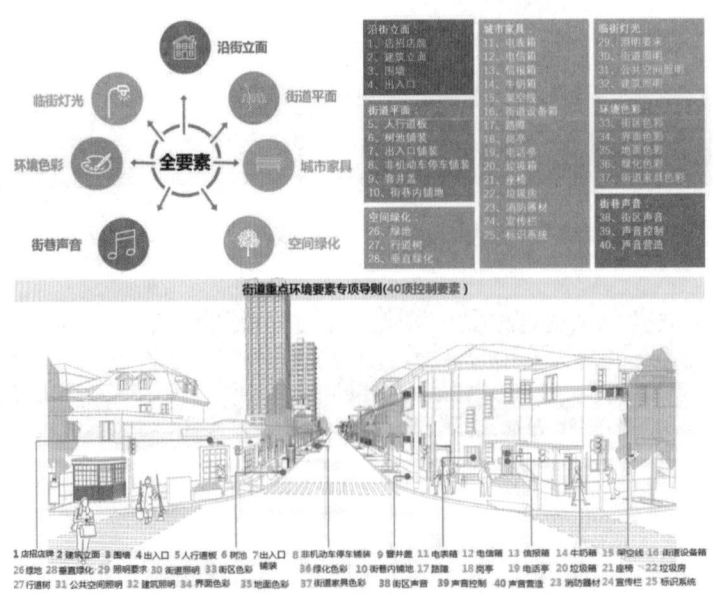

图6 街道环境四十项控制要素

店铺店招整治及提升实例示意

现状问题：

淮海中路 1861-1877 号

二层居住界面较杂乱，门窗大小不一，原装饰构件部分损坏，未体现良好的建筑风貌，应整体优化设计。

一层商业界面外墙维护材料品质低且杂乱，应恢复原有墙体；门窗样式与主体建筑不协调，应整体提升门窗品质。

建筑外立面现状空调外机、管线等杂乱，应遮挡或梳理。

一层商业界面店招品质较低，与主体建筑风格不符，店招背板色彩杂乱，文字尺寸大小不一，应整体优化设计。

引导方案：

一层立柱样式如图示意（有分缝），材质为水刷石外墙，踢脚材质为水泥。

门窗样式如图示意，外框为深色哑光金属，玻璃增加分格。

落水管色彩与背景墙体一致。

空调外机置于箱体内，箱体位置及样式如图示意，材质为穿孔耐候钢板，色彩与背景墙体一致。

店招位置及样式如图示意，材质为水刷石；店招文字为镂空样式，深色哑光金属（可加背投 LED 灯）。

壁灯

提升示意：

管理控制导则：

外墙		
材质	二层应保存历史的红砖材质，一层宜采用水洗石外墙，水泥踢脚	
	不得改变外墙及踢脚材质，不得采用其他装饰性材料包装外墙	
色彩	外墙水洗石色、踢脚水泥色	
管线设备	管线和空调外机置于外挑箱体中，不得在外墙上增加明线或架设外露设备	
门窗		
位置	不得改变开窗位置	
尺寸	应当保持现有门窗尺寸	
样式	宜采用分格玻璃门窗，不宜采用无框全玻璃橱窗	
材质	应采用哑光金属或木材质，不得采用反光材质	
色彩	外框应为深色	

店招	
位置	应当设置在门楣上方规定店招位置以内，不得改变店招位置
样式	R 紧贴外墙式 R 结合门窗式 Q 外挑箱体式　Q 结合雨蓬式　Q 侧面悬挑式 文字镂空置于店招位中，不得增加店招背板，不得安装霓虹灯和走字屏
尺寸	文字高度不得大于 300mm
文字字体	可采用企业字体，字体应当简洁大气
文字色彩	可采用企业专用色彩，色彩不得过于鲜艳
灯光	可增加 LED 背投灯光
雨蓬	不得安装雨蓬

图 7　淮海中路 1861—1877 号建筑街面导则

以淮海中路 1861—1877 号街面建筑为例。这部分街面建筑的现状主要为居住、商业功能，包括便利店、鲜果屋、地产等，通过研究现状和历史图纸，我们针对这部分建筑的店招、外墙、门窗和外立面附属物分别给出了相应的整改对策：店招应设于门楣上方规定位置，文字高度不得大于 300 mm，色彩不得过于鲜艳；门窗样式宜采用分格玻璃门窗，材质采用哑光金属材质，色彩宜为墨绿色；外墙应采用涂料拉毛、水泥踢脚，色彩应为米黄色、踢脚应为水泥色；管线设备应隐藏于米黄色格栅内，可增设墨绿色雨棚和壁灯（图7）。

不同类型的建筑有相应的控制原则，历史建筑宜参照历史设计图纸，尽可能做到原材料原工艺，同时兼顾修缮施工品质，现代建筑则应当与区域整体风貌相协调。立面控制要素包括外墙、门窗、空调外机、雨篷等，对其色彩、材质、形式等逐一提出整改建议。

4 精细化街道城市设计实施路径——城市设计的实施平台作用

精细化街道城市设计的实施路径需要一个城市设计的技术平台。以往我们只有方案，没有相对应的机制把控，因此很多时候虽然做了精细化的城市设计，甚至是完成了从街道到街坊再到建筑的导则，但却因缺少可持续的实施机制与治理平台而无法真正落实。因此，搭建精细化街道城市设计的实施平台是十分重要的。

4.1 专业思维：依托专业化力量、刚性管控与柔性引导结合

专业化力量包括社区规划师制度和专业化设计团队的保障。首先，实施平台内部需要专业的城市设计团队。以往，街道店招店牌的整治设计往往是由广告设计公司来，所以设计往往缺少对街道所处的城市环境特点的整体理解和对建筑本体立面设计的研究。因此对于街道来说，整体的城市设计是需要有建筑、规划、景观综合设计能力的城市设计团队参与研究与设计，进行兼顾整体与细部的精细化设计，也需要他们参与街区的细致调查与过程研究工作，确保设计团队的专业化（图8）。

同时，需要制定社区规划师制度。设计规划师包括了建筑师、设计师、规划师，规划师制度则是对他们在专业上的把控。在设计导则完成之后是城市的动态管理，这就需要规划师的协调处置，担负专业控制、总体把控等职责。他们的职责与作用可以分为两个方面。当我们在做管理的过程中，设计师无法与店铺店主直接衔接，因为店主往往缺乏判断能力，这种情况就需要交由规划师来判断这个设计是否符合设计导向。有一些设

图8　淮海中路1879号整体与细部精细化设计前后对比图

计可能不符合设计导向，但它们未见得不好，就可以由规划师提交规划委员会来解决。所以规划师制度不仅仅是规划师对于设计的判断，它是一个系统性的判断，有利于充分发挥专家设计师在街区规划、精细设计等方面的作用，并对街区整治起到综合统筹协调的作用。

精细化街道城市设计作为设计导则，建立负面清单和鼓励清单，既能起到规范刚性管控的作用，也能给予柔性引导。而规划师制度能担负专业控制、总体把控等职责，发挥专家设计师在街区规划、精细设计等方面的作用。比如，设计师在设计过程中往往会出现突破性的想法，这一想法是否符合要求就可以交由规划师来判断，规划师通过专业评估，来进一步协调如何更好地维持遵循原则和自由裁量之间的关系。因此，规划师可以通过其自身专业能力提供技术引导，搭建专业实施平台，实行柔性管理，避免一刀切、过于统一的状况出现。

4.2　治理思维：多方共治、社会参与、过程管理

精细化街道城市设计的有效实施还需要治理思维，即多方共治、社会参与、过程管理，一是管理部门之间的协同，二是政府和企业和个人、市民之间的共同治理。我们将其概括为遵循"三同原则"，即同一规划、统一实施、共同治理。

治理思维在街道精细化城市设计实施过程中至关重要，需要引导多元主体参与城市治理互动，从单项政府管理转向多元主体共治[7]。同时，组建风貌街区治理共同体，由设计院、社区规划师作为专业支撑，邀请社会多方主体参与，组织风貌区内城市治理工作的定期定向讨论，打造风貌提升和城市治理结合的优秀案例（图9）。

举个例子，在街道城市设计实施中，规划是由规划部门组织编制的，店招店牌由市容环卫局负责，房屋整修由房管部门来负责，街道铺地的实施是建委负责，可见一个街道的景观整治工作涉及多部门，其协同难度非常之大。我们研究得到，以街道精细化治

图 9 精细化街道城市设计多元主体共治过程图示

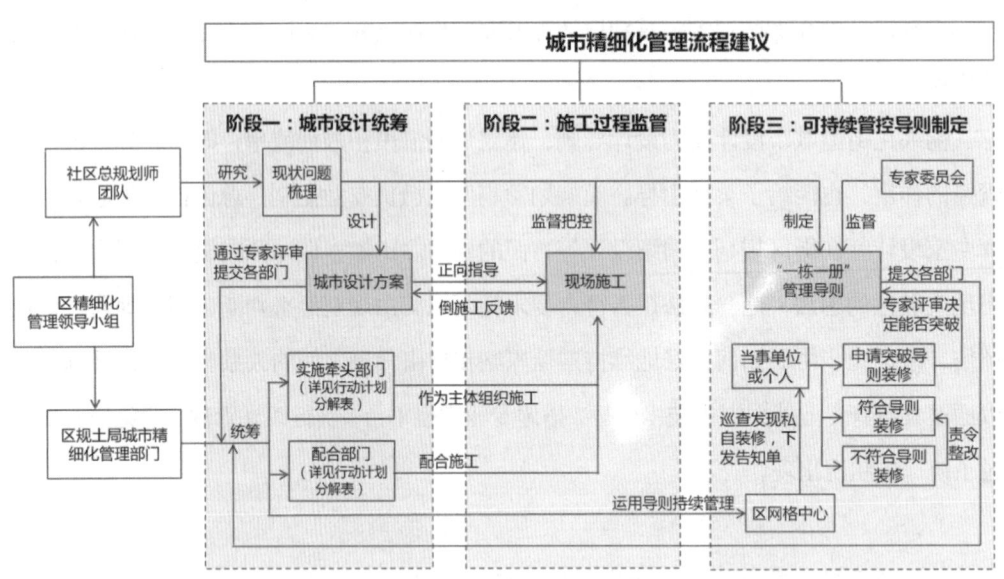

图 10 城市精细化管理流程

理为导向的城市设计的实施,就是要遵循"同一规划、统一实施、协同管理、共同治理"的"四同"机制,即在同一个街道城市设计的指导之下,当街道需要整治的时候,能够协同各个部门相互协作、统一实施,并在日常管理中分工协作,与居民在共同治理下完成[8]。本次街道整治以后,若店招店牌还需要修改,就能够依据我们给出的相关导则,同时街道居民也能依据导则一同监督(图10)。

公众参与也是街道城市设计中不可或缺的重要内容。共同治理包含了社会治理、公众参与和多方共治的内容。在规划编制过程中,首先,规划师要听取商家、居民、其他专业人士的意见;其次,在整治过程中,要和居民进行协商;在整治完以后,如果居民对整改有意见,我们就将建筑设计导则给予他们进行参考。这个过程是系统化的、全过程的,可以随时对其中的方案内容共同讨论和研究。

4.3 智慧思维：智能化管理、长效管控动态、提升治理效能

科技赋能是街区治理的重要支撑，尤其是在运行维护阶段，依托城市运行"一网统管"平台，对街区治理问题做到智能发现、智能处置，完善问题处置的闭环流程，提升治理的效能。

在智慧化管理中，我们将精细化街道城市设计也纳入上海目前正在做的一网统管制度平台。那么将来，在一网统管的平台上，将系统展示街道城市设计全要素及设计意向，结合数据管理平台，经管理人员被授权后，就能看到与社区相关所有的规划方案。未来，如果某街道发生了与规划不符的变化，社区管理人员可以运用"一网统管"平台及时发现问题并提出。比如，因店面商家更换，需要改变其店招店牌，就需要在工商局进行注册调整，而后工商局会再通知街道的管理部门，最后再审核并通知商家这一整改是否符合要求。如果此时店面已经装修好了，就需要拆除重新整改，这种管理就非常滞后，成本代价也非常大。而现在，基于智慧管理，店面商家主一旦发生变动，工商局就能够及时从数据平台上调出该建筑的店招店牌设计导则，并给到新一任商家，让其在第一时间了解到该区域、该建筑店招店牌的要求；若他有其他想法或方案，可以再向有关部门申请。这个程序会明确提供给所有入驻商家，完成店面方案后在网上提交，规划师在网上进行审核确认并且尽快回复商家，如果有问题再提出相关整改意见，这是在理想状态下的一种智能管控。假如店家对店招店牌不满意，对其做了修改，后被发现不符合要求，管理人员可以通过网上平台立刻通知商家，及时整改。这个过程是希望通过智能化管理，提高治理的效率，避免出现整治完后再整治的问题（图11、图12）。

图11 "一网统管"平台实现智慧治理
图片来源：徐汇区规划资源局。

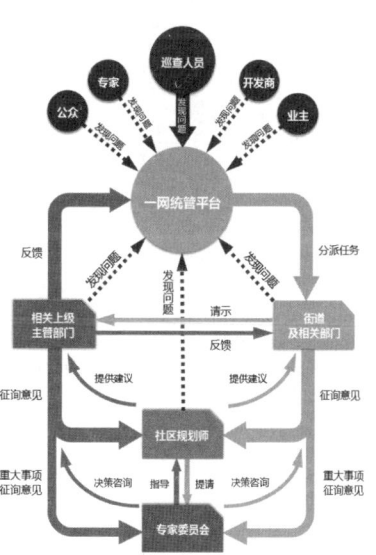

图12 智慧化治理中的问题处理闭环流程示意

5 结语

精细化治理需要一种尊重、一种协同、一种智慧，也是一种开放。我们需要明白，城市的发展是渐进式的，是可以自我调节的，是有机生长的[10]，这是城市精细化治理的一个核心。

基于精细化治理的街道城市设计，不仅包括设计的精细化，还包括实施的精细化。设计本身固然重要，而实施平台与实施机制更加重要。在设计层面，一是要系统思维、递进引导，二是要整体思考、问题导向，三是要精细思维、要素细化；在实施层面，要有专业思维、治理思维、智慧思维，并遵循"三同原则"。以实施为导向的街道城市设计是实现街道精细化治理、实现城市逆生长、提升城市发展品质的重要方法。在未来，精细化的街道城市设计需要更加重视在治理过程中的智慧赋能，利用多维度发现机制实时监测和预警治理，利用各类终端做好数据实时共享、实时更新，形成处置闭环循环，将设计与智慧管理相结合，真正实现从街道管理到街道治理的转变。

上海徐汇衡复历史文化风貌保护区精细化治理通过制定城市设计通则、街道设计导则和建筑图则等规划的方法，搭建了各级政府、各部门与居民、经营者、开发者等多方参与的平台。这一实践结果证明，精细化的街道城市设计方法及其实施路径是可实施、可设计、可落实的，具有推广意义与价值。由此，我们也希望这样一个精细化的设计、可实施的导则和社会化的参与、智能化的管理，有助于共同实现城市街道的精细化治理，并为中国城市街道的精细化治理提供以实施为导向的城市设计理论支撑与案例实践。

注释

① 参见：《中共中央、国务院关于进一步加强城市规划建设管理工作的若干意见》。
② 参见：《上海市城市总体规划（2017—2035年）》。
③ 参见：《上海市街道设计导则（2016）》。
④ 参见：《徐汇衡复风貌区街道设计通则》。
⑤ 参见：《徐汇衡复风貌区街道设计图则——高安路十八弄》。

参考文献

[1] 栾立欣，谢玲，赵欣. 精细化治理视角下的城市街道空间规划体系研究——以长春市人民大街为例[J]. 规划师，2020,36（S2）：47-53.

[2] 王林，莫超宇. 城市更新和风貌保护的城市设计与城市治理实践[J]. 2017.33（10）：135-141.

[3] 王林. 用精细化管理和微更新提升城市发展品质[N]. 中国建设报，2018-11-30（003）.

[4] 伍江，王林. 历史文化风貌区保护规划编制与管理：上海城市保护的实践[M]. 上海：同济大学出版社，2007.

[5] 韩志明．潘辰子. 当代中国城市精细化管理的实践及其反思[J]. 秘书. 2020（04）：22-30.

[6] 伍江，沙永杰. 历史街道精细化规划研究——上海城市有机更新的探索与实践[M]. 上海：同济大学出版社，2019.

[7] 唐燕. 精细化治理时代的城市设计运行——基于二元思辨[J]. 城市规划，2020,44（02）：20-26.

[8] 王林，等. 上海历史风貌区保护更新的瓶颈与对策[J]. 科学发展，2016（03）：34-42.

[9] 李德智，朱诗尧 大数据时代下的城市精细化管理[J]. 现代管理科学，2018（12）：30-32.

[10] 王林. 有机生长的城市更新与风貌保护——上海实践与创新思维[J]. 世界建筑，2016（04）：18-23+135.